Klartext

Nina Grontzki, Gerd Niewerth, Rolf Potthoff (Hg.)

Die Stunde Null im Ruhrgebiet

Kriegsende und Wiederaufbau

Erinnerungen

Bildzeilen der Kapitel-Eingangsfotos:

Titelbild: Aufnahme mit Symbolcharakter – eine alte Frau inmitten der zerbombten Gelsenkirchener Innenstadt, 1946

S. 15: Befreiungsfeier für sowjetische Zwangsarbeiter mit amerikanischen Soldaten im Hammer Sammellager Maximilian am 1. Mai 1945

S. 43: Beschwerliche Reise in eine ungewisse Zukunft – zwei Kinder rasten auf dem Weg von der Kinderlandverschickung in die Heimat

S. 47: Rückkehr in eine Trümmerlandschaft, Blick auf die Schnutenhausstraße in Essen, 1945

S. 61: Der Krieg ist aus – Auszug aus dem Wehrpass eines Soldaten im Lager Roffhausen /Ostfriesland, Juni 1945

S. 69: Viel Steine gab´s und wenig Brot – Wiederaufbau in der Franz-Berta-Krupp-Straße in Essen, Juli 1946

S. 123: Betteln und Tauschen beim Bauern – zwei Frauen kehren von einer offenbar erfolgreichen Hamsterfahrt zurück

S. 133: Der Konflikt um die Nachkriegsordnung in Europa als Aufmacher – die erste Ausgabe der Westdeutschen Allgemeinen Zeitung erscheint am 3. April 1948

1. Auflage April 2005
Redaktion, Satz und Layout: Achim Nöllenheidt
Umschlaggestaltung: Dieter Pfennigwerth
Ausstattung: Klartext Verlag, Essen
Druck und Bindung: Koninklijke Wöhrmann B.V., Zutphen (NL)
© Klartext Verlag, Essen 2005
ISBN 3-89861-489-1
Alle Rechte vorbehalten
www.klartext-verlag.de

Inhalt

Vorwort 7

Der Neuanfang 9

Der Krieg ist aus 15

Der Treck nach Westen 43

Rückkehr ins ausgebombte Revier 47

Die Kriegsheimkehrer 61

Alltag in Trümmern 69

Hungern und Hamstern 123

Zeittafel 133

Glossar 141

Quellen 142

Autoren 143

Bildnachweis 144

Vorwort

Wer dabei war, wer diese Jahre erlebt hat, den haben sie für den Rest seines Lebens geprägt.

Frühere Kriege spielten sich in der Regel auf Schlachtfeldern ab, oftmals weit außerhalb des Erfahrungskreises der meisten Zeitgenossen. Sie waren die Sache von Soldaten. Dass Krieg „total" sein kann, die Umwälzung fast aller Regeln, den Umsturz bestehender Gesellschaftsordnungen bedeuten kann, dass seine Brutalität nicht vor Städten und Wohnungen Halt macht, hatten die Menschen in Deutschland schon einmal erfahren, im 17. Jahrhundert, im 30-jährigen Krieg von 1618-1648. Nach jenem Krieg war Deutschland weithin entvölkert und verarmt, ein verändertes Land. Die traumatischen Erlebnisse jener Zeit blieben für lange Zeit fest eingebrannt in die kollektive Erinnerung der Deutschen.

Das dürfte, das sollte auch für die Erlebnisse des Zweiten Weltkriegs und der Nachkriegsjahre gelten. Nie wieder Krieg! Nie wieder Rassismus! Nie wieder Führerwahn! Diese Lehren sollten sitzen, wenn nicht für ewig, dann doch für Jahrhunderte.

Noch lange nach dem 30-jährigen Krieg wusste jeder Deutschsprachige, was „magdeburgisieren" bedeutet: die völlige Zerstörung einer Stadt.

Der Zweite Weltkrieg hinterließ nicht eine, sondern viele europäische und asiatische Städte magdeburgisiert, in einer Weise, einer Radikalität, wie es sich wohl selbst die Meister mittelalterlicher Darstellungen der Apokalypse nicht hätten ausdenken können.

Der Zweite Weltkrieg hinterließ nicht nur verwüstete Städte, sondern auch Millionen zerrissene Familien; in den Ländern, die Ziel deutscher Angriffe und nationalsozialistischen Vernichtungswahns geworden waren, aber auch in Deutschland selbst. Am Ende dieses Kriegs gab es kaum noch einen Unterschied zwischen „Etappe" und Front. Die Bomberflotten der Alliierten hatten, wie zuvor Hitlers Luftwaffe, den Krieg hinter die Fronten getragen. In der letzten Kriegsphase kam es zudem in vielen Städten zum Häuserkampf. Fanatisierte Gefolgsleute des Hitler-Regimes, oft blutjunge Menschen, glaubten bis zu allerletzt an eine mögliche Wendung des Kriegs, munkelten von Werwölfen und Wunderwaffen. Die NS-Propaganda hatte ganz Arbeit geleistet.

Die dabei waren und überlebten, hatten vielfach nicht nur den Zusammenbruch ihrer bürgerlichen Existenz zu verkraften, Tote und Vermisste zu beklagen, waren obdachlos geworden, heimatlos, sondern sie mussten auch mit der Erkenntnis fertig werden, einem mörderischen Regime gefolgt zu sein: Sie hatten es, und sei es als Mitläufer, ermöglicht, dass in deutschem Namen Völkermord verübt worden war. Wie schwer musste es verblendeten Hitlerjungen und BDM-Mädels fallen zu erkennen, dass ihre Idole in Wahrheit gemeingefährliche und raffgierige Psychopathen waren? Manch einer verschaffte sich vermeintlichen Seelenfrieden, indem er sich darüber bis heute selbst belügt. Viele schwiegen einfach, behielten ihre Erfahrungen und Lernprozesse für sich, sei es vor Scham oder aus anderen Motiven.

Das Ruhrgebiet, insgesamt alles andere als eine Hochburg der Nazis, war Ziel hunderter alliierter Bombenangriffe gewesen. Kaum eine Region innerhalb Deutschlands ist so früh und so lange Kriegsschauplatz gewesen. Mütter und Kinder aus den Ruhrstädten waren evakuiert worden und kehrten, wie überlebende Soldaten und später aus der Kriegsgefangenschaft Entlassene, in eine Heimat zurück, die kaum wiederzuerkennen war.

Dennoch hat das Schicksal der Ruhrstädte weniger mediale Aufmerksamkeit auf sich gezogen als das Schicksal Berlins oder Dresdens. Vielleicht war deshalb das Echo auf den Aufruf der Westdeutschen Allgemeinen Zeitung an ihre Leserinnen und Leser so überwältigend, der Aufruf, Erinnerungen an Kriegs- und Nachkriegsjahre festzuhalten; jetzt, ehe es zu spät ist. Sie, unsere Leserinnen und Leser, sind diesem Aufruf in einer Zahl und Intensität gefolgt, die unsere Erwartungen weit übertrafen.

In mehreren Büchern bereits haben wir Erinnerungen unserer Leser zusammengefasst und sie damit für künftige Generationen erhalten, zuletzt in „Als die Steine Feuer fingen":

Vorwort

Schilderungen des Bombenkriegs im Ruhrgebiet. Nun, mit diesem neuen Buch, liegen Erinnerungen an das Kriegsende und die Zeit des Neubeginns vor. Wir glauben, dass solche Bücher wichtig sind; nicht nur für jene, die ihre Erfahrungen und Erinnerungen darin wiederfinden. Sondern auch für uns Nachgeborene.

Dass alles zerfällt, woran man bislang glaubte, dass alle Regeln aufgehoben sind, die gestern noch ehern wirkten, dass Menschen zu Bestien werden oder angesichts furchtbaren Elends erschreckend gleichgültig sein können, dass sich aber auch nach dem größten Feuer neues Leben wieder Bahn bricht, all dies und mehr hat jene Generation erfahren, die dabei war, als der Große Krieg zu Ende ging und das Neue noch nicht erkennbar, geschweige denn begreifbar war. Uns Kindern des Wirtschaftswunders fiel es oft schwer zu verstehen, was die Eltern bewegte, was sie geprägt hatte, weshalb sie so sehr am Neuerworbenen hingen, warum sie oft so verschlossen, schweigsam waren und warum viele von ihnen allergisch reagierten, als erneut jugendliche Bewegungen ein parlamentarisches System langweilig fanden und sich für Revolutionen erwärmten.

Heute, am Beginn des 21. Jahrhunderts, hat die Bundesrepublik, die erste gelungene Demokratie auf deutschem Boden, viele Bewährungsproben überstanden. Sie hat Millionen Vertriebene integriert, später Zuwanderer aus zahlreichen Ländern und schließlich gar einen ganzen, aufgelösten Staat, die DDR. Sie hat eine erneute Währungsreform friedlich verkraftet, den Wechsel von der D-Mark zum Euro, und ist Teil eines offenen Europas guter Nachbarn geworden.

Hinter dem Europa, wie wir es heute kennen, liegt das alte Europa des Militarismus, des Rassismus, des krankhaften Nationalismus, des Dünkels und der Ideologien. Wer gelegentlich Probleme hat mit dem Deutschland oder dem Europa von heute, sollte immer mal wieder einen Blick auf diesen Hintergrund werfen. Dabei mag sich ein Buch wie dieses als hilfreich erweisen.

Uwe Knüpfer
Essen, im Frühjahr 2005

Der Neuanfang

Am 7. Mai 1945 ging der bisher monströseste Krieg der Menschheitsgeschichte für Europa zu Ende. Nicht für Japan. Da stand das ultimative waffentechnische Grauen noch bevor, als brauchte dieser Krieg noch ein globales Fanal als Zeichen für die erstmals durch Menschenhand mögliche Apokalypse. Im August setzte die amerikanische Regierung Harry S. Truman die neu entwickelten Atombomben ein. Sie löschten im Sekundenzeitraum hunderttausendfaches Leben in Hiroshima und Nagasaki aus.

An jenem 7. Mai 1945 aber unterzeichnete die deutsche Wehrmacht die bedingungslose Kapitulation im amerikanischen Hauptquartier im französischen Reims. Am 9. Mai wiederholte sich die Prozedur im sowjetischen Hauptquartier in Berlin-Karlshorst. Aber seit dem 8. Mai ruhten die Waffen.

Adolf Hitler, dessen Herrschaft den Weltenbrand ausgelöst und der die deutsche Bevölkerung in der ersten Phase der sich abzeichnenden Kriegswende durch seinen Propagandaminister Joseph Goebbels auf den „totalen Krieg" eingeschworen hatte, war zu diesem Zeitpunkt bereits tot. Am 30. April hatte er sich im „Führerbunker" unter der Reichskanzlei in Berlin erschossen. Auch Goebbels und seine Ehefrau Magda begingen Selbstmord. Magda Goebbels vergiftete auch ihre Kinder: fünf Töchter und ein Sohn, das jüngste Kind war erst zwei Jahre alt. Am 23. Mai tötete sich auch Heinrich Himmler, der „Reichsführer SS". Die Totenkopf-Verbände der „Schutzstaffel" blieben bis in die Gegenwart ein Synonym für staatlich organisierten und durchgeführten Terror.

Mit Hitler, Goebbels und Himmler entzogen sich zu diesem Zeitpunkt drei zentrale Personen des NS-Regimes der Verantwortung. Zwölf Jahre hatte die Herrschaft des Nationalsozialismus in Deutschland gedauert. Was sie in Europa und weiteren Staaten darüber hinaus hinterließ, entzog sich bis heute jeder genauen Erfassung. Am häufigsten wird eine Zahl genannt: 55 Millionen Tote. Die meisten Opfer hatte der Vernichtungsfeldzug in der Sowjetunion. Sie beklagte mehr als 20 Millionen Tote. In den NS-Konzentrationslagern waren sechs Millionen Menschen umgebracht worden. Die Opfer waren zum weitaus größten Teil Juden. Das Regime brachte in den Vernichtungsstätten ebenso Kommunisten, Sozialdemokraten, Kirchenleute, aber auch Sinti und Roma und Homosexuelle um. Als die Waffen schwiegen, wurden Begriffe wie „deutsch" oder „Deutsche" wie ein Fluch ausgesprochen.

Die „Berliner Erklärung" der Alliierten vom 5. Juni beschrieb formell die Niederlage Deutschlands; die Kriegsalliierten übernahmen nach dem militärischen Sieg damit auch die Regierungsgewalt in Deutschland: „Deutschland unterwirft sich allen Forderungen, die ihm jetzt oder später auferlegt werden." Später teilten die Vier Mächte – USA, Sowjetunion, Großbritannien und Frankreich – das Land in vier Besatzungszonen auf. Berlin wurde gemeinsam verwaltet, das heutige Nordrhein-Westfalen, das als staatliche Einheit erst am 17. Juli 1946 aus Teilen der früheren preußischen Provinzen Rheinland und Westfalen zusammengeschlossen wurde, unterlag der britischen Hoheit.

Staatspolitisch folgte eine Konsequenz aus der Kriegsschuld der nächsten. Im Juli/August regelten die „Großen Drei" – USA, Sowjetunion, Großbritannien – bei der Potsdamer Konferenz die Grundzüge der deutschen Nachkriegsordnung. Beschlüsse wurden gefasst zur Entmilitarisierung, Entnazifizierung und Demokratisierung des Landes. Auch über Reparationsansprüche wurde verhandelt sowie über die Zukunft der deutschen Bevölkerung in Osteuropa. Zu abertausenden waren Deutsche bereits seit dem Vorrücken der Roten Armee während der letzten Kriegsmonate aus Ostpreußen, Schlesien und Pommern geflohen. Nunmehr kamen die USA, die Sowjetunion und Großbritannien zu dem Schluss, „dass eine Überführung der deutschen Bevölkerung oder deutschen Bevölkerungselemente, die in Polen, der Tschechoslowakei und Ungarn geblieben sind, nach Deutschland vorgenommen werden muss" hieß es im Protokoll vom 2. August. Die Siegermächte „sind sich darüber einig, dass diese Überführung auf eine geregelte und menschliche Weise erfolgen soll".

Was aber tatsächlich erfolgte, war eine der größten humanitären Katastrophen der Neuzeit. Etwa elf Millionen Deutsche wurden bis 1946 von ihren Wohnorten in den genannten Ländern sowie aus Jugoslawien und Rumänien vertrieben. Weit mehr als zwei Millionen starben durch Gewalt, Krankheit, Erschöpfung und Hunger im Zusammenhang mit der Vertreibung. Aus historischer Sicht zahlten sie mit Gesundheit, Leben und Besitz die Rechnung für die Eroberungsideologie des NS-Regimes, deren Handlungsbasis mit der Ernennung Hitlers zum Reichskanzler am 30. Januar 1933 erreicht worden und mit dem Überfall auf Polen am 1. September 1939 in die konkrete Kriegsphase getreten war.

Auf grausame Weise hatte längst schon die Bevölkerung im Kernraum Deutschlands diese Folgen des NS-Angriffskriegs getragen. Spätestens seit der „Casablanca-Konferenz" im Januar 1943, bei der der amerikanische Präsident Franklin D. Roosevelt und der britische Premier Winston Churchill das weitere Vorgehen gegen Deutschland berieten, nahm der Luftkrieg gegen deutsche Städte auf dramatische Weise zu. In der marokkanischen Hafenstadt war die Ausweitung der alliierten Luftangriffe beschlossen worden. Das Ziel war die „Zerstörung der militärischen Struktur Deutschlands und die Unterhöhlung der Moral seiner Bevölkerung bis zu einem Punkt, an dem die Fähigkeit, bewaffneten Widerstand zu leisten, entscheidend geschwächt ist". Die Alliierten gingen von der Annahme aus, die Luftangriffe würden Hitlers Regime zur Aufgabe zwingen und den Krieg verkürzen. Die Annahme erwies sich als falsch.

Tag und Nacht warfen die amerikanischen und britischen Luftflotten Spreng- und Brandbomben über Deutschland ab, bei Kriegsende waren etwa 160 Städte und 800 Orte heimgesucht worden. Hunderte Angriffe hatten dem Ruhrgebiet gegolten, dem Zentrum der deutschen Rohstoff- und Rüstungsindustrie. Essen, Bochum, Dortmund und Duisburg waren weitestgehend zerstört; Trümmerlandschaften glichen auch die anderen Städte. Herne war nahezu unbehelligt geblieben. Die Zahl der Luftkriegstoten in Deutschland wird auf 400.000 bis 600.000 geschätzt.

Im Mai 1945 gab es kaum noch städtische Strukturen. Das Nachkriegsleben entwickelte sich zwischen Ruinen, Bombentrichtern, zerstörten Straßen. Einsturzgefährdete Fassaden und Gebäudereste bedrohten die Menschen allerorten. Gefahr ging von Blindgängern und herumliegender Munition aus. In den ersten fünf Jahren nach Kriegsende kamen in Westdeutschland etwa 3.500 Menschen durch solche Munition ums Leben.

Der Wiederherstellung einer halbwegs brauchbaren Strom- und Wasserversorgung galten die ersten Anstrengungen der provisorischen kommunalen Verwaltungen, die von den Besatzungsmächten eingesetzt wurden. Schulen lagen in Trümmern, Zechen waren bombardiert worden. Kraftfahrzeuge gab es kaum noch. Sie waren durch Kriegseinwirkung zerstört oder – Lastwagen – größtenteils in den Monaten zuvor für den Kriegseinsatz abgezogen worden. Den überwiegenden Teil der wenigen Privatwagen legten Benzin- und Ersatzteilmangel lahm. Der Wohnraum in den Ruhrgebietsstädten war zu 50, 60 Prozent und teilweise weit höheren Anteilen vollständig vernichtet oder unbewohnbar geworden. Die Wohnungsnot wurde noch weiter verschärft: Ab Mai kehrten abertausende Menschen zurück, die sich vor dem Luftkrieg gegen das Ruhrgebiet in die bei weitem weniger heimgesuchten ländlichen Orte gerettet hatten. Zudem mussten Flüchtlinge aus dem Osten unterkommen, die im Winter und Frühjahr 1945 in wachsender Zahl vor der sowjetischen Armee geflohen waren.

In den späteren Monaten und Jahren kam noch eine weitere Aufgabe dazu. Sie war nur unter größter organisatorischer und wirtschaftlicher Kraftanstrengung zu bewältigen: Die Unterbringung und Versorgung der Vertriebenen. Auskunft über den bundesweiten Zustrom in den frühen Jahren gab die Volkszählung von 1950. Zu jenem Zeitpunkt waren fast acht Millionen Vertriebene aus den ehemaligen deutschen Ostgebieten, aus der Tschechoslowakei und aus südosteuropäischen Ländern registriert worden. Und zusätzlich etwa 1,5 Millionen Menschen, die aus der Sowjetischen Besatzungszone, der späteren DDR, zugewandert waren. Die Vertriebenen wurden vorwiegend in ländlichen Regionen angesiedelt. Tausende Lager entstanden, die verschiedenen Ortes noch bis spät in die 50er Jahre Heimstatt boten.

In der Stunde Null aber war vor allem das allgegenwärtig: Mangel in allen Lebensbereichen und Hunger – die völlig unzureichende Versorgung war gesundheits-, sogar lebensbedrohend. Noch lange nach Kriegsende waren Lebensmittel und nahezu alles Andere rationiert. Lebensmittelkarten legten die Mengen der Waren fest, die jedem Erwachsenen und Kind zugestanden wurden. Für die Lebensmittelkarten mussten Bezugsscheine beantragt werden. Bergleute und Industriearbeiter hatten Anspruch auf größere Zuteilungen – ohne die Arbeitskraft dieser Männer wäre der Wiederaufbau aus den Ruinen nicht möglich gewesen.

Wer immer die Möglichkeit dazu besaß, versuchte selbst auf kleinster Fläche Gemüse zu züchten. Legendären Ruf erlangten die „Hamsterfahrten" der Städter aufs Land, um bei Bauern Lebensmittel zu erbetteln oder zu tauschen. Solche Fahrten führten aus dem Ruhrgebiet meist ins Münsterland, vielfach jedoch auch bis in den Raum Niedersachsen und sogar Schleswig-Holstein. Der romantisierende Begriff verklärt die oft harten Umstände des „Hamsterns": Nach dem Mai 1945 gab es zunächst so gut wie keinen Personenzugverkehr, auch durchgehende Strecken gab es wegen zerstörter Gleisanlagen kaum. Die wenigen Züge waren überfüllt, man fuhr auf Trittbrettern und Dächern der Waggons mit und klammerte sich an Fenstern und Seitenwänden fest. Improvisation war in jeder Hinsicht erforderlich, bis zur Rückkehr der „Hamsterer" konnten Tage vergehen. Wer ausgebombt war und nichts zu tauschen besaß, kehrte mit wenig oder mit leeren Händen zurück. Auch hing viel von der Hilfsbereitschaft der Bauern ab, nur gute Menschen gab es auch auf dem Land nicht. Nicht selten wurden die um Lebensmittel bittenden Städter schroff zurückgewiesen. Außerdem: Hamsterkäufe waren verboten. Immer wieder wurden zusammengebettelte Waren bei Kontrollen beschlagnahmt und vernichtet.

Ohnehin war die geschlagene Nation zunächst eine „Nation ohne Männer". Im Krieg waren etwa 3,5 Millionen deutsche Soldaten ums Leben gekommen; mehr als elf Millionen gerieten in Kriegsgefangenschaft. Ein erheblicher Teil des Wiederaufbaus musste daher von den Frauen geleistet werden. „Ziegelsteine putzen" gehörte zunächst zu den legendär gewordenen Aufgaben: „Trümmerfrauen" räumten in knochenharten Schichten Schutt und Hausreste in den Ruinenstädten und bearbeiteten Trümmer so weit, dass die Steine als Baumaterial wiederverwendet werden konnten. In Berlin beispielsweise gingen bis zu 80.000 Frauen ans Werk.

Der Überlebenskampf um Nahrung und, erst recht im „Hungerwinter" 1946/47, auch um Heizmaterial bestimmte das Dasein. Obwohl das Ruhrgebiet ein traditionelles Zentrum der deutschen Kohlewirtschaft war und die Alliierten schon 1945 die Förderung wieder aufnehmen ließen, hatten zahllose Familien dort kein Brennmaterial. In seiner Silvesterpredigt am 31. Dezember 1946 rechtfertigte der Kölner Kardinal Josef Frings das Stehlen von Kohle im Überlebenskampf. Der Begriff „fringsen" war geboren: Wo ein Kohlenzug oder -lastwagen hielt, waren Menschen nicht weit, die sich in Säcken von der Ladung einen Teil abzweigten. In jener Notzeit waren für zahllose hungernde Deutsche die amerikanischen „Care-Pakete" wie Post aus dem Schlaraffenland. Seit dem Spätsommer 1946 wurden diese Gaben aus den USA nach Europa geschickt. Sie enthielten Lebensmittel, manchmal auch kleine Überraschungen für Kinder. Schon zuvor hatten Hilfssendungen aus den Vereinigten Staaten in vielen deutschen Familien die größte Not lindern helfen. Es gab die „Quäker-Speisung", die von einer protestantischen Glaubensgemeinschaft organisiert worden war. Dies geschah bereits kurz nach dem Ende des Kriegs und zu diesem Zeitpunkt noch gegen den offiziellen Willen der amerikanischen Regierung. Pro Schulkind gab es zweimal am Tag einen Teller warme Milchsuppe, die in riesigen Kesseln zubereitet wurde. Schulkinder durften auch ihre jüngeren Geschwister zu Hause mit Suppe versorgen.

Währenddessen lief das Entnazifizierungsverfahren. Die alliierten Militärregierungen säuberten Verwaltungen und Lehrerkollegien von NS-Funktionären, überprüften Unterrichtsmaterial und Bibliotheken auf nationalsozialistische Inhalte, Propaganda und Indoktrination. Mittels Fragebogen wurde versucht, die berufliche und politische Vergangenheit, somit also die Verstrickung der einzelnen Deutschen im nationalsozialistischen System zu ergründen. Allein in der amerikanischen Besatzungszone – Bayern, Hessen, Teile des heutigen Rheinland-Pfalz und heutigen Baden-Württemberg – wurden 13 Millionen Fragebogen ausgegeben. Skurrile Wortschöpfungen wurden geboren: „Have you already been fragebogenized?", was so viel besagte wie: Sind Sie schon zu Ihrer Vergangenheit überprüft worden!?

Die deutsche Bevölkerung war in fünf Kategorien aufgeteilt: Hauptschuldige, Belastete, Minderbelastete, Mitläufer und Entlastete. Spruchkammern oder „Entnazifierungsausschüsse" unter deutscher Leitung prüften die Angaben, die in den Fragebogen niedergelegt wurden. Die vorgesehenen Sanktionen erstreckten sich von Haft- über Geldstrafen bis zum vorübergehenden Entzug des Wahlrechts. Die Verfahren, die bis 1948 hinein gingen, erwiesen sich jedoch als ein höchst umstrittenes, weil löchriges Instrument. In der amerikanischen Zone wurde nur ein Prozent tatsächlich bestraft. Im unter britischer Verwaltung stehenden Nordrhein-Westfalen wurden nur 90 Personen als Hauptschuldige oder Belastete eingestuft. Zahllose Personen, die in Hitlers Deutschland, in der NSDAP oder deren Unterorganisationen einflussreiche und gehobene Positionen besaßen, schlüpften durchs Netz. Offenbar sahen sich die Deutschen nur als ein verführtes Volk von Mitläufern. Zahlreichen NS-Tätern gelang die Flucht in lateinamerikanische Staaten.

Rigoroser ging die sowjetische Besatzungsmacht in ihrem Geltungsbereich vor. Die Entnazifizierung wurde unter den Titel „antifaschistisch-demokratische Umwälzung" gestellt. Insbesondere Lehrer, Juristen und Polizeibeamte wurden aus dem Dienst entfernt.

Im November 1945 nahm der Internationale Militärgerichtshof in Nürnberg die Arbeit auf. Ein historischer juristischer Vorgang: Erstmals wurde ein Angriffskrieg als Bruch des internationalen Rechts gerichtlich verfolgt. Die deutschen Kriegsverbrecher sollten zur Rechenschaft gezogen werden, allen voran die Führung des Regimes. Die Anklage lautete in den meisten Fällen auf Provokation eines Angriffs- und Vernichtungskrieges und Verbrechen gegen die Menschlichkeit. Am 30. September und 1. Oktober im Jahr darauf wurden die Urteile verkündet. Darunter zwölf Todesurteile, unter anderem gegen den Reichsmarschall der Luftwaffe, Hermann Göring, den Herausgeber des Hetzblattes „Der Stürmer", Julius Streicher, gegen den Chef des Wehrmachts-Führungsstabes, Alfred Jodl, den Oberkommandierenden der Wehrmacht, Wilhelm Keitel, und gegen Außenminister Joachim von Ribbentrop. Göring entzog sich durch Selbstmord der Hinrichtung, er schluckte Zyankali.

Der unwiderrufliche Bruch mit den NS-Strukturen war das politische Hauptziel der Siegermächte. In den Westzonen stand die Demokratisierung im Vordergrund: Die Wiederzulassung von Parteien, die unmittelbar nach Hitlers Machtübernahme 1933 verboten worden waren, und die Gründung neuer Parteien wurde vorbereitet und bis 1946 umgesetzt. Sozialdemokraten und KPD schlossen an ihre Traditionen an, CDU, CSU und FDP waren Neugründungen. In der sowjetischen Besatzungszone setzten die kommunistischen Kräfte ihren Machtanspruch durch, spielten Christdemokraten und Liberale lediglich eine Marionettenrolle und wurde die SPD mit der KPD zur fortan alles beherrschenden Staatspartei SED zwangsvereinigt.

Das gegensätzliche Vorgehen der Westalliierten einerseits und des sowjetischen Staats- und Parteichefs Josef Stalin beim politischen Neuaufbau zeichnete die Spaltung Deutschlands bereits ab. Der Weg in die Teilung wurde fortgeschrieben durch unüberbrückbare Gegensätze bei den Reparationsansprüchen. Während Stalin gewaltige Forderungen stellte, wollte der Westen vermeiden, dass der Aufbau des zerstörten Landes durch Reparationsleistungen im Keim abgewürgt würde.

Die Folge war die Aufteilung in ein westliches und ein östliches Reparationsgebiet – die spätere Deutsche Demokratische Republik

(DDR). Wie der Historiker Jürgen Weber (Tutzing) in diesem Zusammenhang schreibt, vermochten die Westmächte mit diesem Kompromiss auch „den unmittelbaren Zugriff Stalins auf das Ruhrgebiet zu verhindern".

Der Spaltungsprozess in Deutschland wurde verstärkt durch die – von militärischer Stärke gestützte – „Sowjetisierung" Mittel- und Osteuropas: Die Kriegsalliierten zerfielen zusehends in zwei Machtblöcke. Der Kalte Krieg zeichnete sich ab, der „Eiserne Vorhang" wird später mitten durch Deutschland verlaufen. Ahnungsvoll hatte der britische Premierminister Churchill schon im August 1945 von einem „Iron Curtain" gesprochen, vom „Eisernen Vorhang".

Die politische Wiedergeburt des Landes aber spielte für die große Masse der Menschen nur eine hintergründige Rolle. Denn über Jahre hinweg blieb für sie die eigene Versorgung das Problem Nummer eins. Mangel herrschte in allen Bereichen. Als Hinweis darauf mag eine wirtschaftsstatistische Angabe dienen, derzufolge die Produktion im Jahr 1946 in den drei Westzonen Deutschlands nur rund 40 Prozent der Höhe im Jahr 1936 betrug. Erst die politische Großwetterlage leitete eine – allmähliche – Wende zum Besseren ein. Die Ost-West-Blockbildung gewann an Konturen. Und die USA wollten den Einfluss des von imperialistischen Zügen durchdrungenen sowjetischen Kommunismus in Europa eindämmen. Am 17. März 1947 erklärte der amerikanische Präsident Truman vor dem Kongress die Bereitschaft, „die freien Völker zu unterstützen, die sich der Unterwerfung durch bewaffnete Minderheiten oder durch Druck von außen widersetzen". Die Botschaft („Truman-Doktrin") gründet auf der Überzeugung, dass die Beseitigung der wirtschaftlichen Not die Voraussetzung für stabile demokratische Strukturen sein würde. Im Juni desselben Jahres verkündete der amerikanische Außenminister George C. Marshall ein auf 14 Milliarden Dollar angelegtes Hilfsprogramm für Europa. Der „Marshall-Plan" brachte von 1948 bis 1952 Rohstoffe, Waren und Kapital ins verwüstete Europa. Auch osteuropäischen Staaten war die Teilnahme an dem Programm angeboten worden. Doch Stalin zwang die Regierungen der sowjetischen Einflusssphäre zur Ablehnung. Für Deutschland-West legte der Marshall-Plan den Grundstein des beschleunigten Wiederaufbaus und des späteren „Wirtschaftswunders".

Zunächst aber blieb die Not allgegenwärtig. Und der Schwarzmarkt blühte, trotz permanenter Kontrollen und Razzien. Die alte Reichsmark verlor weitgehend ihren Wert. Die „Zigaretten-Währung" trat an die Stelle geordneter Zahlungsverhältnisse: Vor allem für die von den US-Soldaten importierten Zigaretten war vieles zu bekommen, was sonst nicht zu haben war. Organisierte „Schieber" konnten reich werden im Schwarzhandel.

Einblicke in Zeitzustände geben unterschiedlichste Schlaglichter bis in spätere Nachkriegsjahre hinein: Im Januar 1948 wurde von der schlechten Ernährungslage im Ruhrgebiet berichtet. Das machte besonders den Industriearbeitern zu schaffen. In mehreren Städten kam es zu Proteststreiks. Ende Mai 1948 landete das bayerische Ernährungsministerium in München einen Schlag gegen Fälscher von Lebensmittelmarken. Bei einem Verteiler wurden mehr als 250 Zentner falsche Fett- und Fleischmarken sowie Reichsmark und Dollar gefunden. 236 Personen wurden verhaftet. Im Sommer 1948 gab es gute Nachrichten für das Ruhrgebiet. Dort soll die Juni-Brotration voll ausgegeben werden. In Bremen waren 40.700 Tonnen Brotgetreide eingetroffen und in Duisburg wurden bereits 17.000 Tonnen belgischen Roggens umgeladen. Die beiden Sendungen waren für das Ruhr-Notstandsgebiet bestimmt. Somit sei, wie dazu amtlich versichert wurde, kein Grund vorhanden, die Juni-Brotration von 10.000 Gramm nicht auszugeben.

Eine radikale Zäsur brachte die zwar erwartete, jedoch dann wie ein Coup durchgezogene Währungsreform. Ab Montag, 21. Juni 1948, galt in den westlichen Besatzungszonen nur noch die neue „Deutsche Mark". Am Sonntag davor erhielt jeder Bewohner Westdeutschlands 40 Mark der neuen Währung eingetauscht. Weitere 20 Mark sollten innerhalb von zwei Monaten eingelöst werden. Altgeld wurde weitestgehend wertlos. Millionen Sparer, die Geld über die Wirren der Zeit gerettet hatte, wurden mit dem Währungsschnitt praktisch enteignet. Aber die Läden waren nicht wieder zu erkennen. Buchstäblich über Nacht quollen die bis dahin leeren Schaufenster vor Waren über – die Kaufleute hatten in sicherer Erwartung der großen Währungsreform ihre Waren einfach „gebunkert". Der „Tag X" löste einen Kaufrausch aus. Es kam, wie es zu erwarten gewesen war: Die Preise schnellten nach oben und beruhigten sich erst nach Monaten wieder. Die Reform war ein großes volkwirtschaftliches und finanzpolitisches Wagnis, jedoch der richtige Ausweg aus dem Zustand der wirtschaftlichen Lähmung.

Auch die sowjetisch besetzte Zone erhielt im Juni eine neue Währung. Sie sollte nach dem Willen Moskaus für ganz Berlin gelten, das von den vier Kriegsalliierten in vier Sektoren aufgeteilt war. Als die Westmächte diese Forderung für die Westsektoren zurückwiesen, nutzte der Kreml die Lage zur einer Machtprobe. Über Berlin, die „Insel" im sowjetischen Machtbereich, wurde eine totale Blockade verhängt: Berlin war vollständig von allen Versorgungs- und Verkehrsverbindungen zu Lande abgeschnitten. Die Westmächte reagierten mit der „Luftbrücke" – mit dem größten Lufttransportunternehmen, das es je gab. Sämtliche Güter, vom Milchpulver bis zur Kohle – wurden eingeflogen. Erst 1949 konnte die Aktion eingestellt werden. Nach 227.264 Hilfsflügen der alliierten „Rosinenbomber". Sie hatten verhindert, dass Berlin in die Knie gezwungen werden konnte. Dem amerikanischen General Lucius D. Clay wurde später das Luftbrücken-Denkmal in Berlin gewidmet. Die Blockade der Stadt zeigte der Welt, wie tief die Kluft zwischen den ehemaligen Kriegsverbündeten bereits war.

Der Zustand der „Normalität" des Lebensalltags war zum Ende der 40er und zu Beginn der 50er Jahre noch weit entfernt, was die Betonung des späteren westdeutschen Wirtschaftswunders oft irreführend verklärt. Auch dies wird wiederum durch Schlaglichter deutlich. Erst Anfang Juli 1948 entließ die britische Regierung alle deutschen Kriegsgefangenen mit Ausnahme der 375.000 Mann, die im Nahen Osten interniert waren. Auch im Januar 1949 war Energie knapp. Deshalb wurde Stromersparnis erzwungen. Der Stromverbrauch für Raumheizung, Schaufenster und Reklamebeleuchtung jeglicher Art wurde verboten. Bei Zuwiderhandlungen drohten Gefängnis bis zu einem Jahr und Geldstrafen bis zu 500 DM. Ferner konnte die Stromlieferung bis zu drei Monaten gesperrt werden. In demselben Monat eine gute Nachricht: Zwei Tafeln Schokolade pro Monat erhielten nunmehr alle Kinder, die an der Schulspeisung teilnahmen.

Der politische Neuaufbau hatte jedoch feste Strukturen erreicht. In Ostdeutschland diktierte der Kreml die Verhältnisse, im Westen des Landes war die Verfassung ausgearbeitet worden: Am 23. Mai 1949 trat das Grundgesetz in Kraft. Es war die Geburtsstunde der Bundesrepublik Deutschland. Die Verfasser des Grundgesetzes hatten aus den Fehlern der Weimarer Republik Konsequenzen gezogen. Um die Zersplitterung der Parteienlandschaft zu verhindern, die wesentlich zum Scheitern der Weimarer Demokratie geführt hatte, schufen sie eine Barriere: Mindestens fünf Prozent musste nunmehr eine Partei erreichen, um im Bundestag vertreten zu sein.

Am 14. August 1949 wurde erstmals der Bundestag gewählt. 18 Parteien waren zugelassen, von der rechtsradikalen Deutschen Reichspartei (DRP) bis zu den Kommunisten, KPD. Aber die breite Masse wandte sich der Union zu. Die CDU/CSU ging als Wahlsieger hervor und schloss mit der FDP und der Deutschen Partei (DP) eine Koalition.

Schritt für Schritt gewann die Republik Gestalt. Am 12. September wurde der FDP-Vorsitzende Theodor Heuss, ein in ganz Europa bekannter Jura-Professor, zum ersten Bundespräsidenten gewählt. Drei Tage später stand die Wahl des ersten Kanzlers an. Mit der Mehrheit von einer Stimme wurde dies der vorherige Oberbürgermeister von Köln, Konrad Adenauer. 73 Jahre alt war der CDU-Politiker zu diesem Zeitpunkt.

In jenem Herbst rundet sich das politische Nachkriegschicksal: Der 7. Oktober 1949 war der Tag der DDR-Gründung. Die Bundesregierung bezeichnete die „Sowjetzonenregierung" als rechtswidrig. Sie gründe nicht auf freien Wahlen. Doch die „doppelte Staatsgründung" auf deutschem Boden war perfekt.

Rolf Potthoff

Der Krieg ist aus

Der Krieg ist aus

1942, als die englischen Bomber über uns immer mehr dröhnten und die Brandbomben wie ein höllisches Inferno unsere Stadt in Schutt und Asche legten – da wurden wir Kinder evakuiert. Ich (Jahrgang 1930) kam in die Nähe von Ulm, meine acht Jahre alte Schwester ins Badische. Mein Vater, er arbeitete im Stahlwerk, und meine Mutter mit meiner kleinen Schwester (vier Jahre) blieben zurück. Die Familie war zerrissen. Eineinhalb Jahre lebte ich auf einem Bauernhof allein mit der Bäuerin. Wir allein erledigten alle anfallenden Arbeiten. Von acht bis zehn Uhr ging ich zur Schule – aber nicht, um zu lernen. Nein, ich wurde die „Lehrerin" für die erste bis vierte Klasse. Die Kinder des Dorfes arbeiteten im Sommer auf den Feldern und gingen nur im Winter zur Schule. Ich lernte also nichts – nur an Erfahrungen wurde ich reich. Diese Zeit möchte ich nicht missen. Was mir an Lehrstoff fehlte, holte ich später ohne Schwierigkeiten wieder auf.

Im Januar 1944 kam die Nachricht: „Komm sofort zurück!" Von Ulm nach Bochum war ich sechs Tage – meist zu Fuß – unterwegs. Züge, die noch verkehrten, waren belegt mit Verwundeten und Soldaten. Als ich endlich Bochum erreichte, war meine Mutter mit meiner Schwester schon evakuiert nach Ostönnen. Ich sollte meinen Vater versorgen. Unser Küchenherd hatte keine Ringe mehr, kein Topf war mehr da, nur noch eine Pfanne. Bei jedem Fliegerangriff nahm ich sie mit in den Stollen. Er war von Bergleuten angelegt worden. Tief ging es über eine senkrechte Leiter hinunter in den Bauch der Mutter Erde. Es gab vier Gänge, die gemeinsam einen Luftschacht hatten. Bei einem nächtlichen Bombenangriff fiel eine Luftmine genau in den Schacht. Alle, die wir da auf Brettern saßen, waren wie erstarrt. Es war eine Stille, die weh tat. Noch jetzt wird meine Brust eng, wenn ich daran denke.

Hunger hatte ich, immer Hunger. Er macht große Augen, dazu keine Nachtruhe. Alles und jeder waren kriegsmüde. Mein Vater besaß einen Volksempfänger. Mit ihm hörte er nachts Radio BBC ab. Dabei stülpte er stets eine dicke Wolldecke über das Radio, begab sich darunter und hörte so den Stand des Krieges aus englischer Sicht. So erfuhr er auch früh von der Landung in der Normandie. Hoffnung keimte bei uns beiden auf, aber den anderen durften wir nichts sagen. Es hätte einer von ihnen meinen Vater verraten.

Dann hieß es: „Der Ami steht vor Aachen." Es waren die Alliierten, die gemeinsam Hitlers Regime und seine Armee zerschlagen wollten. Etwas später, die Alliierten kamen nur langsam voran, erhielt mein Vater seinen Stellungsbefehl nach Remagen. Das Ende des Krieges vor Augen und nun noch zum Volkssturm? Mein Vater entschloss sich, zu fliehen. So machten wir uns auf den Weg nach Ostönnen, zu Fuß. Nachts wurde gelaufen, denn am Tag nahmen englische Jagdflieger alles, was sich bewegte, unter Beschuss. Am Tage versteckten wir uns. Wie lange wir unterwegs waren – ich weiß es nicht. Angst, ständige Angst war mein Begleiter. Angst um meinen Vater, als Fahnenflüchtiger wäre er sofort erschossen worden. Angst um mich – und Hunger. Wir erreichten Ostönnen, und im Haus war alles aufgeregt. Unsere Geschichte, wahrheitsgemäß erzählt, machte alle stumm. Niemand hat meinen Vater verraten. Meine Mutter war in einer früheren Gastwirtschaft untergebracht. Mit ihr noch eine junge Frau mit ihrer kleinen Tochter. Sie kamen aus Dortmund. Dann gab es da den Michel. Michel war ein Vierzehnjähriger, der aus der Ukraine verschleppt worden war. Michel und ich freundeten uns an. Er war es, der uns immer wieder einmal mit Obst versorgte. Wir haben nie gefragt, woher er es hatte. Die Besitzerin war eine Dame, um die 70 Jahre alt, mit einer Tochter. Mein Vater suchte für alle im Haus einen Schutzraum. Der Kartoffelkeller eignete sich am besten. Kartoffeln waren nicht mehr da – aber die Kisten. Auf ihnen legte mein Vater Bretter, und die Frauen legten alles, was an Decken und Bettzeug da war, darauf.

Der Kanonendonner kam immer näher, und als die Army unserem Dorf immer näher rückte, gingen wir in den Keller und verbarrikadierten uns.

Dann rückten die Panzer ins Dorf. Es dröhnte so laut, wir hielten uns die Ohren zu. Ja, dann Schritte, Schreie über uns und Soldaten, die mit Gewehrkolben oder Maschinengewehren gegen unsere Tür klopften. Dabei riefen sie immer: „Aufmachen, nur fünf Minüts." Es war meine Mutter, die sagte: „Hier sind nur Frauen und ihre Kinder." Sie zogen nach einer Weile ab, und niemand sprach. Zu groß waren Angst und Anspannung gewesen. Nach ein paar Stunden wagten wir uns heraus aus dem Verlies. Jeder ging still in sein Zimmer.

Kurz darauf ein Poltern – unsere Tür wurde aufgerissen, vier junge Soldaten mit MP standen uns gegenüber. Mein Vater hatte sich in einem zweitürigen Kleiderschrank versteckt. Er wurde hart herausgezerrt. Ich weiß noch, wie übel mir wurde, ich musste mich erbrechen. Ein Soldat griff meinen Vater an die Jacke, richtete ihn auf – schaute ihn, wie es mir vorkam, eine Ewigkeit an und sagte: „Du old man – okay." Dann gab er ihm eine Camel. Meine kleine Schwester bekam zwei Stück Schokolade. Der Soldat zeigte ihr: essen. Meine Schwester steckte sie in den Mund und spie sie gleich wieder aus. Sie kannte keine Schokolade. Wir waren so glücklich – lachten, alberten herum. Danach brachen wir eine nach der anderen zusammen. Der Druck war zu stark gewesen.

Zwei Tage später hörten wir: Die aus Russland Verschleppten werden alle in Soest zusammengezogen, sie sollen in ihre Heimat zurück. In der Nacht brachen sie aus, viele rächten sich an denen, die ihnen böse mitgespielt hatten. Es war Michel, der Junge aus der Ukraine, der meine Mutter dazu brachte, mich ihm anzuvertrauen. Er zog mich draußen auf ein Feld, auf dem wie Zelte lange Bohnenstangen standen. In eine schob er mich hinein, und da verbrachte ich stehend oder hockend allein die Nacht. In dieser Nacht sind viele Frauen und Mädchen vergewaltigt worden. Meine Mutter und die junge Frau blieben verschont, dank Michel, dem vierzehnjährigen Jungen aus der Ukraine.

Elsbeth Micheel

Durch die „Schullandverschickung" waren meine Mutter, mein Bruder und ich nach Oberrotweil am Kaiserstuhl gelangt. Weil die Invasionsarmee im Westen immer näher kam, kehrten wir im Oktober 1944 nach Witten zurück. Hier erlebten wir dann die großen Luftangriffe auf Witten im Bunker unter dem Bahndamm der Helenenbahn, also nicht weit von der Kronenschule. Weil am 12. Dezember unsere Verwandtschaft durch den Bombenangriff ihre Wohnungen verlor, nahmen wir sieben Personen auf. Als die Verwandten nach einigen Wochen Notwohnungen erhielten, kehrte bei uns wieder fast normales Leben ein, das aber am 19. März 1945 jäh durch den Luftangriff unterbrochen wurde. Mitten in der Nacht heulten wieder einmal die Sirenen. Hastig wurde über den Schlafanzug die Tageskleidung gezogen, den bereit stehenden Rucksack mit den Familienpapieren und Wertsachen bekam ich auf den Rücken, und ab ging es in den Bunker neben dem Haus. Der Donner der Bombeneinschläge kam näher, und irgendwann kurz nach vier Uhr gab es einen gewaltigen Knall, der alle Karbidlampen ausblies. Alle beteten, und erst nach und nach wurden die Lampen wieder angezündet. Mein Vater, mein Onkel und ein Nachbar wagten sich in unser Haus. Im Obergeschoss waren zwei Brandbomben (etwa ein Meter lange, sechseckige Stäbe mit einem Durchmesser von circa sieben Zentimetern) durch den Dachboden gebrannt. Mit Schaufeln und Sand konnten sie durch ein Fenster auf den Hof geworfen und das Feuer mit Wasser gelöscht werden. Eine im Dachstuhl steckende, nicht gezündete Brandbombe wurde ebenfalls auf den Hof geworfen. Die Männer holten ihre Familien dann aus dem Bunker. Was sahen wir in der Morgenröte: Auf dem Hof lagen die Brandbomben, etwa 30 Meter entfernt gähnte ein Bombentrichter mit einzelnen Federn genau da, wo Nachbars Hühnerstall gestanden hatte. Im Hause hatte die Druckwelle zur Gartenseite alle Scheiben zerbrochen und die Balkontür aus den Angeln gerissen. In der Wohnung waren beide Küchenschränke umgestürzt, das Inventar größtenteils zerstört. Lichterloh brannte in der Nähe ein Lagergebäude. Wir aber waren mit dem Leben davongekommen. Zwei Familien aus dem Lagergebäude zogen zu uns. Oma zog zu meiner Tante ins Erdgeschoss. Es gelang, die Schäden am Dach und an den Fenstern zu reparieren. Die nur notdürftig reparierten Schränke taten noch bis 1950 ihren Dienst.

Täglich verbrachten wir nun bei Alarm viel Zeit im Bunker.

Eines Tage kam eine Frau mit Sohn und Tochter zu uns in den Bunker. Mit einem Pferdewagen und einem polnischen Knecht waren sie aus Ostpreußen geflohen, um bei Verwandten in unserer Nähe Unterschlupf zu finden. Ein Pferd hatten sie unterwegs verloren. Das zweite schmeckte uns noch viele Tage!

Dann kam der 11. April. Frühmorgens gab es einen gewaltigen Knall. Amerikanische Truppen griffen an. Geschützfeuer hatte den Gasometer am Crengeldanz getroffen. Deutsche Soldaten kamen zu uns und baten um Versteck und Zivilkleidung. Nun ist bald der Krieg für uns vorbei, sagte man zueinander, und alle beteten. Der Ortsgruppenleiter der NSDAP und seine Frau, die uns nach den Bombenangriffen immer gut mit geschmierten Butterbroten versorgt hatten, entledigten sich ihrer Uniformen und erschienen in Zivil. Wir hissten weiße Bettlaken, und wir Kinder bekamen weiße Taschentücher. Dann kamen die Amerikaner, voran Panzer, dahinter mindestens zehn Soldaten, darunter auch Schwarze, mit dem Gewehr im Anschlag. Sie marschierten sichernd weiter. Auch durch die Gärten kamen Soldaten auf breiter Front. Die Panzersperre unter der Brücke der Helenenbahn wurde vom ersten Panzer umgerissen, dann zogen sie weiter Richtung Ruhr. Nachschubfahrzeuge und Rote-Kreuz-Wagen kamen hinterher. Von den Ruhrhöhen schossen deutsche Verbände zurück. Da nahe dem ausgebrannten Lager eine Wiese lag, die vom Helenenberg und den südlichen Ruhrhöhen nicht eingesehen werden konnte, bildete der Nachschub dort eine Wagenburg. Neugierig, wie wir Kinder waren, schauten wir zu, wie die Amis ein Feuer entzündeten, Wasser versehen mit Milchpulver aus einer großen Blechbüchse erhitzten und aus Dosen süße Creme einschütteten. Dann nahmen sie Weißbrot und tunkten es in die Cremesuppe. Uns Kindern tropfte der Mund, doch als sie satt waren, gaben sie uns allen ein Stück Weißbrot mit Vanilletunke ab. Es schmeckte herrlich.

Ein Nachbarjunge von 14 Jahren sprach etwas Englisch. Er erfuhr, dass die Amerikaner scharf auf Nazi-Orden waren. Nach Diskussionen zwischen meinen Eltern und Oma durfte ich Omas Mutterkreuz (ein NS-Orden für alle Mütter, die mehrere Kinder geboren hatten) eintauschen. Die Amis bestaunten den Orden, lachten und belohnten mich fürstlich mit einem Päckchen Bohnenkaffee, einer Packung Zigaretten, einer Tafel Schokolade, einer Dose Erdnüsse und einem Päckchen Kaugummi. Oma war sehr zufrieden. Kaugummi und Erdnüsse waren für uns Kinder ein völlig neues Erlebnis. Aber auch das uns hin und wieder überlassene Weißbrot mit Vanillesoße. Leider verschwand nach einigen Tagen die Wagenburg, es rückten englische Soldaten nach, die sich am Tannenberg einquartierten. Die später so genannte Nachkriegszeit begann.

Paul Brandenburg

Im Frühjahr, ich weiß nicht mehr genau, wann: Ich wohnte in einer von den Bewohnern verlassenen Wohnung. Unser Wohnhaus war durch drei Bomben total zerstört worden. Die Gastwohnung, die zurzeit keinem gehörte, hatte zwei Betten mit Matratzen und einen Herd, einen leeren Schrank und sonst nichts. Es gab keinen Brennstoff, keine Fensterscheiben, keine verschließbaren Türen, aber wir hatten ein Dach über dem Kopf und dadurch das Gefühl der Geborgenheit. Nun, mein Vater, beim letzten Bombenangriff schwer verletzt – Rippenbrüche, Rippenfellentzündung und Lungenemphysem – war auf eigenen Wunsch „nach Hause" gekommen, weil im Krankenhaus sein Bett mit vielen anderen in einem zugigen Bunkerkeller stand, wo Wasser von der Decke tropfte. Nun aber musste er auch hier in der Notwohnung wieder in den Keller ziehen, weil die Amerikaner schon in Essen-Steele waren und die deutsche Artillerie uns von beiden Seiten, von Kray und Überruhr, beschossen hatte. Unser Haus hatte schon allein ein halbes Dutzend Einschläge. Durch den dabei entstandenen Luftdruck wurde unser Splitterschutz am Kellerfenster herausgeschleudert, ein mit Sand gefüllter Sack. Alle im Keller befindlichen Hausbewohner hatten Angst, dass die Amis ins offene Kellerfenster schießen würden, einer von

Der Krieg ist aus

Ein US-Soldat beim Anbringen neuer Verordnungen, Dortmund, April 1945

Deutsche Soldaten werden von der US-Army gefangen genommen, Dortmund, 1945

uns musste also hinausgehen, um den Sack wieder vors Fenster zu legen. Ich ging hinaus und stand plötzlich vor einem Farbigen, dem ersten schwarzen Menschen, den ich gesehen hatte. In der rechten Hand hielt er eine MP, links hing ein Maschinengewehr über seiner Schulter, um den Hals hing Munition. Für mich war das ein schlimmer Anblick. Ich schaute auf den Boden, ging zum Straßenrand und legte den Sack vor die Fensteröffnung. Dann erst merkte ich, dass dieser junge Soldat genauso viel Angst in den Augen hatte wie ich.

Als man uns am 5. März 1945 aus den Trümmern zog – die Mauerreste drohten uns zu ersticken – war es schon dunkel und ein neuer Angriff gemeldet. Deshalb legte man uns kurzerhand neben die toten Hausbewohner, damit unsere Retter noch rechtzeitig den Bunker erreichten. Meine Mutter hatte an beiden Beinen doppelte Knöchelbrüche und war gehunfähig. Ich hatte eine Kopfwunde und eine Kniescheibenfraktur und sämtliche Mittelfußknochen gebrochen. Wir schleppten uns in den nächsten Nachbarkeller und warteten auf das Ende, denn es hatte sich herausgestellt, dass über uns in der dritten Etage eine Zehn-Zentner-Bombe hing und eine weitere im Garten, die jederzeit explodieren konnten. Nach ein paar Stunden des Wartens kam ein Nachbar zu uns, um uns beizustehen. Er hatte eine stark geschwollene Schläfe und wir hofften, dass er es überstehen würde.

Die Straße vom Friedrichshof bis zum Bunker an der Freiheit war durch Bomben aufgewühlt, so dass kein Fahrzeug, auch kein Handwagen passieren konnte. Aber am Tag nach dem Angriff kamen zwei Sanitäter, die meine Mutter in den Bunker brachten. Mein Vater quälte sich mit den gebrochenen Rippen ebenfalls dorthin. Ich habe mir aus einem abgesplitterten Brett eine Stütze gemacht und lief ebenfalls zum Bahnhof. Auf dem Wege begegneten mir ukrainische Zwangsarbeiterinnen, die mich ansahen und laut auflachten. Mein Gesicht war total verschmutzt; ich lachte wieder.

Am zweiten Tag, wir lagen im Bunker auf dem blanken Boden in unseren Kleidern, gab es zum ersten Mal seit zwei Tagen etwas zu trinken. Ein etwa zwölfjähriger Junge hatte es gewagt, trotz der Schüsse, die zu hören waren, an der einzigen Wasserleitung am Deutschlandhaus Wasser zu holen. Wir bekamen jeder einen großen leeren Margarinebecher damit gefüllt. Wir haben das kostbare Nass genossen. Später konnten wir dann ins Laurentiuskrankenhaus gebracht werden. Für mich gab es sogar ein Bad. Zwei Nonnen, die mir halfen, brachen plötzlich in Gelächter aus: Mein ganzer Körper war grün und blau befleckt, es gab keine hellen Stellen mehr. Ich habe mit gelacht.

Nach ein paar Tagen bin ich aus dem Krankenhaus entlassen worden. Ich konnte bei einer Arbeitskollegin übernachten, bis ich die neue Bleibe bekommen hatte. Die Eltern hilflos – nun also war ich der neue „Haus-haltungsvorstand". So ging ich frühmorgens mit einem kleinen Köfferchen, in dem sich die wichtigsten Papiere befanden und etwa 2.000 Reichsmark, die wir noch gerettet hatten, zu meiner Arbeitsstelle, dem Kohlen-Syndikat. Die Stelle wollte ich auf keinen Fall verlieren. Das Kohlen-Syndikat war nach dem Bombardement am Hauptbahnhof im Goethe-Gymnasium in Bredeney untergebracht. Es gab keine öffentlichen Verkehrsmittel, die planmäßig fuhren. So bin ich dann von Steele-Süd über die Gleise gelaufen bis Bahnhof Rüttenscheid, immer in der Hoffnung, dass mal ein Zug vorbeikäme und mich mitnähme.

Im Juni konnten meine Eltern, notdürftig zusammengeflickt, das Krankenhaus verlassen. Gleichzeitig meldeten sich die Wohnungsinhaber zurück, so dass ich für uns eine neue Bleibe suchen musste. Die stark zerstörte Wohnung meiner Schwester, die sich zu der Zeit mit ihrem Sohn in Schlesien befand, konnte mit Hilfe der Nachbarn notdürftig instandgesetzt werden. So gingen wir dann nach Rüttenscheid, wo uns zwei Räume und ein Minibad als Küche umfunktioniert zur Verfügung standen. Jemand gab uns einen alten Ofen, Brennmaterial war in jedem Trümmerhaus vorhanden. Unser Kleingarten lag nicht so weit von der Wohnung entfernt, so dass wir uns ein bisschen helfen konnten. Die gesamte Wohneinheit bestand aus sechs Räumen, die sich drei Familien mit insgesamt neun Personen teilen mussten. Später kamen

Der Krieg ist aus

US-Panzer rücken in Dortmunder Wohnviertel vor, 1945

Ein amerikanischer Soldat im zerstörten Dortmund, Bäumerstraße, April 1945

Einmarsch der US-Soldaten in Duisburg, 27. März 1945

Der Krieg ist aus

Kriegsschäden an der Duisburger Königstraße, im Hintergrund die alte Sparkasse und das Landgericht

Aufräumarbeiten an einem Wohnhaus in der Königstraße, Duisburg

Evakuierung der Ausgebombten, Dortmund, 1944

dann noch die Heimkehrer dazu: weitere vier Personen.

Anneliese Meckel

An den 6. Juni 1944, den Tag der Invasion, kann ich (Jahrgang 1938) mich noch erinnern, als wenn es gestern war. Wir hatten schon lange keine Feldpost von meinem Vater bekommen und waren beunruhigt. Da traf der Brief eines Kriegskameraden ein, in dem er seine Beobachtung schilderte, dass mein Vater in ein Erdloch gefallen sei. Er hätte sich aber nicht mehr um ihn kümmern können und wisse nicht, ob er noch lebe, wollte uns aber nicht in Unkenntnis lassen. Die Kriegskameraden hatten die Adressen ihrer Angehörigen gegenseitig ausgetauscht, um sie im Ernstfall vorab zu verständigen. Es war der 6. Juni 1944, der Geburtstag meiner Oma. Am nächsten Tag, dem 7. Juni, wurde ich sechs Jahre alt. Die ganze Familie war in Tränen aufgelöst, und ich weinte mit um meinen Vati. Im Radio hörten wir dann, dass in Cherbourg die Invasion stattgefunden hatte und Hitler, der „Führer", wie er genannt wurde, besiegt war. Es dauerte noch Wochen, ehe wir eine Nachricht von meinem Vater erhielten. Diese war stark zensiert, das heißt, das meiste war mit schwarzer Tusche durchgestrichen und somit unleserlich gemacht worden. Später erfuhren wir, dass mein Vater einer der ersten Gefangenen der Amerikaner war; Eisenhower begrüßte sie persönlich. Vati war im Staate Iowa untergebracht, die Amerikaner behandelten ihn gut. Wie er schrieb, ging es ihm besser als uns, nur die Freiheit und wir fehlten ihm. Fast eine Ironie des Schicksals kann man es nennen, dass zwei seiner Brüder, die in jungen Jahren ausgewandert waren, dort als freie US-Bürger lebten, während ihr Bruder ein Gefangener in ihrem Land war. Sie erreichten mit vielen bürokratischen Hindernissen eine Besuchserlaubnis. Sie schenkten ihm ein Radio und einen kleinen Hund. Durch seine Brüder hatte mein Vater einige Vorteile, und es ging ihm noch besser. Der Briefwechsel zwischen uns war von nun an regelmäßig. Als er aber schon hoffte, entlassen zu werden, musste er die nächsten Jahre in englischer Gefangenschaft verbringen. Dort arbeitete er bei einer Farmerfamilie als Landarbeiter und hatte Familienanschluss. Er hatte es gut getroffen. Es gab zwei Töchter in meinem Alter, Margret und Christine, die mir schrieben und mit denen ich Fotos austauschte. Vielleicht war es eine göttliche Vergeltung dafür, dass mein Vater früher zu seinen französischen Gefangenen im Sauerland, die ich auch kennen gelernt hatte, ein freundschaftliches Verhältnis aufgebaut hatte.

Erst 1947 wurde Vati aus der Gefangenschaft entlassen, er hatte insgesamt acht Jahre fern der Heimat seine besten Jahre gelassen.

Auch an den Einmarsch der Amerikaner kann ich mich erinnern. Wir weilten in Wanne, als im Radio bekannt gegeben wurde, die Amerikaner seien Richtung Gelsenkirchen unterwegs. Für uns hieß das, schnellstens nach Hause. Doch es fuhr kein Zug und keine Straßenbahn mehr. Also machten wir uns zu Fuß auf den Weg. Die jüngste Schwester meiner Mutter begleitete uns. Die beiden nahmen mich in die Mitte, und es ging über Felder Richtung Heimat. Tiefflieger beschossen uns. Wir warfen uns ins Gras und hatten Glück, nicht getroffen zu werden. Wir erreichten unsere Wohnung noch rechtzeitig, aber meine Tante musste den Weg wieder zurück, und wir waren in großer Sorge. Schon marschierten die Amerikaner mit Panzern auf der Hauptstraße, wo wir wohnten, ein. Die Fenster mussten weiß beflaggt werden als Zeichen der Ergebenheit. In Ermangelung einer Fahne band meine Mutter eine Babywindel um einen großen Holzlöffel. Dann bekamen wir Besuch von einem farbigen US-Soldaten. Als er ein Foto meines Vaters in Uniform sah, sagte er: „Kaputt, längst kaputt." Meine Mutter erwiderte: „Nichts kaputt." Er marschierte zielstrebig in unser Schlafzimmer und nahm alles, was er an Bettzeug fand, mit. Meine Mutter sagte: „Wo sollen das Kind und ich denn schlafen?" und machte eine bezeichnende Handbewegung. „Egal", sagte er und war schon verschwunden. In der kommenden Nacht behalfen wir uns mit Mänteln, und am nächsten Morgen ging die Suche nach unserem Bettzeug los. Sie hatten in den umliegenden Geschäftslokalen genächtigt. Mit uns suchten viele andere ihre Habseligkeiten.

Wir fanden unsere Sachen in einem nahen Schuhgeschäft. Anhand des Monogramms in unserer Wäsche war es nicht schwer.

Rosemarie Förster

Wie das gegenüberliegende Arbeitsamt Gladbeck wurde auch das Mehrfamilienhaus, in dem meine Familie wohnte, im März 1945 durch Bomben zerstört. Im Zechenstollen, der uns bei dem Luftangriff geschützt hatte, konnten wir nicht ständig verbleiben, da es dort keine Sitz- und Schlafgelegenheiten gab. So suchten wir Unterschlupf in ungenutzten Büroräumen, gelegen in einem Bauhof in unmittelbarer Nähe. Durch einen ummauerten Garten war das Bürogebäude von einem an der Straße gelegenen Wohnhaus getrennt. Sofort nach ihrem Einmarsch besetzten Amerikaner das Erdgeschoss dieses Wohnhauses.

Eines Nachts wurden wir durch anhaltendes, lautes Krachen, Knallen und Zischen geweckt. Erschrocken rannten wir in einen Vorraum unseres Domizils, in welchem mangels Möbel ungeordnet unsere wenige Rest-Habe aufgehäuft war. Mein Bruder (16) und ich (12) sprangen auf diesen Berg, um das direkt unter der Decke befindliche Fenster zu erreichen. Durch dieses sahen wir vom Erdgeschoss des Wohnhauses Flammen, Kugeln und Feuersäulen in die Höhe und das Umfeld schießen. Der ganze Balkon an der Hausrückseite war nur noch Feuer.

Mein Bruder rief begeistert: „Die neue Waffe, die neue Waffe!" Rasch rannten alle nach draußen, um zu helfen, wir von der Hofseite in Richtung Wohnhaus – die Amerikaner von der Straßenseite! Sie waren bei Beginn des Spektakels aus den Fenstern zur Straße gesprungen! Sicher ist eben sicher!

Fest stand, dass gelöscht werden musste. Aber wie? Eimer waren da, aber kein Wasser, weil dieses außerhalb der Ausgangssperren aus großer Entfernung geholt werden musste. Da erwies sich der Bauhof mit seinem gelagerten Sand als hilfreich. Rasch war eine Kette aus Deutschen und Amerikanern gebildet, und gemeinsam gelang es, das Feuer mit Sand zu löschen.

Auch die Brandursache war bald geklärt: Im Haus rauchende Amerikaner hatten brennende Kippen durch das geöffnete Fenster auf den Balkon geworfen – ohne zu bedenken, dass sie dort zuvor kistenweise Silvesterknaller und Raketen gelagert hatten, die in einem Geschäft in der Nähe konfisziert worden waren.

In den nächsten Tagen hatten wir guten Kontakt zu den Amerikanern, die uns zuvor höchstens beobachtet, nicht aber beachtet hatten. Sie schenkten uns weißes, weiches Brot, eine willkommene Ergänzung zu unserem Wasser-Maisbrei und Maisbrot, wovon wir leben mussten und das auch nie ausreichte.

Lachen konnten wir über die Nacht erst sehr viel später.

Hedwig Sienert

Wenngleich es Frühling geworden war – Frühling 1945 – konnten die Menschen sich an ihm nicht erfreuen. Denn immer mehr versank alles in Trümmern, in Trübsinn und in Trauer. Kein Wunder, dass man hier im Westen das Ende des Bombenkriegs herbeisehnte und dem Einmarsch der Alliierten mit einer gewissen Ruhe und Gelassenheit entgegensah; denn schlimmer konnte es ja nicht mehr kommen.

Und dann kam die Stunde Null.

Sie schlug nicht. Stille herrschte – eine erwartungsvolle Stille, als sie einmarschierten – die Alliierten... Kein Fliegeralarm mehr, dieses nervenaufpeitschende Heulen der Sirenen, keine Bomber, keine Jabos... Irgendwie fühlten die Menschen sich befreit, wagten leise aufzuatmen, wussten sie doch, dass sie es hier mit einem Gegner zu tun hatten, von dem man noch eine gewisse Humanität erwarten durfte. Aber dennoch erwartete man keine Befreier, sondern Sieger – und das waren sie zweifellos – und so benahmen sie sich zunächst auch. Sie durchsuchten die Häuser, nahmen mit, was ihnen gefiel, und ließen es dann in anderen Wohnungen zurück, um sich dort andere Dinge anzueignen.

„Don't fraternize." Das stand auf jeder ihrer Zigarettenschachteln, auf jeder ihrer Konservendosen, auf jeder ihrer Keks- und Schokoladenpackungen, es stand einfach auf allen Sachen, die sie in Hülle und Fülle mit sich führten. Schließt keine Freundschaft! –

Der Krieg ist aus

Kaum ein Haus stand noch in Essen: Blick in die Helbingstraße, 1946

Pfade durch eine Ruinenstadt: die Kulisse am Essener Münster, 1947

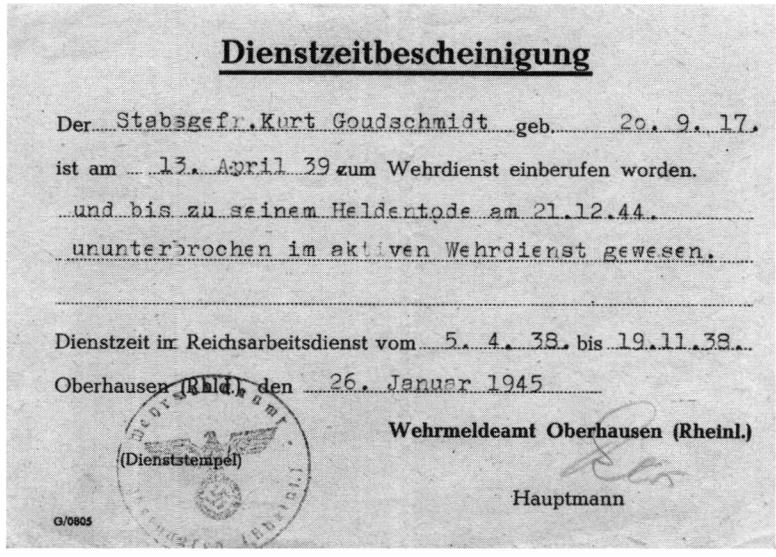

Bis zum Heldentode ... – Dienstzeitbescheinigung, Oberhausen, 1945

Inventar-Verzeichnis für den Notfall

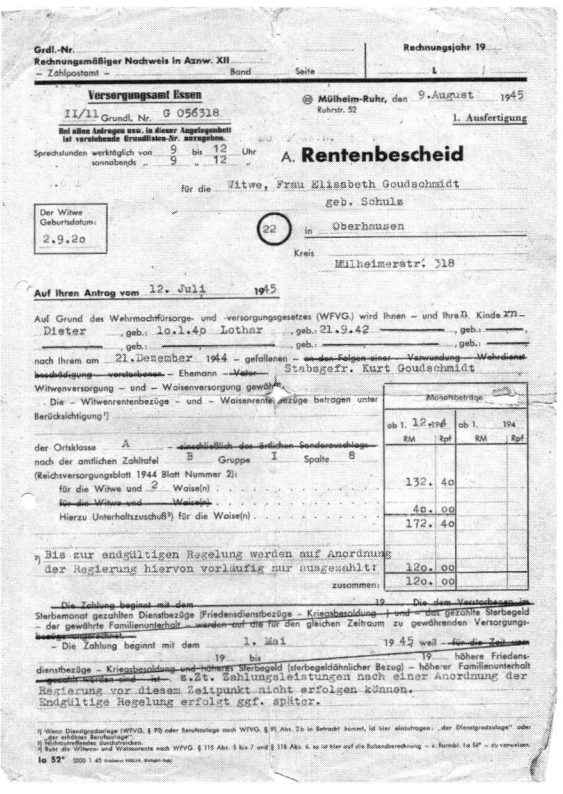

Rentenbescheid für eine Soldatenwitwe, Oberhausen, 1945

Der Krieg ist aus

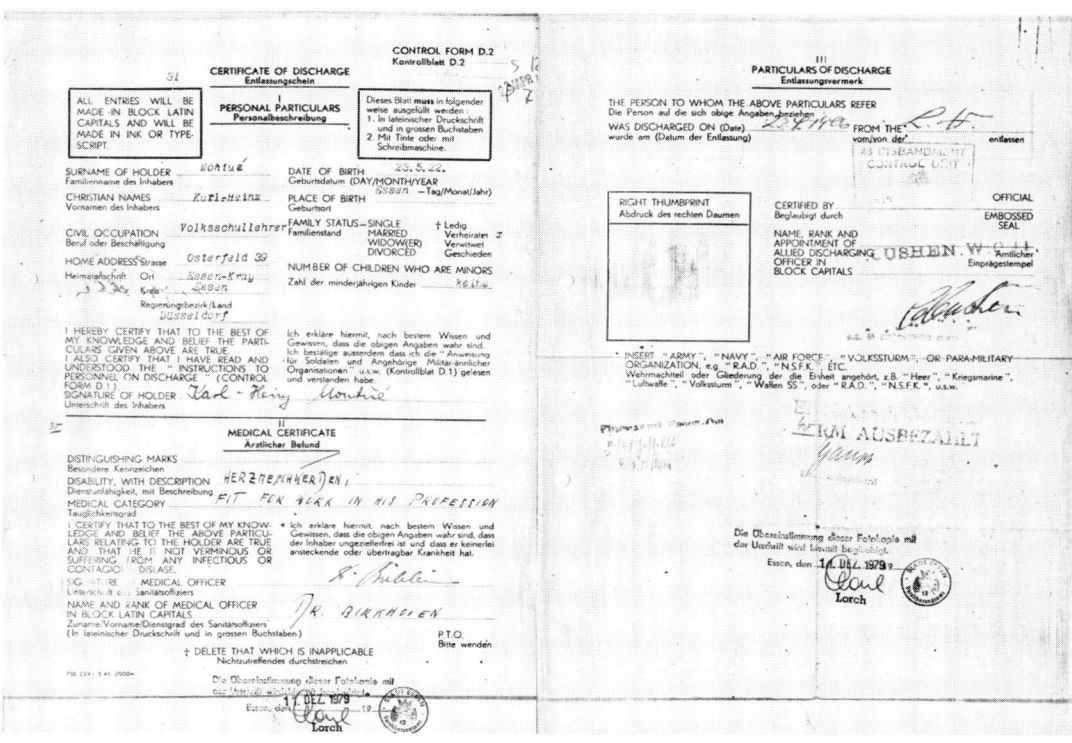

Entlassungsschein aus dem britischen Internierungslager, April 1946

Quartierschein für Fliegergeschädigte, Dortmund, 29. Juni 1945

"Do not become friendly with the Germans!" Die Deutschen, die einen Weltkrieg angezettelt und in den Konzentrationslagern Millionen Menschen, darunter so viele Frauen und Kinder, systematisch umgebracht hatten, etwa bedauern? Es gab nicht viele alliierte Soldaten, die, nachdem sie von den grauenvollen Verbrechen der Nazis erfahren hatten, das noch vermochten... Und so, nicht selten, verbrannten sie die Lebens- und Genussmittel, die sie übrig hatten, vor den Augen der Bevölkerung, anstatt sie ihnen zu übergeben.

Und dann, am 8. Mai, kapitulierte Deutschland. Der Krieg in Europa war zu Ende. Dabei sah es aus, während das Leben allmählich in einem neuen Licht erschien, als wäre selbst die Sonne, indem sie immer heller glänzte, über das Kriegsende erleichtert und als mache es ihr wieder Freude, diese Erde zu bescheinen.

Aber wie war die Stimmung in der Bevölkerung? Galt dieses neue hoffnungsfrohe Leuchten auch für uns Deutsche? Durften auch wir freier atmen? Aber natürlich! Doch das Bild einer neuen Welt von Frieden und Frühling, das sich vor unseren Augen auftat, wurde auch von Angst und Sorge überschattet. „Was", fragten wir uns, „wird mit uns geschehen?" Einerseits waren wir froh, dass Deutschland von der Naziherrschaft befreit, der Krieg zu Ende war und das Schicksal uns ein neues Leben geschenkt hatte – andererseits aber hing wie ein Damoklesschwert das Dunkel der Ungewissheit über uns. Denn „conquered alas!" heißt es. Wehe dem Besiegten! Wir hatten den Krieg ausgelöst und ihn zu Recht verloren – und nun auch die Folgen zu tragen. Wer denn sonst?

„Don't fraternize..." Zuerst freundeten die Besatzungssoldaten sich mit den Kindern an, schenkten ihnen Schokolade, die diese „Kids" aber zunächst von sich wiesen, weil sie dieses braune Zeug, das in ihren Händen wie Schnee in der Sonne schmolz und so unangenehm klebte, weder kannten noch mochten. Schließlich, indem die amerikanischen Soldaten sich besannen, dass über 40 Millionen ihrer Bürger ihre Wurzeln in Deutschland hatten und dass vielleicht auch ihre Vorfahren aus Deutschland stammten, begannen sie, die deutsche Bevölkerung mit anderen Augen zu betrachten, sich ihr zu nähern, sich mit ihr sogar anzufreunden. Wobei sie bald feststellten, dass es in Deutschland nicht nur „den Wein und die Trauben", sondern auch bildschöne Mädchen gab: „Frauleins".

Es gab eine so genannte Entnazifizierung.

„Have you already been fragebogenized?" Wie schnell doch die Briten ein neues Verbum erfanden! Schon gleich nach Kriegsende hatten sie mehrere tausend Führungskräfte interniert, und zwar in dem Internmentcamp 4 in Recklinghausen-Süd. Doch da man von Anfang an nicht den festen Willen gehabt hatte, diese Entnazifizierung ernsthaft durchzuführen, hatte sie sich als Fehlschlag erwiesen. Hinzu kam, dass der Ost-West-Konflikt sich anbahnte, eskalierte und schließlich zum Kalten Krieg führte. Womit die Deutschen nicht mehr die Bösen waren, sondern die Russen, die Sowjets. Währenddessen begann Westdeutschland, sich von den Verheerungen des Krieges zu erholen. Und dazu brauchte man natürlich auch viele Fachleute! Nun, wer die waren... Man konnte doch nur auf die zurückgreifen, die es gab. Und so saßen die „alten Nazis" schon wieder oder noch immer in ihren Ämtern. Sie waren ja nur, wie sie in den „questionnaires", den Fragebögen der Alliierten, versichert hatten, kleine Mitläufer gewesen.

Ich war damals bei der Vestischen, den Vestischen Straßenbahnen, die zum nationalsozialistischen Musterbetrieb gehörten, angestellt. Und da ich die englische Sprache beherrschte, half ich den Angestellten, die ich gut kannte und die ausnahmslos integere Leute waren, beim Ausfüllen der „questionnaires".

„Wie schade, ich hätte doch so gern einmal einen echten Nazi kennen gelernt", hatte der KRO, der Kreis Residential Officer der Stadt Recklinghausen, Mr. Knight, zu mir gesagt, nachdem er die Fragebögen studiert hatte. „Bringen Sie mir doch mal einen her, einen, der ehrlich zugibt, ein überzeugter Nationalsozialist gewesen zu sein." Oh, das war schwer, sehr schwer... Man fand einfach keinen mehr ...

Wiederaufbau! – Also Kohle! Denn ohne Kohle lief da nichts! Die ganze Welt schrie nach Kohle. Und so wurde auf den Zechen wieder mit Hochdruck gearbeitet. Auch Polyphemos, der Einäugige, der Betriebsführer der Schachtanlage X, auf der die russischen Kriegsgefangenen bis zum Umfallen hatten schuften müssen, war nach einem kurzen Aufenthalt im Internmentcamp 4 entnazifiziert worden und wieder da. Man hatte ihn sogar noch befördert, und zwar zum Gruppeninspektor auf der Zeche Y! Hatte er doch im Internierungscamp noch ganz andere „NS-Größen" kennen gelernt und für sie, wie böse Zungen behaupteten, Zigarettenstummel gesucht. Alte Seilschaften halten, wie sich das so gehört, eben zusammen.

Wie der Krieg, so hatte auch die Nachkriegszeit viele Gesichter. Da die Bundesrepublik sich als Rechtsnachfolgerin des „Dritten Reiches" verstand, bezahlte sie auch die hohen Ruhestandsbezüge der ehemaligen Generalstabsoffiziere. Schließlich hatten sie treu zu „Führer und Vaterland" gestanden und nur ihre Pflicht getan. Und so brauchte man sie eine Dekade später – die jüngeren wenigstens – für den Aufbau der Bundeswehr.

Und wieder flogen die amerikanischen Bomber nach Berlin. Doch dieses Mal nicht mit Bomben gegen den Feind, sondern mit Rosinen für die Freunde.

Und selbst aus dem amerikanischen Präsidenten war ein Berliner geworden.

Hans-Günther Weber

---

23. März 1945. Gegen Mittag gab es Fliegeralarm. Die Sirenen waren noch nicht verstummt, da lief ich schon zum Saalbaustollen in Recklinghausen. Bei herrlichem, sonnigen Wetter flogen die Bomber tief. Ich war gerade im Stollen, als die Bomben fielen. Es dröhnte so, als würde eine Reiterschar über ihn hinwegtrampeln. An diesem Tag wurde das Nordviertel schwer getroffen. Streu- und Brandbomben trafen auch das Westviertel. An der Limperstraße brannten zwei Häuser, und auf das Haus Westerholter Weg 29 fiel eine Brandbombe. Der Brand wurde durch einige Polizisten des nebenan liegenden Polizeipräsidiums sofort gelöscht. 173 Tote waren zu beklagen.

Fünf Tage später, am 28. März 1945, wurde ich zum Volkssturm eingezogen. Von einem Nachbarjungen wurde der Einberufungsbefehl nachmittags überbracht. Da ich nicht zu Hause war, wollte er mich um 21.45 Uhr abholen. Wir mussten uns um 22 Uhr mit einem Fahrrad am Saalbaustollen einfinden. Zum Glück war ich nachmittags mit dem Fahrrad zu meinem Schulfreund nach Erkenschwick gefahren. Wegen des drohenden Ari-Beschusses bin ich gegen 20 Uhr ohne Fahrrad auf Schleichwegen nach Hause gegangen.

Bei meinem Eintreffen wurde ich von meiner Pflegemutter – meine Eltern hatte ich bei einem Fliegerangriff in der Kunibertistraße am 10. März 1942 verloren – davon in Kenntnis gesetzt. Sie sagte: „Du gehst doch nicht mit?" Ich sagte: „Nein. Ich habe auch kein Fahrrad." Weil der Nachbarjunge mich abholen wollte, bin ich mit meiner Schwester gegen 21 Uhr spazieren gegangen und erst nach 23 Uhr zurückgekehrt. Der Nachbarjunge ist noch bis Jena geradelt und dort bei einem Panzerangriff der Roten Armee ums Leben gekommen. Bis zum Einmarsch der US-Truppen habe ich mich versteckt.

In der Nacht zum 1. April 1945 lag die Innenstadt unter Ari-Beschuss. In unserem Garten wurde ein Obstbaum und am Polizeipräsidium eine Dachgaube zerstört. Einige Einschläge sind an unserem Hause heute noch zu sehen. In den Mittagsstunden hörte ich, dass die Amerikaner schon auf der Hertener Straße seien. Ich eilte dorthin, und in der Höhe des Maristenklosters sah ich sie heranrücken. In der Mitte fuhren die Panzer, links und rechts marschierten die US-Soldaten. Aus den Fenstern einiger Häuser wehten weiße Fahnen. Auf der Straße standen nur Kinder und Frauen. Die Soldaten waren erleichtert, dass sie nicht zu kämpfen brauchten.

Ich ging nach Hause, und am Steintor wurde ich von einem US-Soldaten, der mit dem Jeep dort stand, angesprochen, wo das Polizeipräsidium sei. Da bin ich mit ihm in seinem Jeep zum Polizeipräsidium gefahren, und er ging mit mir in das geräumte Gebäude. Nachher wurde mir bewusst, dass ich als Schutzschirm gedient hatte. Nachmittags wurde das Polizeipräsidium von den US-Truppen besetzt. Der Hof stand voller Lkw. Unser

Der Krieg ist aus

Kopf der ersten Seite des umfangreichen Fragebogens der Militärregierung

Entlastungszeugnis, Bochum, 25. Juli 1947

Haus wurde beschlagnahmt. Wir fanden im Haus Westerholter Weg 12 gegenüber Aufnahme.

In der nächsten Zeit war Schlange stehen nach Brot und Wasser unsere Hauptbeschäftigung. Als ich Brot holen sollte, ging ich in ein von dem CIC (Geheimdienst) besetztes Haus auf der Limperstraße. In einem Zimmer entdeckte ich Care-Pakete. Schnell stopfte ich einige in die Aktentasche. Beim Herausgehen wurde ich von einem Posten angehalten. Er fragte, was in der Aktentasche sei. Ich sagte: „Brot." Er kontrollierte mich nicht, und so ging ich nach Hause. Meine Pflegemutter hatte Angst um mich, sie sagte, ich solle die Sachen zurückbringen, aber das tat ich nicht. Dann führte ich „Kleinkrieg" gegen die Besatzungsmächte. Im Amtsgericht zerschnitt ich im Gerichtssaal die US-Fahne, stahl ein US-Gewehr und „eroberte" mehrere Care-Pakete.

Nach zwei Wochen wurde unser Haus wieder geräumt. Die US-Soldaten hatten sich gut benommen. Einiges Geschirr war zerstört. Zum Dank haben sie Care-Pakete, Schokolade, Zeitungen und US-Formulare liegen gelassen. Mit einem US-Formular wollte ich Lebensmittel „ergaunern". Dabei wurde ich leider gefasst. Ich war „Werwolf"-verdächtig. An unserer Gartenmauer war ein Werwolf-Zeichen. Unsere Wohnung wurde durchsucht, und ich landete zum Entsetzen der Familie im Gefängnis an der Limperstraße. Ich bekam Einzelhaft. Zum Trost erhielt ich eine vorzügliche Verpflegung von einer Wurstfabrik, im Krieg Nazi-Bannenträger für einen NS-Musterbetrieb, jetzt Hoflieferant der Besatzungsmächte. In der Zelle fand ich einige Bücher, die ich ein paar Mal durchlas. Es war eine schreckliche Zeit. Am Tage wurden Namen von Gefangenen aufgerufen. Täglich wartete ich auf meinen Namen. Nach zehn Tagen war es soweit, ich wurde zum Verhör gebracht. Der amerikanische Offizier fragte, warum ich Lebensmittel erschwindeln wollte. Ich sagte, dass ich Hunger hätte. Er fragte, ob ich dem Werwolf angehöre und wo noch Agenten wären? Wenn ich nicht die Wahrheit sagte, würde ich erschossen. Ich verneine, je zur Werwolf-Organisation gehört zu haben und sagte trotzig, dass er mich ruhig erschießen

könne. Zufällig kam in diesem Augenblick der Gefängnisseelsorger herein und erklärte dem Offizier, dass er mich kenne und ich die Wahrheit gesagt hätte. Nach vier Tagen wurde ich wieder zum Verhör gebracht. Im Vernehmungszimmer waren der Gefängnisdirektor und zu meinem großen Erstaunen auch meine Schwester. Sie hatte sich für mich eingesetzt, und ich war frei. Für vier Wochen durfte ich nur in Begleitung meiner Schwester ausgehen. Zur Strafe musste ich in einem zerbombten Weinbetrieb Steine klopfen. Für meine Tat wurde ich später entnazifiziert. Ich war Mitläufer, und mein Vermögen – ich hatte nichts – wurde sogar beschlagnahmt.

Herbert Kochem

Es war der 11. April 1945 und die Amerikaner hatten das Ruhrgebiet, von Wesel über den Rhein gekommen, umzingelt und waren von Essen kommend auf dem Vormarsch nach Mülheim. Es gab ja damals nur die Mund-zu-Mund-Information, denn aus den Radio-Nachrichten erfuhr man dieses ja nicht. Die Geschäfte in der Stadt waren zum Teil geplündert, und auf Karten konnte man kaum noch etwas bekommen. Meine Mutter hatte noch Karten, auf die man Zucker bzw. Marmelade oder Kraut bekommen konnte. Meine Freundin war seinerzeit bei Wissoll bzw. Schmitz-Scholl in der Buchhaltung beschäftigt und sagte mir, in dem betriebseigenen Geschäft könnte ich bestimmt noch etwas auf meine Karten bekommen. Also fuhr ich morgens um acht Uhr mit dem Fahrrad meines Vaters nach Speldorf über die Schlossbrücke, die bereits stark verbarrikadiert war. Ich hatte Glück, denn ich bekam ein großes Weckglas mit vier Pfund Rübenkraut und fuhr damit in einer Tasche zurück. Unterwegs standen überall Leute, die mir zuriefen, ich könnte nicht mehr in die Stadt, weil die Amerikaner die Schlossbrücke gesperrt hätten. Angst hatte ich nicht, und ich wollte unbedingt nach Hause, weil ich meine Mutter in großer Angst wusste. Ich kam bis zur Mühlenberg-Kreuzung und sah Soldaten in Tarnuniformen und hörte englische Laute. Ich war wie vom Donner gerührt und achtete nicht mehr auf die Straße. Plötzlich sah ich einen Granattrichter, und ehe ich stoppen konnte, sauste ich mit dem Rad hinein. Die Tasche mit dem kostbaren Kraut kippte um und alles floss dahin und zum Teil noch über mich, so dass ich dann wie ein Fliegenfänger klebte. Ein amerikanischer Sanitäter war sofort bei mir und wollte wissen, ob ich verletzt sei. Mit meinen englischen Sprachkenntnissen, die ich zusammenkramte, verneinte ich und fragte aber gleichzeitig, wann die Brücke freigegeben würde. Er sagte mir, wahrscheinlich am nächsten Tag erst. Da stand ich nun und mit mir noch viele Menschen.

Plötzlich begann deutsche Artillerie – wahrscheinlich, um die Amerikaner noch aufzuhalten – aus Saarn zu schießen. Nun erlebte ich etwas Grauenhaftes, denn einige Meter von mir entfernt krepierte ein Geschoss, und wir standen in Dreck und Qualm gehüllt. Als ich wieder sehen konnte, bot sich mir ein furchtbares Bild, denn keine zwei Meter entfernt lag eine Frau mit zwei abgerissenen Beinen, und ein Mann krümmte sich vor Schmerzen. Dieses Bild hatte ich nächtelang vor Augen. Es kamen sehr schnell amerikanische Sanitäter, die sich um die Frau kümmerten und sie in Sicherheit brachten.

Es war inzwischen 17 Uhr geworden, und ich stand immer noch an der Kreuzung. Um 18 Uhr mussten die Straßen geräumt sein. Dann hörte ich, dass vom Kassenberg ein Bretterfloß Leute über die Ruhr brachte. Einige Herren, die auch über die Ruhr wollten, gaben Zigaretten, und so wurde auch ich gottlob mitgenommen. Wie war ich froh, als ich wieder festen Boden unter den Füßen hatte und mit meinem Herrenrad im Eiltempo nach Hause – oberhalb der Bismarckstraße – fahren konnte. Als ich ankam, schauten mich drei Amerikaner aus dem Fenster an und auf meine Frage sagten sie mir, dass meine Eltern in einem Nachbarhaus untergekommen waren. Somit war für mich der Krieg seit diesem Tag aus, denn es gab auch keinen Fliegeralarm mehr.

Gisela König

Wir wohnten 1945 in einem Dorf im südlichen Ruhrgebiet. Mitte März rückten die Amerikaner an, eher lautlos, weil keine Gegenwehr mehr bestand. Die wenigen versprengten deutschen Einheiten hatten sich in den Wäldern abgesetzt, ihre Waffen und Ausrüstungen weggeworfen und dann in Gefangenschaft begeben.

Nun kam für uns die schlimmste Zeit. Mit dem Einmarsch der Amerikaner wurden alle hier arbeitenden Kriegsgefangenen und Zwangsarbeiter frei. Sie gehörten ja ab jetzt zu den Siegermächten. Eine Kommandantur im Ort bestand zunächst nicht, aber auf Plakaten war angegeben, dass jeder Deutsche, der im Besitz einer Schusswaffe war, diese sofort an einer angegebenen Stelle abgeben musste. Bei Nicht-Erfüllung drohte die Todesstrafe. Für Ausländer galt dieses Gesetz nicht. Nun machten sich die Kriegsgefangenen und Zwangsarbeiter über die im Wald weggeworfenen Waffen her und drangsalierten das Volk. Sie nahmen Rache an Leuten, die sie vorher schlecht behandelt hatten. So wurde eines Nachts eine ganze Bauernfamilie ausgelöscht. Auch sonst fielen Schüsse bei Streitigkeiten. Als schließlich ein Kommandant im Dorf eingesetzt wurde, war es tagsüber ruhig, weil sich nun die Ausländer in die Wälder zurückgezogen hatten. Von hier aus machten sie nachts Beutezüge zu den abgelegenen Höfen und holten sich, was sie wollten. Das ging so bis zur Kapitulation. Das war für uns die schlechteste Zeit.

Als die Ausländer sich schließlich sammelten und mit der Eisenbahn nach Hause fuhren, konnten wir erst mal aufatmen. Selbst von der Eisenbahn aus – es waren auch offene Güterwagen dabei – wurde noch auf Kühe geschossen, die auf der Weide grasten, einfach so!

Werner Henke

Zu der Zeit war ich 17 Jahre alt und habe eifrig Tagebuch geschrieben:

„11. April 1945. Nun ist es doch so weit: Wir sind besetzt! – Zuerst gegen 10 Uhr Panzer und Infanterie auf der Verbandsstraße (B1 nach Essen). Die letzte Nacht vorher tolles Ari-Feuer. Dann zwei Amerikaner bei O. (benachbarter Bauernhof). Dann zwei Panzer und Geschütze auf O.s Weide! Dann fünf Amerikaner in unser Haus: ‚Waffen suchen!' –

alles durchwühlt. Dann alle und noch mehrere andere dazu völlig nackt ins Schwimmbecken! (April, Wasser eiskalt!) Immer wiedergekommen, (gefundenen) Schnaps geso...trunken, ein ganz Fieser, die anderen anständige Kerls. Bin todmüde. – Was mag morgen kommen?

14. April 1945: Wieder ein furchtbarer Tag! Zwölf Russen (aus aufgelösten Lagern) zum Plündern gekommen. Ich hab mich nur eben vor ihnen retten können, ein paar Meter hinter mir kam der Kerl an, andere von der Seite. – Drei Amerikaner haben sie vertrieben, die sich nachher vollgetrunken haben. Abends noch mal Russen da, wollten Stiefel klauen – waren aber Amerikaner da. Es ist schlimmer als im Film!"

So ging das tagelang. Russen und Polen aus aufgelösten Lagern plünderten, die Amis halfen uns so gut es ging und tranken sich dabei voll, wann immer sie etwas dazu fanden, nahmen auch sonstige „Souvenirs" gerne mit. Sie waren zwar lästig, aber doch das kleinste Übel und oft auch recht nett. So fragten zwei von ihnen zu unserem großen Erstaunen in schönstem Bayrisch: „San de Lumpe widder gekomme?" Sie hießen „Deutsch" und „Bayer" und stammten auch daher.

„27. April 1945. Das Wetter ist schlecht und die allgemeine Stimmung noch schlimmer. Die furchtbarsten und grausamsten Gerüchte gehen um. Ich mag langsam von allem nichts mehr hören und sehen! – Wenn nur unsere Soldaten wiederkommen!!! Es ist furchtbar, wie hilflos und preisgegeben und verachtet wir Deutschen, Deutschland wird.

29. April 1945. Die Verdunkelung ist aufgehoben, aber wir wagen es noch nicht, nicht mehr zu verdunkeln.

2. Mai 1945. Hitler ist tot. – Was wird nun?

7. Mai 1945. Eigentlich ist heute der Tag, auf den wir schon seit sechs Jahren gewartet haben: Der Krieg ist aus! – Unsere gesamte Armee hat bedingungslos kapituliert! Aber man könnte heulen, nur heulen! ..."

So langsam nahm das Leben wieder etwas ruhigere Formen an. Doch für die, die außerhalb der Stadt wohnten, blieben die Überfälle die beherrschende Gefahr, hatten die Angst vor den Bombenangriffen abgelöst. – Wir hielten Nachtwache. Meine Eltern, meine Schwester und ich, jeder zwei Stunden auf dem Balkon. Bei verdächtigen Geräuschen wurden die Nachbarn gerufen.

„24. Juli 1945. Schrecklich! Letzte Nacht haben sie einen ganz großen Überfall bei K. gemacht. Etwa 30 Russen oder Polen, 15 Weiber dabei, die ganzen Kleider ausgeräumt! Und das Schlimmste: Der Sohn liegt im Krankenhaus, es geht ihm sehr schlecht, die Ärzte hätten kaum noch Hoffnung... Zwei Brustschüsse soll er haben. Das ist so schrecklich, ich kann das einfach nicht fassen: Vorgestern war er noch hier und so gesund, und wir haben gelacht – und er hat nicht gewusst, was ihm bevorstand ..."

Er hat überlebt. – Ich habe ihn neun Jahre später geheiratet. – Aber sein Vater ist einige Zeit später einem neuerlichen Überfall zum Opfer gefallen. Bei dem Versuch, durchs Fenster das Haus zu verlassen, um Hilfe zu holen, traf ihn der Schuss. Er hat trotzdem noch Hilfe geholt, bevor er starb.

Ingrid Kocks

Am 17. April 1945 gelangte ich nach letztem Kriegseinsatz durch die Frontlinie zurück in das jetzt von Amerikanern besetzte heimatliche Stadtgebiet Essen. Seltsam, die nahezu lautlosen Schritte der amerikanischen Soldaten auf den Gummisohlen ihrer knöchelhohen Stiefel hatte ich doch noch den harschen Ton geräuschvoller Marschtritte unserer benagelten Schuhe und „Knobelbecher" im Ohr. Langsam kam mir an diesem herrlichen Frühlingstag zu Bewusstsein, dass nun für mich der Krieg zu Ende war. Keine „Feindberührung" mehr, keine Angst mehr vor Verlegung in östliche Frontgebiete, kein Angriff mehr aus der Luft, kein nächtlicher Alarm, keine Luftlagemeldung mehr, keine Uniform und kein Dienst mehr in HJ oder Wehrmachtsorganisationen! Ein merkwürdiges Gefühl nach Wochen, Monaten und Jahren des Schreckens! Dann, am 9. Mai 1945, verkündete der Reichssender Flensburg im letzten Wehrmachtsbericht dieses Krieges „...seit Mitternacht schweigen an allen Fronten die Waffen..." Aus – die Parolen vom „totalen Krieg", vom „Volk ans Gewehr";

Der Krieg ist aus

Noch 1953 ein Mahnmal der Zerstörung: Ecke Dresdener Straße/Bismarckstraße, Gelsenkirchen

Schuttberge vor der Essener Synagoge, um 1947

aus – die Phantasien von der „Wunderwaffe" und vom „Endsieg"!

Ein merkwürdiges Gefühl von Freude am Überleben, von Glück über das Ende der Kämpfe, von Kummer über die ungezählten Opfer dieses Krieges, von dumpfer Erkenntnis der Vergeblichkeit aller durchgestandenen Mühen und Strapazen, schließlich auch von sorgender Ungewissheit über die Zukunft.

Es gab kein Vakuum in der Administration. Die Anordnungen der Militärregierung erfuhren wir über Anschläge an Litfaßsäulen und Plakatwänden sowie schon bald durch Handzettel. Zunächst ging es um Ausgangssperre, verbotenen Waffenbesitz, Registrierung der Bevölkerung, Lebensmittelversorgung und Arbeitseinsatz. Irgendwie schien das bisweilen auch so etwas wie ein neuer Anfang zu sein. Doch da gab es noch eine unvorhergesehene Aufregung: Einige der bisherigen Ostarbeiter und Kriegsgefangenen nutzten ihre wiedergewonnene Freiheit zum Plündern und zu Überfällen. Da die Besatzungsmächte dies nicht zu verhindern vermochten und eine deutsche Polizei noch nicht existierte, hofften wir auf eine möglichst schnelle Rückführung der D.P.s („Displaced Persons"). Als diese Aktion abgewickelt war, gab es ein spürbares Aufatmen.

Die Briten übernahmen alsbald den Status der Besatzung für die Region des heutigen Nordrhein-Westfalen, allerdings hätte die Bevölkerung wohl doch lieber die „Amis" als Besatzer gehabt, denn die USA galten verglichen mit den Engländern als wohlhabende Nation; und manche glaubten auch, von den Amis etwas profitieren zu können, wenn es um die Verteilung überschüssiger Heeresbestände ginge.

Mir ist nicht bekannt, dass es zwischen Besatzung und Bevölkerung zu schwerwiegenden Auseinandersetzungen gekommen ist, sieht man einmal ab von den Kundgebungen und Demonstrationen der Deutschen, die sich gegen Demontage und Produktionsbeschränkungen wehrten.

In kultureller Hinsicht gab es viel Neues, waren wir doch lange Zeit von Literatur, Musik und Theater der übrigen Welt abgeschnitten. Die britischen Behörden versuchten, mit dem Kulturinstitut „Die Brücke" in ihrer Besatzungszone einen gediegenen Anfang zu setzen zur Verständigung und zum kulturellen Austausch; mit Bibliotheken, Theater- und Konzertaufführungen, mit Vorträgen, Filmen und Sprachkursen war „Die Brücke" eine beliebte Anlaufstelle, und das noch einige Jahrzehnte! – In Essen, wie sicherlich auch in anderen Städten, gab es einen „English-Club", in dem es um Konversation in englischer Sprache und um kulturelle Kontakte zwischen Besatzung und Bevölkerung ging. Meine Mutter besuchte mit einer Nachbarin einige Zeit diesen Club und wurde eines Tages mit der ganzen Familie ins Haus eines englischen Offiziers zum Abendessen eingeladen. Der Offizier wohnte mit Angehörigen in einem beschlagnahmten Haus in Heisingen, so dass wir mit einem Spaziergang durch den Wald ohne große Mühe unser Ziel erreichen konnten. Ich weiß nur noch so viel von diesem Abend, dass ich mich über meine Verständigungsmöglichkeiten in Englisch freute.

Im „Kaiserhof", einem ehedem renommierten Hotel in der Nähe des Hauptbahnhofs, besuchte ich eines Tages eine Veranstaltung vom „Kulturbund zur demokratischen Erneuerung Deutschlands". In einem Schaufenster in Rellinghausen war zu dieser Veranstaltung mit einem Plakat eingeladen worden. In gediegenem Rahmen warb der Kulturbund für Völkerverständigung, wobei allerdings hauptsächlich die Beziehungen zur Sowjetunion eine Rolle spielten. Ich hatte ein Buch von Josef Stalin über den „großen vaterländischen Krieg" der Sowjetunion erstanden, das in der UdSSR gedruckt worden war. Ich hielt das damals für etwas ganz Besonderes, und heute wird es wohl wieder eine Rarität sein.

Allerhand Neues wie Konzerte, Zeitung, Rundfunk, Filme und „Wochenschau" ohne nationalsozialistische Propaganda, der Beginn der Trümmerbeseitigung, Straßenbahnbetrieb auf ersten kurzen Teilstrecken, bescheidener Anfang des Aufbaus (Gleis 6) am Hauptbahnhof, Wiederbeginn des Schulunterrichts, das alles waren Zeichen von Aufbruch und Freiheit. Andererseits war das Leben mit äußerst bescheidenen Nahrungsmittelrationen, mit großer Wohnungsnot, mit spürbarem Energiemangel, mit grotesken Verkehrsverhältnissen und gewaltigen Trümmerfeldern in Industrie- und Wohngebieten, mit Entnazifizierung und

Demontage ein untrügliches Zeichen dafür, dass wir den Krieg verloren hatten.

Hans Erich Hertzog

Der Tag, an dem die Amerikaner von Gelsenkirchen-Erle über den Kanal nach Bismarck kamen, ist für mich unvergesslich. Ich war zehn Jahre alt, und da wir total ausgebombt waren, wohnten wir am Bismarckhain (heute Ruhrzoo) in einer Wohnbaracke, deren Mieter evakuiert waren. Es war eine schlimme Schießerei von deutschen und amerikanischen Soldaten.

Ich war mit Opa, Tante und einer anderen Familie im Luftschutzkeller der Baracke. Wir Mädchen waren zu zweit in einem Bett. Plötzlich kratzte etwas an der Tür. Ich hatte große Angst. Als die Tür aufging, sah ich zum ersten Mal in meinem Leben einen farbigen, schwarzen Menschen. Er lachte und sagte: „Nicht weinen, kleines Mädchen. Möchtest du Schokolade?" Und ob ich wollte! Er sprach ein reines Deutsch.

Später habe ich oft den Amerikanern bei Übungen zugesehen. Ein Offizier schenkte mir dann öfter eine Tüte mit Lebensmitteln und Süßigkeiten. Angeblich sah ich seiner Tochter in Amerika sehr ähnlich.

Christel Kutsch

Was war man jung im Frühjahr 1945. 23 Jahre alt. Die Wohnung zerbombt und nichts zu essen. Meine Mutter, mein Baby und ich hatten Zuflucht in einem Steigerhaus gefunden. Die Besitzer fuhren mit dem Fahrrad nach Berlin, wo ihre Frauen evakuiert waren. Wir durften dort wohnen, um noch auf die Habseligkeiten, die im Keller lagerten, Acht zu geben. Es waren noch Kartoffeln und ein paar Einkochgläser da, wovon wir uns ernährten.

Wir konnten uns nur im Keller in der Waschküche aufhalten. Die Ari-Geschosse pfiffen um die drei Häuser, die noch auf der Straße standen. Als die Alliierten bei Wesel den Rhein überquerten, war am Himmel die Hölle los. Das Dröhnen der Kanonen drang bis zu uns. Der Himmel war purpurrot. Die Bomber flogen gen Osten. Ein Treck deutscher Soldaten zu Fuß mit Gepäck stürmten in unseren Keller, um sich zu verstecken. In der Nacht marschierten sie gen Osten vor lauter Angst. Nachts gingen wir mit den restlichen Nachbarn in unseren selbst gebauten Erdbunker, um uns zu schützen. Was sollten wir tun? Die restlichen Nazi-Nachbarn verließen vor Angst ihre Wohnungen und flohen – wohin, weiß ich nicht. Was sollten wir bloß tun, wenn die Amis kommen? Die weiße Fahne hissen? Ein Nachbar, der beim Volkssturm an der Westfront war, war von der Front geflohen – und übernahm im Bunker das Kommando.

Nach ein paar Tagen lugten wir durch einen Schlitz nach draußen. Ich traute meinen Augen nicht. In weiter Ferne sah ich einen schwarzen Soldaten. Sie müssen jetzt da sein, die Amis! Wir trauten uns nicht, die weiße Fahne zu hissen. Was tun, wenn die Nazis wiederkommen? Aber die Amerikaner hatten genauso viel Angst wie wir. Abends hämmerte es an unsere Bunkertür. Da standen sie vor uns mit ihren Gewehren. Was jetzt? Wir mussten uns alle in Reih und Glied aufstellen. Die Sonne ging unter. Es war gespenstisch. Was passiert jetzt? Wir verstanden kein Englisch.

In Reih und Glied marschierten wir zum Stollen zur Zeche Osterfeld.

Denn unsere Straße lag direkt an der Emscher gegenüber dem Gasometer. Hinter dem Gasometer schossen die Deutschen auf diese Amerikaner. Die Straße wurde zum Niemandsland erklärt, keiner durfte mehr rein oder raus. Sie errichteten einen Wall und bewachten diese Seite. Wir hatten im Stall noch zwei Kaninchen. Meine Mutter ging zum Wachposten und durfte dann täglich die Kaninchen füttern. Eines Sonntags, ich glaube, es war Ostern, sagte meine Mutter: „Wir gehen jetzt heimlich nach Hause, schlachten die Kaninchen, werden sie im Topf dünsten, kochen uns Kartoffeln und bleiben ein paar Stunden dort." Es war verboten. Aber wir riskierten es. Wir heizten den Kohleofen an und brutzelten das Kaninchen und die Kartoffeln. Die Bomber kamen nicht mehr, und so konnten wir in Ruhe alles erledigen. Da war auf einmal ein Hallo! Soldaten umstellten das Haus. Sie hatten von ihren Wachposten aus den Rauch aus dem Kamin steigen sehen und vermuteten dort Heckenschützen. Oh Schreck – mit vorgehaltenen Gewehren kamen sie auf uns zu. Sie hatten ge-

Der Krieg ist aus

Porträt vor Ruinen, Essen, Rellinghauser Straße, LM 1946

nauso viel Angst wie wir. Wir mussten unsere Mahlzeit packen und schnell verschwinden. Sie brachten uns in den Zechenstollen zurück.

Im Stollen gab es kein Wasser. Die Babys wurden im Löschteich der Zeche gewaschen. Die Flöhe fraßen uns fast auf. Man hatte keine Zeitung, kein Radio. Manche Frauen mit ihren Kindern haben den Stollen vor Angst tagelang nicht verlassen. Meine Mutter und ich waren mutig. Wir ließen uns nicht so schnell einschüchtern. Aber heute weiß ich: Es war gefährlich.

Die Amerikaner marschierten weiter gen Osten. Wir durften in „unsere" Wohnung zurück.

Die „blaue Brücke", an der wir wohnten, wurde von den Amerikanern bewacht. Es war die einzige Brücke, die die Deutschen über dem Kanal nicht gesprengt hatten. Heute weiß ich, dass die Amerikaner die Brücke damals bewacht haben, weil sie dachten, dass die deutschen Soldaten, die noch auf Oberhausener Gebiet waren, auf die andere Seite des Kanals herüberkommen würden. Die Brücke verbindet heute die anderen Stadtgebiete mit der neuen Mitte.

Wir richteten uns in einem Zimmer spärlich ein: Ein Bett holten wir aus dem Keller. Ein Nachbar zimmerte uns ein Regal aus ein paar Brettern. Die Habseligkeiten, die wir aus den Trümmern herausgekratzt hatten, fanden dort Platz.

Die Amerikaner machten mit ihren Jeeps viel Lärm auf der Straße. Sie wechselten sich alle paar Stunden mit der Wache auf der Brücke ab. Die Kinder konnten jetzt in Ruhe auf dem Hof spielen. Die Soldaten liebten Kinder. Brachten ihnen Süßigkeiten und Leckereien. Wenn es den Soldaten auf der Brücke langweilig wurde, kamen sie zu uns und den Nachbarn, legten ihren Helm ab und das Gewehr und drehten das Radio voll auf. Es war damals alles in englischer Sprache.

Am Osterfelder Bahnhof gab es das erste Bier. „Gehen wir hin", sagte meine Nachbarin. Im Topf brachten wir das Gebräu nach Hause. Um höflich zu sein, boten wir den Soldaten von dem Bier etwas an. Sie tranken nicht. Sie hatten Angst, wir würden sie vergiften. Aber nachdem wir es tranken, probierten sie das Bier auch. Es war eine braune Brühe, aber kein Bier!

Das „normale" Leben konnte beginnen. Die Fenster waren zugemauert. Die Scheiben kaputt. Die Türen konnte man nicht abschließen.

Eines Nachts – eine riesengroße Taschenlampe richtete sich auf unser Bett. Ein amerikanischer Soldat stand vor unserem Bett und weinte. Er wollte sich von uns verabschieden, weil er am nächsten Tag nach Japan abkommandiert würde. Wir waren mit ihm sehr traurig.

Es wurde eine Polizei organisiert. Zu essen gab es nichts. Jedes Stück Wiese wurde bepflanzt mit Gemüse und Tabak. Es wurde alles verschachert, was man noch besaß. Die Hamsterfahrten zu den Bauern begannen. Man fuhr auf dem Trittbrett bis ins Münsterland und noch weiter, um etwas Essbares zu ergattern. Abends um 10 Uhr musste man von der Straße sein. Kam man mit dem Fahrrad mit Gartenschlauch nicht mehr nach Hause, konnte man in jedem Haus auf der Landstraße ein Quartier bekommen. Die Menschen halfen sich gegenseitig.

Das „normale" Leben konnte beginnen. Aber wie?

Sophie Roguski

Ich erinnere mich. Wir haben den 9. April 1945 in Bochum-Gerthe. Die Bomben fallen, wir sitzen im Keller, wir sitzen alle im Keller, alle Hausbewohner. Wir sind eine nette Gemeinschaft, einer ist für den anderen da.

Oben im Haus sind 30 deutsche Soldaten einquartiert. Aus unserem Dachfenster wird geschossen, denn 200 Meter von unserem Haus entfernt liegt der Feind, jetzt unser Freund. Jeden Abend das gleiche Lied: „Lili Marleen". Ein kleiner Volksempfänger steht in der Waschküche, der oft seinen Geist aufgibt. Klaviermusik ertönt. Oh, wie bin ich begeistert von den Klängen. Unser Klavier ist im Kellerflur. Ein Unteroffizier sitzt davor und spielt. „Die Musik ist mein Leben", sagt er. Ich stehe am Klavier und horche. Er spielt Chopin. Ich schaue immer wieder auf seine Hände, die mich sehr faszinieren. Feingliedrige Finger, die weich und elegant über die Tasten dahingleiten. Ich bin berauscht von Chopin. Draußen fallen die Bomben.

Da, die Stimme des Offiziers. Er braucht Leute für einen Spähtrupp. Der Unteroffizier wird vom Klavier weggezogen, er muss mit, er muss einfach mit. Ob er nun will oder nicht. 200 Meter von uns entfernt liegt der Feind. Er schaut noch einmal zurück. – Das Klavier ist sein Leben. – „Tschüss", ruft er mir nach. Ich kann nichts sagen. Und dann? Und dann?

Er dauert Stunden. Es geht die Kellertür auf. Jemand stolpert herunter. Nein, es sind zwei, und wen tragen sie da herein? Den Klavierspieler, den Unteroffizier, blutüberströmt, der rechte Arm fehlt. Er schaut mich bloß an. Aus dem Radio ertönt „Lili Marleen". Ich kann's nicht mehr hören. Am gleichen Tag ziehen die Soldaten ab. Sie nehmen alle Verwundeten mit. Sie haben uns einfach aufgegeben. Wir sind allein im Keller mit unserer Angst, mit unseren Sorgen. Was wird?

Ein Gepolter! Wir haben Angst, wir haben wahnsinnige Angst. Mein Vater ist bei mir. Er hält den Arm um mich, als wollte er sagen: „Ich beschütze dich mein Kind." Mein lieber, alter Vater. Wer poltert die Kellertreppe herunter? Ein schwarzer und ein anderer Amerikaner kommen auf uns zu. Uns bleibt das Herz stehen. Ich hatte noch nie einen Farbigen gesehen. Ein Messer in seiner Hand, ein Fahrtenmesser. Hat er es einem Hitlerjungen abgenommen? Er steht vor meinem Vater, das Messer an seiner Kehle. „Du Nazi, du Nazi, du Nazi???" „Nein, nein, ich kein Nazi", sagt mein alter Vater. Wir haben Angst, wahnsinnige Angst.

Die Torte, die Torte werden sie nehmen, meine Torte, denke ich. Wir haben kaum was zu essen, wir haben alles zusammengespart für diese Torte. Es ist Mitternacht, ich habe gerade Geburtstag, ich werde 19 Jahre alt. Ich habe diese Torte hinter meinem Rücken versteckt. – Ach was sollten sie mit meiner Torte. Warum habe ich solche Angst gehabt? Es ist doch gar nichts passiert. Der Farbige sieht das Klavier im Kellerflur. Sein wütender Gesichtsausdruck, den wir zuerst bemerkten, wird auf einmal ganz weich. Er setzt sich ans Klavier und was spielt er? Chopin! Ich schaue auf seine Hände. Feingliedrige Finger, die weich und elegant über die Tasten dahingleiten. Ich bin berauscht von Chopin. Und draußen fallen keine Bomben. Wir hatten den Krieg verloren.

Helga Zaus

10. April 1945. Ich lief neben den einrückenden Amerikanern in der Hofsteder Straße bis zum heutigen Bergbaumuseum mit. Das war kurz vor meinem 15. Geburtstag in meiner Heimatstadt Bochum. Wir waren befreit. Gott sei Dank. Doch einige Tage später kam eine schlimme Nachricht. Mein Patenonkel war tot. Er wohnte an der Castroper Straße, gegenüber vom Kirmesplatz. Amerikanische Soldaten hatten das Wohnhaus durchstöbert und eine Eierhandgranate in der Wohnung hinterlassen. Vielleicht wollte mein Patenonkel die Eierhandgranate hinaustragen. Sie explodierte in seiner Hand.

Ein solches Kriegserbe fand ich 1964 hinter meiner Wohnung im Garten. Mit meinem Schwager beseitigte ich eine ehemalige Mistgrube. Da war ein eiserner Gegenstand. Wir klopften mit dem Spaten darauf. Schreck – das war eine Eierhandgranate. Über das Werkstelefon rief ich die Polizei an. Es war schon peinlich, wie viele Uniformierte nun auftraten. Alle betrachteten – von weitem – das Objekt. Dann bekam ich ein Schild mit der Aufschrift „Munition! Lebensgefahr. Betreten verboten. Der Polizeipräsident". Dann wurde noch ein Schild gebracht mit der gleichen Aufschrift und dem Untertitel „Der Oberstadtdirektor". Ich sollte beides aufstellen. Schließlich kam ein Polizist mit vielen Schultersternen und Aktentasche. Ich witzelte noch: „Wollen Sie das Ding in der Aktentasche mitnehmen?" Er füllte ein Formular aus und belehrte mich über die Aufbewahrung von Munition mit folgenden Worten: „Graben Sie ein Loch von einem Meter Tiefe und legen Sie die Eierhandgranate hinein." Ich fragte laut: „Ich?" Die Antwort war „Ja". Dann verschwanden alle.

Nun hatten wir zur Granate noch zwei Schilder. Wir legten selbst die Eierhandgranate in die für Gartenabfälle vorhandene Abfallgrube. Dann stellten wir die beiden Schilder am Straßenrand auf. Alle Passanten gingen schnell auf der anderen Seite an unserem Grundstück Constantinstraße 6 vorbei. Nach einer Woche wurde das gefährliche Stück abgeholt.

Heinrich Esken

Der Krieg ist aus

Auch die Natur sah ruinenhaft aus: Blick in den Essener Stadtgarten, 1946

Schnutenhausstraße, im Hintergrund die Städtische Baugewerbe-Schule, Essen, 1945

Zerstörter Straßenzug in Gelsenkirchen

Den Tag des Einmarsches der amerikanischen Truppen in Oberhausen habe ich (geb. 1931) als den Tag erlebt, der uns von Bombenangriffen, vom Artilleriebeschuss und von Tieffliegerangriffen befreite. Es war Montag, der 9. April 1945. Mit meinem Vater überquerte ich gerade die Falkensteinstraße in Oberhausen. Wir kamen vom Garten, hatten einen schweren Holzbalken auf den Schultern, um ihn zu Brennholz zu zerkleinern. In unserem Schrebergarten war dies nicht möglich, weil uns da ununterbrochen die Jagdbomber bedrohten. Die Bomberpiloten müssen Falkenaugen gehabt haben, denn sie stießen urplötzlich auf alle herunter, die sich auf der Erde bewegten, und schossen selbst auf Kinder. So mussten mein Bruder Johannes und ich einmal auf dem Marienfriedhof in die Leichenhalle flüchten, um Schutz zu suchen. Die einrückenden amerikanischen Truppen kamen von Essen her. In der Straßenmitte schwere Panzer, daneben rechts und links zum Teil schwarze Soldaten mit Maschinenpistolen. Mein Vater und ich warfen den Balken auf die Erde und stellten uns nahe der Dieckerstraße in einen Haustür-Eingang. Leider war die Tür verschlossen, so dass wir keine Möglichkeit hatten, uns zu verbergen. Wir hoben die Arme. Die Soldaten beachteten uns nicht, wie es schien. Plötzlich stoppte der vordere Panzer direkt vor uns. Von der etwa 800 Meter entfernten Mülheimer Straße fielen Schüsse. Wie sich später herausstellte, waren es einige Männer des Volkssturms, die auf Befehl eines Polizisten mit einfachen Karabinern auf die einrückenden Soldaten schossen. Andere Waffen hatte man ihnen nicht mehr aushändigen können, dem letzten Aufgebot an Jugendlichen und alten Männern. Der erste Panzer hob langsam sein Kanonenrohr, blieb stehen und schoss in die Giebelwand eines der links stehenden Häuser. Das Gewehrfeuer verstummte, und die Kolonne setzte sich langsam wieder in Bewegung. Als sie an uns vorbei war, konnten wir ängstlich die wenigen Schritte bis zur Wohnung gehen, wo Mutter und Bruder uns voller Sorgen erwarteten.

In den letzten Tagen vor Kriegsschluss fühlten wir uns fast wohl. Das hört sich seltsam an und ist doch wahr. Ein ungeheurer Druck hatte sich gelöst. Es fanden keine Luftangriffe mehr statt. Wir waren befreit von direkter Todesgefahr, waren erleichtert, dass allenfalls die Artillerie von der nördlichen Seite des Rhein-Herne-Kanals her schoss und dass auch die wie gefährliche Bienen angreifenden Jagdbomber uns nichts anhaben konnten. Wir blieben im Haus und konnten richtig ausschlafen. Sogar im Schlafanzug, woran vorher überhaupt nicht zu denken war. Dann war der Krieg aus. Wir hatten Gott sei Dank überlebt. Sicher: Wir hungerten, aßen tagelang Sauerkraut und Porree mit einer einzelnen, hinein geriebenen Kartoffel, tranken Muckefuck und kauten andächtig und dankbar goldgelbes Maisbrot. Für uns war der schreckliche, der unendlich dauernde Krieg zu Ende.

In der zerstörten Kirche, genauer in der schnell hergerichteten Krypta, feierte Pfarrer Wedding mit uns ein Hochamt. Beim Gedenken der vielen Toten weinten viele Leute. Kaum eine Familie war von Verlusten lieber Angehöriger verschont geblieben. Beim Tedeum jedoch jubelten wir mit und sangen zum Schluss mit Inbrunst: „Großer Gott, wir loben dich!" Noch heute kann ich dieses Lied nie singen, ohne dass ich an jenen Dankgottesdienst denke. Meine Stimme bricht ein, und oft laufen mir die Tränen still über die Wangen. Tränen der Erinnerung. Einsame, warme Tränen, welche die Befreiung von Terror und Krieg wie eine kostbare Blume begießen.

Karl-Heinz Bendorf

Für mich schlug die „Stunde Null" am 13. April 1945 mit dem Einzug der Amerikaner in Hörde. Tagelang hatten die Menschen auf das Erscheinen der amerikanischen Truppen gewartet, die Anspannung in der Stadt war groß. Wir wohnten nur wenige Häuser neben der Gestapo-Zentrale von Westfalen. Meine Mutter hatte in der Nacht zum Karfreitag die Transportfahrzeuge der SS an- und abfahren hören, welche die Häftlinge zur Ermordung in die Bittermark brachten. Quer über die Benninghoferstraße hatte man eine Panzersperre gebaut, und die Brücke über den Hörder Bahnhof war vermint, sie sollte beim Erscheinen der Amerikaner gesprengt werden. Zum Glück für die Stadt hatte der

Wehrmachtskommandeur den Befehl nicht ausgeführt, was ihm sicherlich durch den nächtlichen Abgang der SS und der Gestapo erleichtert worden war. Die Brücke blieb erhalten, und die Panzersperre wurde von den Amerikanern geräumt, ohne dass ein Schuss fiel.

Wenige Tage später waren die Toten aus den Bombentrichtern in der Bittermark geborgen, die dann auf offenen Leiterwagen in Begleitung von stadtbekannten Nazis durch die Straßen gefahren wurden, vorbei an der Gestapo-Zentrale – die Mörder hatten sich jedoch frühzeitig in Sicherheit gebracht.

Nach dem Einzug der amerikanischen Truppen konnten wir nun erst mal eine Nacht durchschlafen, ohne Fliegeralarm und Tieffliegerbeschuss auf die Straße gehen – es war ein unbeschreibliches Glücksgefühl. Leider hatten wir nach dem Aufwachen keinen Krümel Brot im Schrank und auch sonst keine Lebensmittel. Die Geschäfte waren schon tagelang geschlossen gewesen, und einen Kühlschrank besaßen wir nicht.

Paul Voss

Nach der Zerstörung unseres Wohnhauses in der Stadtmitte beim Bombenangriff konnten meine Eltern und ich bei meiner Tante am Stadtrand von Witten unterkommen. Unvergessen ist für mich der Anblick von drei Jungen im Alter von etwa 15 Jahren, die mit einem Leiterwagen kurz vor der Kapitulation durch unsere Straße in das letzte Gefecht ziehen wollten. Die Bewaffnung war äußerst dürftig. Ein Jugendlicher, mit dem ich Mitleid hatte, forderte von seinen Kameraden: „Gebt mir wenigstens eine Handgranate!" Ich kann nur hoffen, dass die jungen Kämpfer überlebt haben.

Die „Einnahme" unseres Straßenzuges durch die Besatzungsmacht war unspektakulär. Wir hatten die weiße Fahne gehisst. Zwei, drei Infanteristen kamen mit angeschlagenem Gewehr von hinten über die Felder. Wir boten ihnen etwas zu trinken an, was auch angenommen wurde, nachdem jemand aus dem Haus auch davon getrunken hatte. Damit war die Lage entspannt.

Werner Hempelmann

Meine Schwester und ich standen in Mülheim-Heißen beim Bäcker Bruckmann für Brot an, und zwar in Viererreihe in einer langen Schlange. Dieser Bäcker backte Brot für die Leute, wenn er mal Mehl besorgen konnte. Was nicht alle Bäcker taten. Wir standen also schon längere Zeit hier, Ecke Velauer Straße/Essener Straße (heute beginnt dort die Autobahnauffahrt). Wir waren dem Eingang schon sehr nahe gekommen, als plötzlich die Reihen lichter wurden und die Leute wegliefen. Wir wunderten uns sehr, als ein fremder alter Mann uns ansprach und erklärte, wir sollten nach Hause gehen, die Amerikaner kämen schon auf der Kruppstraße anmarschiert; sie wären bereits fast bei der Zeche Humboldt. Als wir ihm sagten, wir hätten aber noch ein ziemliches Stück zu laufen, empfahl er uns: „Wenn ihr Schüsse hört, dann werft euch einfach flach auf den Boden!"

Wir beide hatten unheimliche Angst und rannten über das Feld, auf dem noch die Flak stand. Da war aber niemand mehr in den Beton-Unterständen.

Wir rannten also weiter zur Siedlung Heimaterde, wo wir wohnten. Die Straßen waren wie leer gefegt, kein Mensch war zu sehen. Die waren wohl alle in ihren Kellern.

Auch bei uns zu Hause war niemand da. Es reagierte niemand auf unser Schellen und Klopfen an der Haustür. Dann klopften wir an den Kellerfenstern, und unsere Mutter hörte uns. Sie saßen angstvoll im Keller, meine Mutter, meine Geschwister und die Nachbarfamilie.

Als wir schon eine Weile im Keller waren, klopfte jemand ans Fenster und rief: „Kommt mal alle raus, die Amerikaner sind schon am ‚Eichbaum' (Straßenbahnhaltestelle auf der Kruppstraße)! Die Amis verteilen Schokolade und Kaugummi an die Kinder. Die tun uns allen gar nichts."

Wir liefen dann auch zum „Eichbaum", und die Amerikaner marschierten ganz friedlich hintereinander die Straße entlang. Ich bekam von einem großen, breitschultrigen schwarzen Soldaten ein Kaugummi und wusste nichts damit anzufangen. Aber das war der erste Mensch mit schwarzer Hautfarbe, den ich sah.

Freundlich und lieb waren sie zu uns allen. Ein unvergesslicher Tag!

Silvia Beutgen

Der Treck nach Westen

Der Treck nach Westen

Danzig im Januar 1945: Eines Morgens wird verkündet, dass jeder Einwohner die Stadt verlassen muss, ehe es zu spät ist. Alle machen sich auf. Nur das Nötigste kann mitgenommen werden. Manche Mütter ziehen einen Handwagen mit dem Allernötigsten und mehreren Kindern. Alles verlässt die Stadt.

Auch in den umliegenden Dörfern verlassen die Bewohner Haus und Hof. Hier sieht es etwas besser aus: Die Bauern haben einen Leiterwagen, von zwei Pferden gezogen. Einer davon hat einen Ofen und einen Teil von einer Küche aufgeladen. Weinende Kinder gehen neben ihrer Mutter dahin. Sie frieren und sind hungrig. Ein großer Hund springt an einem Pferd empor, das daraufhin scheut und den Wagen so stark anzieht, dass dieser umstürzt. Und immer wieder Angriffe russischer Flugzeuge. Eine alte Frau greift sich ans Herz, stürzt und bleibt liegen. Sofort eilen Helfer herbei, aber ihr kann nicht mehr geholfen werden. Wer weiß, was dieser Frau alles erspart bleibt?

Es ist eine furchtbare Zeit. Nicht nur, dass die Flüchtlinge kaum etwas zum Essen haben, sie werden auch noch von den Russen beschossen. Doch je weiter sie in das „Deutsche Reich" kommen, umso sicherer sind sie. Zwei Halbwüchsige haben ein Kochgeschirr über ein Feuer gehängt, um ein Stück Fleisch darin zu garen. Später stellte sich heraus, dass es ein Stück Hundefleisch war!

Ein kleiner Junge von etwa fünf Jahren wollte sich vor den russischen Flugzeugen in einem Stall verstecken, als dieser über ihm zusammenbrach. Er hat es wohl nicht überlebt. Eine alte Frau mit ihrem Enkel auf dem Arm bricht auf einer dünnen Eisdecke ein und wurde nicht mehr gesehen. Eine Mutter gab ihrem Kind alles zum Essen und behielt nichts für sich. Die arme Frau wurde von Tag zu Tag dünner.

Ein deutscher Offizier führte einige ältere Flüchtlinge zu einer Baracke, in der nicht nur ein Kanonenofen Wärme spendete, sondern auch jeder eine Suppe und ein Stück Brot bekam. Später brach sich ein Pferd ein Bein und musste von einem Unteroffizier erschossen werden. Alles stürzte sich auf das tote Pferd, um sich ein Stück von dem Pferdeleib abzuschneiden. Der Hunger war wohl schlimmer noch als die Kälte. Es war eine furchtbare Zeit, und es ist gut, dass man nicht immer daran denken muss!

Robert Herold

1945, zu Kriegsende, war ich sieben Jahre alt und lebte in Leipzig. Der Krieg gehörte zu meinem Leben. Die ersten Jahre war der Krieg für mich nicht wahrnehmbar. Es gab zu essen und noch keine Angriffe auf die Städte. Aber dann kam die Zeit, dass wir Kinder nachts geweckt wurden, weil die Sirenen heulten. Wir bekamen unser Kleiderpäckchen in den Arm gedrückt und ab ging es in den Keller. Da hatte es unsere Familie gut, dass wir nicht einen öffentlichen Bunker aufsuchen und nicht durch die nächtlichen Straßen eilen mussten, während schon die Bomber anflogen.

Nach Kriegsende wurde Leipzig von Russland „betreut". Da ging das große Hungern los. Es gab nichts zum Essen, nichts zum Heizen, Strom und Gas standen nur stundenweise zur Verfügung – so war auch Frieren angesagt, denn der nächste Winter blieb nicht aus.

1946 zog unsere Familie mit einem Rückführungstransport der evakuierten Bevölkerung – zum Beispiel aus dem Ruhrgebiet – in den Westen. Hier trafen wir unseren Vater wieder, der aus französischer Gefangenschaft entlassen worden war. Wir wurden in ein Wochenendhaus in der Lüneburger Heide eingewiesen. Dort gab es weder fließendes Wasser noch elektrischen Strom. Der Kochherd brannte mit Holz oder Kohle, wenn man hatte. Das Wasser musste vom Nachbargrundstück von einer Wasserpumpe geholt werden. Die Toilette mit Herztür befand sich im Garten. Das Licht gab eine Petroleumlampe.

Unserem Hunger waren wir hier nicht mehr so hilflos ausgeliefert. Wir stoppelten Kartoffeln oder klauten sie auch. Wir sammelten Pilze und Beeren und fällten im Wald Holz. In der Schule bekamen wir Schulspeisung, eine kräftige doppelte Brotschnitte. Trotzdem ist meine Erinnerung, dass wir immer Hunger hatten. Die Kälte des Winters im

Sowjetzonen-Flüchtlinge am Gelsenkirchener Hauptbahnhof

Jahr 1946/47 war nur schwer zu bewältigen. Über Nacht gefror das Wasser in der Waschschüssel.

An diesem Ort in der Lüneburger Heide ereignete sich nun Folgendes: In unsere Schule ging ein kleines Mädchen, etwa sechs Jahre alt. Sie wohnte, nur mit ihrer Mutter, in einer ähnlichen Hütte wie der unseren. Dieses kleine Mädchen habe ich als besonders reizend in Erinnerung, und obwohl der Krieg nun zu Ende war, wurde dieses kleine, junge Leben ihm noch mit Verspätung geopfert. Mutter und Tochter hatten in Hamburg einen Besuch gemacht, und bei ihrer Heimkehr fanden sie ihr Heim ausgeraubt vor. Die Mutter geriet in derartige Verzweiflung, dass sie ihr kleines Mädchen tötete, indem sie ihm das Rückgrat mit einer Schere aufriss und sich selbst erhängte. Eine gebrochene Mutter, eine junge Frau! Sie sah keinen Weg mehr, obwohl doch alles vorüber war. Ob der Vater gefallen war oder gefangen oder vermisst, ist mir nicht bekannt.

Aufsehen erregte dieser Fall auch dadurch, dass man der Selbstmörderin kein christliches Begräbnis zugestehen wollte.

Nur ein einzelner Fall, den ich erlebte. Er hat mich damals sehr ergriffen.

Karin Holfort

Es war an einem Sonntagmorgen im Juli 1946 im mittelalterlichen Städtchen Frankenstein in Schlesien, als wir von bewaffneten Polen aufgefordert wurden, bis zehn Uhr unsere Häuser zu verlassen und mit den wenigen Koffern auf der Straße anzutreten. Am Güterbahnhof wartete bereits der Zug mit etwa 35 Viehwagen, auf die die Bewohner unserer Siedlung aufgeteilt wurden. Als nach zwei Tagen endlich eine Lokomotive anrollte, begann unsere Odyssee.

In der Grenzstadt Forst passierten wir die Grenze zwischen dem polnisch besetzten Schlesien und der Sowjetzone, bekamen im zerbombten Leipziger Bahnhof zum ersten Mal etwas zu essen, wurden in Siegen von den Amerikanern entlaust, stiegen in einen Personenzug um und fuhren Richtung Ruhrgebiet.

Nach elf Tagen waren wir in Herne angekommen. Man nannte sie die „goldene Stadt".

Als wir uns dem Ruhrgebiet näherten, wussten wir auch, warum. Die Städte waren riesige Trümmerhaufen, viele Häuser waren zerstört oder notdürftig zusammengeflickt, die Fenster teilweise mit Brettern zugenagelt. Auf den Schuttbergen saßen Trümmerfrauen und putzten Ziegelsteine. In Herne, der „goldenen Stadt", war vieles anders. Einige unserer Freunde waren in Bochum ausgestiegen, ein paar fuhren nach Recklinghausen, nach Wanne-Eickel und nach Wattenscheid, aber wir waren in Herne gelandet. Es mögen noch etwa 60 Leute gewesen sein, die am Bahnhof den Zug verließen. Der erste Blick in die Bahnhofstraße, die unter der Eisenbahnbrücke herführte, zeigte uns eine Stadt, die von den fürchterlichen Bombenangriffen nahezu verschont geblieben war.

Als wir alle auf dem Bahnsteig standen, nahm uns ein Mann in Begleitung von zwei Frauen in Empfang. Er stellte sich als Beamter vom Flüchtlingsamt vor und wollte uns in unser vorläufiges Quartier bringen. Wir nahmen das Gepäck und fuhren mit der Straßenbahn zu einem riesigen mehrgeschossigen Betonbunker, in dem man wegen der spärlichen Beleuchtung kaum die Hand vor den Augen sah. Unser Essen wurde in einem Altersheim gekocht, in dem viele Jahre später meine Frau als Köchin arbeitete. Die Speisekarte war reichhaltig: montags Stielmus, dienstags Steckrüben, mittwochs Stielmus, donnerstags Steckrüben. Gebracht wurde es von einem altersschwachen, knatternden, motorisierten Dreirad, auf dem immer zwei Mann zum Kübel schleppen mitfahren mussten. Und es war immer zu wenig.

Dann kam das Anstellen, jeden Tag, stundenlang: Flüchtlingsamt, Einwohneramt, Gesundheitsamt. Wir standen an wegen Lebensmittel- und Eierkarten, wegen Raucher- und Kleiderkarten. Wir standen in langen Reihen vorm Bäcker und beim Lebensmittelhändler, vor dem Arbeitsamt und vor der Straßenbahn.

Nach einigen Tagen wurden wir in die Schule am Berliner Platz verlegt. Die Klassen waren vollgestellt mit Etagenbetten. Links neben uns wohnte Familie F., unsere Nachbarn aus Frankenstein, rechts eine Familie aus Jauer und hinter uns Leute aus Strehlen. Ich setzte meine Tischlerlehre beim Obermeister S. fort, wo ich meine neuen Freunde kennen lernte.

Die nächste Station war ein Zimmer auf der Bochumer Straße, das für ein Jahr unser überfülltes Zuhause wurde. In drei Etagenbetten und einem nahezu federlosen Sofa „hausten" Oma und Opa, ein Onkel mit Tante, noch eine Tante, die aus Berlin geflüchtet war mit ihrem aus amerikanischer Gefangenschaft entlassenem Mann – und natürlich ich, ein 16-jähriger Junge.

Als die zwei Paare eine eigene Bleibe bekamen, zogen wir um zur Gräffstraße in eine Holzbaracke. Es war eine Komfortwohnung mit kleinen Fehlern: Das Klo war so klein, dass die Tür nicht zuging, weil sie einem beim Sitzen vor die Knie stieß. Und sie hatte Wanzen, aber dem konnte ich Gott sei Dank abhelfen. Als wir bei den Engländern eine neue Bürotür einsetzten, bekam ich von ihnen einen Beutel DDT. Den schütteten wir in die Kalkfarbe und strichen damit die Wände. Der Erfolg war durchschlagend: Jeden Morgen gingen wir mit der Kehrschaufel an den Wänden entlang und fegten die Wanzen zusammen, aber wahrscheinlich gelang einigen die Flucht in die Nachbarwohnung.

Zu dieser Zeit – es war noch vor der Währungsreform – bekam ich meinen ersten neuen Mantel, hergestellt aus einer alten, blau gefärbten Militärdecke. Festgehalten wurde dieses bemerkenswerte Ereignis von einem Straßenfotografen auf der Bahnhofstraße, denn wer von uns hatte damals schon einen Fotoapparat? Entweder war er verlorengegangen oder er war für einen halben Sack Kartoffeln bei einem Bauern im Münsterland gelandet.

1952 dann das Paradies – drei Zimmer, Küche, Diele, Bad. Und alles auf 46 Quadratmetern. Die Straße hieß Grünring, aber es gab sie noch gar nicht. Am 2. Januar schleppten wir unsere wenigen Habseligkeiten über Bretter und durch Lehm und Matsch ins Haus, aber das machte uns nichts aus, denn es war nach so vielen Jahren endlich wieder eine richtige Wohnung. In dieser Wohnung haben meine Frau und ich geheiratet, dort sind unsere Söhne geboren und von dort sind meine Großeltern, mit denen ich mehr als vierzig Jahre zusammengelebt habe, in eine Altenwohnung in die Nachbarschaft gezogen, wo sie dann Ende der sechziger Jahre hochbetagt gestorben sind.

Auch wir wohnen schon lange nicht mehr dort.

Erich Völkel

Rückkehr ins ausgebombte Revier

Vor der „Stunde Null": Bereits in den ersten Kriegsjahren 1940/41 wurde vom „Führer" über den Reichsleiter Bormann „angeordnet", dass „die Jugend aus Gebieten, die immer wieder nächtliche Luftalarme haben, in die übrigen Gebiete des Reiches geschickt wird".

1943 wurde ich zehn Jahre alt, wohnte mit meinen Eltern in Essen in der Nähe des Wasserturms und sollte natürlich auf die „Höhere Schule", wie damals die Gymnasien genannt wurden. Die nächstgelegene Schule war das Humboldt-Gymnasium an der Steeler Straße. Meine Eltern meldeten mich an; ich wurde aufgenommen und zugleich aufgefordert, Abschied vom Elternhaus zu nehmen: Hier griff die Anordnung von 1940 voll zu, dass der „Nachwuchs für das Großdeutsche Reich schulweise in Sicherheit zu bringen ist". Ich vergesse nicht die Verabschiedung aller Schüler, von der Sexta bis zur Oberprima. Wir hatten uns auf dem Platz vor dem Hauptbahnhof Essen klassenweise und militärisch aufgestellt, um uns zuerst von den so genannten „Offiziellen" und danach tränenreich von den Eltern zu verabschieden. Mit einem Sonderzug transportierte man uns nach Mayrhofen im Zillertal, und dort wurden wir klassenweise in recht guten Hotels untergebracht. Das war nun unser neues Zuhause, das so genannte KLV-Lager. Für uns Zehnjährige war das natürlich eine riesengroße Umstellung. Vormittags Schulunterricht beim Klassenlehrer, der zugleich der Lagerleiter war, und bei anderen Fachlehrern. Nachmittags, nach den Hausaufgaben, sorgte dann der Lagermannschaftsführer (ein ausgebildeter HJ-Führer) für Ablenkung im Sinne der NS-Erziehung. Vormilitärischer Sportdrill, Exerzierübungen in HJ-Uniform und Geländemärsche standen auf der Tagesordnung. Am schlimmsten aber war für uns das Heimweh. Nach circa neun Monaten verlegte man uns nach Kitzbühel in ebenso gute Hotels.

Die „Stunde Null": Mai 1945. Wir lebten dort abgeschieden, aber sicher und von jeglichen schlechten Nachrichten unbehelligt. Man kann es so ausdrücken: Wir lebten dort im Tal der Ahnungslosen. Von den Lehrern und dem Lagermannschaftsführer wurden wir dann zuerst sehr zögerlich, nach einigen Tagen dann aber um so deutlicher darüber informiert, dass sich die Amerikaner näherten, um die Stadt zu besetzen. Das ging uns sehr schwer in die Köpfe, da wir mittlerweile Zwölfjährigen immer wieder eingetrichtert bekamen, dass wir die „Großmacht" sind und kein Feind es schafft, uns zu besiegen. Was also sollten denn amerikanische Soldaten in unserer Nähe bewirken? Ich kann aus heutiger Sicht und in lebhafter Erinnerung an diese Zeit nur bezeugen: Wir sind tatsächlich so manipuliert worden, dass man die Wirklichkeit gar nicht begriff! Und dann ging alles sehr schnell; ich glaube, wir begriffen dann doch, dass sich da etwas grundlegend ändern wird, von einer Stunde zur anderen! Noch in letzter Minute wurden wir angewiesen, alle Hitlerbilder in unseren Zimmern und sonstige Symbole, die auch nur an die NS-Zeit erinnern konnten, sofort zu vernichten. Und ich muss gestehen: Zu diesem Zeitpunkt kam auch Angst auf. Wir durften unser Lager (sprich: Hotel) nicht verlassen.

Natürlich siegte die Neugier, und vorsichtig spähten wir aus den Fenstern, was sich nun abspielen würde. Und dann ging alles sehr schnell! Wir sahen einen Jeep mit aufmontiertem Maschinengewehr und entsprechender Besatzung, der die Vorhut bildete und langsam die Straße entlang zu unserem Hotel fuhr, gefolgt von bulligen Lastkraftwagen mit angehängten Sturmgeschützen. So etwas hatten wir noch nicht gesehen, und große Aufregung machte sich breit. Auf dem Platz vor unserem Hotel hielten sie dann an, formierten sich zum Parken und auf einen erteilten Befehl sprangen aus den Lkw´s die Soldaten. Es dauerte nicht lange, da war der Platz besetzt mit mindestens hundert von ihnen. Unser Klassenlehrer ging mit erhobenen Armen auf einen Offizier zu und sprach mit ihm. Wie wir später erzählt bekamen, hat er offiziell das Hotel übergeben und die Lage erklärt, dass wir fast 40 Jugendliche und noch einige andere Lehrer aus dem Ruhrgebiet hier in diesem Hotel evakuiert waren. Ich bin mir bis heute sicher, dass es zu diesem Zeitpunkt wohl keinen von uns gab, der nicht ein sehr flaues Gefühl in der Magengrube verspürte; selbst unsere Großmäuler, die es in jeder jugendlichen Klassengemeinschaft gibt, hielten sich wie alle still und bescheiden im

Hintergrund. Wir erhielten den Befehl, sofort unsere Koffer zu packen, denn wir mussten das Hotel innerhalb von zwei Stunden räumen. Das bedeutete weitere Aufregung für uns Quintaner. Wir hatten aber etwas zu tun! Später saßen wir dann auf unseren gepackten Koffern im Hotelgarten und warteten auf das, was nun geschehen würde. Und jetzt konnten wir uns auch mal etwas umsehen, denn die amerikanischen Soldaten nahmen unsere Zimmer schon in Beschlag, liefen geschäftig zwischen uns herum. Und zum ersten Mal sahen wir auch Menschen mit schwarzer Hautfarbe. Was hatte man uns nicht alles über sie erzählt? Und plötzlich sind wir mit ihnen konfrontiert, und sie bewegen und verhalten sich wie alle anderen Soldaten auch!

Später wurden wir auf zwei amerikanische Lastwagen „verladen", und man brachte uns in den Nachbarort Kirchberg in eine Schule. Dort konnten wir uns in drei Klassenräumen „häuslich" auf dem Fußboden aus Stroh Betten bauen. An diesem Abend erhielten wir Essen von den Amerikanern. In der folgenden Zeit haben wir uns – natürlich mit Hilfe unserer Lehrer – selbst versorgen müssen. Nach einigen Wochen brach aber die Versorgung völlig zusammen und viele von uns, darunter auch ich, wurden auf Bergbauernhöfe in der Umgebung von Kirchberg verteilt. Dort gab es reichlich und gut zu essen; man erwartete jedoch von uns, dass wir im Haus, Garten und auf dem Feld mitarbeiteten.

Nach der „Stunde Null": Es vergingen Wochen, und viele von uns wagten die Heimreise ins Ruhrgebiet. Mütter und/oder Väter hatten sich auf den beschwerlichen Weg gemacht, ihre Kinder heimzuholen. Oft waren bei ihrer Ankunft die Söhne dann schon auf dem Weg nach Hause. Und sie nahmen dann ein oder zwei Jungen mit nach Essen. Auch ich wurde nach einiger Zeit von einer Mutter, deren Sohn bereits „auf eigene Faust abgehauen" war, wie wir das nannten, mitgenommen. Es war eine Odyssee von fünf oder sechs Tagen in Güterzügen, manchmal hoch beladen mit leeren Benzinkanistern oder leeren Waggons, die vorher Kohle transportiert hatten. Immer wieder mussten einige Kilometer zu Fuß zurückgelegt werden, da die Schienenstränge durch Bombeneinwirkungen nicht befahrbar waren. Verpflegung gab es hin und wieder durch das Rote Kreuz. Geschlafen wurde während der Wartezeiten auf den „nächsten" Güterzug auf irgendeinem Güterbahnhof oder auf dem Boden der Waggons. Es waren tausende von Menschen unterwegs, die alle nur ein Ziel vor Augen hatten: das Zuhause in der Heimat.

Wir erreichten völlig erschöpft unsere Heimat Essen! Aber wie sah es hier aus. Ich hatte Mühe, durch die Trümmerberge den Weg nach Hause zu finden. Aber Gott sei Dank, das Haus, in dem wir wohnten, stand noch, wenn auch stark beschädigt. Und alle lebten und waren gesund. Die Wiedersehensfreude war groß, und alle waren glücklich. Es gab nur einen Wermutstropfen in dieser Stunde, denn mein Vater fehlte.

Mein Vater hatte zwei Tage vor meiner Heimkehr die beschwerliche Reise nach Kitzbühel angetreten, um mich heimzuholen!

Helmuth M. Lenze

Im Alter von elf Jahren kam ich durch die Kinderlandverschickung nach Bayern in ein Kinderheim. Das war eine gute Sache. Im Ruhrgebiet tobte der Krieg. Dauernd Fliegeralarm, Bombenangriffe – immer bereit sein, um in den Bunker zu rennen. Als wir in Bayern ankamen, war es Winter: Meterhohe Schneewände an den Straßen und Sonnenschein, der Schnee glitzerte. So etwas kannten wir ja gar nicht. Wir wurden mit dem Schlitten abgeholt, es kam uns alles wie ein schöner Traum vor.

Im Lager war es sehr schön, wir bekamen gutes Essen, konnten wieder regelmäßig die Schule besuchen. Es wurde sehr viel mit uns unternommen. Es war uns so, als wären wir in einem anderen Land. Keine Bomben, keine Schießerei, es war überhaupt nichts vom Krieg zu merken. Von daheim bekamen wir ab und zu Post. In den Nachrichten hörten wir, wie es rund ging in den Städten. Jeden Tag fielen Bomben. Manche Städte waren Trümmerhaufen.

Wir hörten nichts mehr von daheim. Die Post blieb aus. In den Nachrichten hörten wir, dass die feindlichen Truppen immer näher

Rückkehr ins ausgebombte Revier

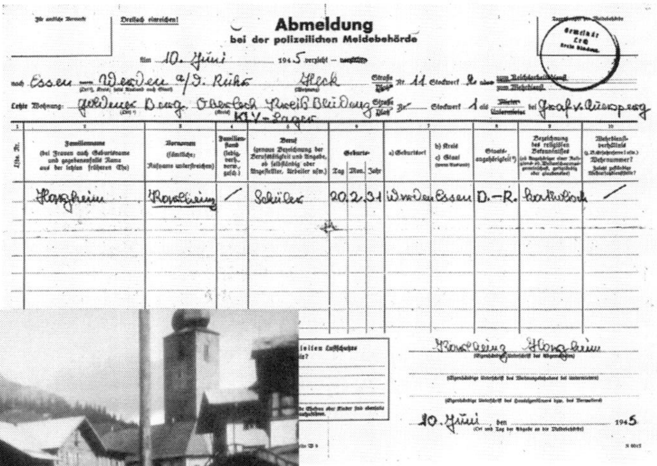

Im Lager der Kinderlandverschickung

Polizeiliche Abmeldung vom KLV-Lager Lech nach Essen, Juni 1945

Kinderlandverschickungs-Lager in Lech, April 1945

kamen. Der Krieg war so gut wie verloren. - Eines frühen Morgens, als alle noch schliefen, sind die Amis in unseren Ort einmarschiert. Kein Schuss fiel, es gab keinen Widerstand. Ganz friedlich lief alles ab. Am gleichen Tag gab es Ausgangssperre. Niemand durfte das Haus verlassen. Alle Häuser wurden durchsucht. Es wurden etliche gefangengenommen. Die Almhütten in den Bergen standen unter Beschuss, weil sich dort Soldaten versteckt hielten. Zu den Leuten waren die Amis sehr menschlich, wir hatten nachher keine Angst mehr.

Unsere Leiterin plante nun die Rückkehr. Es war niemand mehr für uns zuständig. Eines Morgens ging es dann endlich los. Wir konnten in einem geschlossenen Güterzug mitfahren bis Siegen. Dort fing die englische Zone an. Die Reise von Bayern bis Siegen war furchtbar. Jeder saß auf seinem Gepäck an den Wänden, und man musste Acht geben, dass man nicht durch den ganzen Wagen flog. In Siegen angekommen, mussten wir warten. Unsere Leiterin musste mit den Engländern verhandeln. Als sie zurückkam, war sie sehr enttäuscht. „Die von Hitler verseuchten Kinder wollen wir nicht haben", hieß es. Wir sollten wieder zurück. Das konnten wir aber nicht. Das Lager war aufgelöst. Wir sind dann aus Siegen rausgefahren und haben einen Bahnhof später gehalten und haben uns versteckt. Unserer Leiterin ist es dann gelungen, einen offenen Güterwagen zu organisieren, der nicht mehr kontrolliert wurde. Wir konnten bis Bochum mitfahren.

In Bochum bekam jeder ein paar Mark in die Hand für Fahrgeld. Nun musste jeder selber versuchen, nach Hause zu kommen. Als ich endlich zu Hause ankam, bekam ich einen Schreck. Das ganze Viertel glich einem Trümmerhaufen. Ich setzte mich auf die Trümmer und weinte. Die sind alle umgekommen, dachte ich. Da kam eine Frau daher und sah mich. Es war eine Frau aus der Nachbarschaft, die ich kannte. Sie sagte: „Du brauchst nicht weinen. Deine Eltern und Geschwister leben alle, es geht ihnen gut. Sie sind vor den Bombenangriffen evakuiert worden. Sie leben im Sauerland." Da fiel mir ein schwerer Stein vom Herzen.

Erna Kemink

Während des Krieges – im April 1941 – begann ich meine Ausbildung zur Buchhändlerin. Durch einen schweren Bombenangriff auf Duisburg am 13. Mai 1943 brannte die vierte Etage meines Elternhauses (Königstraße) vollkommen ab, und auch die anderen Geschosse wurden in Mitleidenschaft gezogen. Da auch die Buchhandlung vollkommen zerstört war, schickte mich meine Mutter in den Schwarzwald zu einer alten Tante, von der ich vorher noch nie gehört hatte. In Freiburg konnte ich ab August 1943 meine Ausbildung fortführen und im März 1944 beenden. Das Kriegsende erlebte ich in Freiburg im Schwarzwald. Als die Sirenen fünf Minuten lang „Fliegeralarm" heulten, wusste die Bevölkerung, dass die Franzosen und Marokkaner vor den Toren der Stadt standen. Meine Freundin Greti und ich flohen in die Berge in ein kleines Dorf, wo wir bei Bekannten die Nacht verbrachten.

Eine andere Freundin, Elisabeth, war „Halbjüdin", wie es damals hieß. Sie konnte im Winter 1944/45 ihre Mutter aus dem Konzentrationslager holen, weil ihr Bruder als Oberleutnant „für Führer, Volk und Vaterland" den „Heldentod" in Russland gestorben war. Elisabeth war seinerzeit Sekretärin am Forstzoologischen Institut. Als die Sirenen gingen, ist sie mit dem Fahrrad zur Universität gefahren und hat die große Hakenkreuzfahne „geklaut". Hurra, wir hatten Stoff! Sie nähte sich ein Kleid aus dem schwarzweißen Hakenkreuz. Meine Freundin Greti und ich nähten uns unter Anleitung einen ganz weiten angekräuselten roten Rock. Wir freuten uns, dass wir ein neues Kleidungsstück hatten.

8. Mai 1945: Der Krieg war aus, der Horror vorbei. Es konnte nur noch aufwärts gehen. Wir waren voller Tatendrang und Freude. Wir wollten arbeiten und wieder aufbauen und blickten voller Optimismus in die Zukunft. Bis zum Herbst 1945 hat die Mutter von Elisabeth meine Freundin Greti und mich in ihr Haus aufgenommen und uns viel von den Care-Paketen (Lebensmittel und Kleidung), die sie von jüdischen Freunden aus Amerika bekam, abgegeben, zum Beispiel Süßstoff war eine Kostbarkeit. Erst im Oktober 1945 bekam ich den nötigen Passierschein von der franzö-

sischen Besatzungsmacht in Freiburg mit der Genehmigung, durch die amerikanisch besetzte Zone Pfalz/Hessen in die britische Besatzungszone (Duisburg) zu reisen. Elisabeth, mit der ich mich während des Krieges heimlich angefreundet hatte, „besorgte" ihn mir.

Ich war drei Tage mit Personen-, Güter- und Kohlenzügen unterwegs. Ich trug meine drei Kleider, einen Faltenrock, einen Pulli und meinen sechs Jahre alten Teddymantel übereinander. Ebenso fünf Paar total verstopfte Seidenstrümpfe, die ich mit Gummibändern um die Oberschenkel festgemacht hatte. Alles, was ich sonst noch besaß, befand sich in einem Pappkoffer, den ich mit einer Kordel umwickeln musste, damit er nicht auseinander fiel. Ich band einen Strick um den Koffergriff, habe das andere Ende um mein Handgelenk geknotet, damit mir im Schlaf niemand den Koffer stehlen konnte. Auf dem Bahnhof in Wiesbaden wurde ich wach, als ich über meinen Koffer fiel. Ich war im Stehen eingeschlafen.

Wegen einer schweren Verwundung an der rechten Hand, die ich mir im September 1942 bei Löscharbeiten in unserem Haus zugezogen hatte, bekam ich das Verwundetenabzeichen. Es war auf der Fahrt nach Hause von Vorteil, da ich dann im Kriegsversehrtenabteil mitfahren durfte.

Ich sehe noch heute den zerstörten Bahnhof von Duisburg vor mir – und mich auf dem Bahnsteig stehen. Das Gefühl werde ich nie vergessen. Ich lebte – ich war wieder zu Hause!

Lore Rissel

Im Juli 1944, als die Russen nur 17 Kilometer vor Ostpreußens Grenze standen, kam unsere Mutter mit dem letzten Zug, der nach Ostpreußen fuhr, um uns – meine Schwester und mich – aus der Stadt Lyck (Masurens Hauptstadt) herauszuholen. Wir waren die letzten Evakuierten, die bei einer Tante Aufnahme fanden. Im August mussten schon die Einheimischen flüchten.

In dieser Zeit bekamen meine Eltern die Vermissten-Anzeige meines Bruders, der in Südrussland stationiert war. Nach zehn Jahren fand man ihn in einem Massengrab in Polen. Die Trauer um meinen Bruder war unendlich groß.

Kurz vor Kriegsende, ich war 14 Jahre alt, saßen wir bei den Nachbarn im Keller, da unser Haus durch eine Luftmine stark beschädigt war. Die Artillerie hat Tag und Nacht unseren Ort beschossen, die Angst durch die vielen schrecklichen Bombennächte saß uns noch im Nacken. Meine Mutter bekam akutes Gelenkrheuma und eine Gesichtsnervenlähmung, das war für uns schrecklich, weil keine Hilfe da war. Nach drei Wochen konnten wir endlich den Keller verlassen, aber wir mussten unsere Wohnung räumen, da zogen amerikanische Soldaten ein. Mit unserer kranken Mutter im Bollerwagen zogen wir durch Brambauer – auf der Suche nach einer Bleibe. Wir fanden zum Glück eine Wohnung. Eine Schnitte trockenes Brot und eine Wassersuppe war unsere Tagesration. Wir haben fürchterlich gehungert. Stundenlang musste man anstehen, um ein Brot zu bekommen. Die amerikanischen Soldaten verbrannten vor unseren Augen ihre Lebensmittel, viele Kinder haben geweint, wir hatten doch entsetzlichen Hunger.

Kurz vor Kriegsschluss zerbombten englische und amerikanische Flugzeuge die Stadt Dresden.

Eines Nachts klopfte es an unsere Haustür, der Bürgermeister aus Seliggen (Kreis Lyck, Ostpreußen) stand plötzlich da. Er erzählte dann meinen Eltern, dass meine Oma und meine Tante nach Dresden geflüchtet, aber dort an Hungertyphus gestorben waren. Wieder eine schreckliche Nachricht.

Wir hungerten noch etliche Zeit nach dem Krieg. Meine Eltern hatten alle Wäsche, Geschirr und Bekleidung nach Ostpreußen befördert, das haben dann die Russen kassiert. So konnten wir auch keine Tauschgeschäfte machen. Krieg ist etwas ganz Schreckliches.

Christine Dieckmann

Um dem Bombenhagel in Essen zu entfliehen, lebte ich ab 1942 mit meiner Mutter und meinen Geschwistern bei meiner Großmutter in einem kleinen Dorf in den Vogesen. Novem-

Rückkehr ins ausgebombte Revier

Brief aus dem KLV-Lager mit diktiertem Inhalt

Elternbrief!

Sehr geehrte Frau Bornschuh!

Wie ich aus Briefen der Eltern an unsere Schülerinnen entnehme, machen sich die Eltern grosse Sorgen um die hiesigen Zustände und erwägen aus dieser Sorge heraus den Gedanken einer Heimreise ihrer Kinder. Wenn der Wunsch der Eltern, ihre Kinder in dieser schweren Zeit bei sich zu haben, wohl verständlich ist, so wäre es doch vollkommen widersinnig, bei der augenblicklichen Kriegslage die Kinder in die Bombengebiete zurückzuführen.

Das Leben hier geht entgegen den wilden Gerüchten der Heimat vollkommen seinen gewohnten Gang weiter. Wenn wir hier auch etwas mehr Alarm durch Stör- und Jagdflugzeuge haben, so bedeutet das doch für unsere Kinder, die hier auf dem Lande wohnen und auch hier jetzt ihren Unterricht erhalten, keine direkte Gefahr. Vielmehr ist die Gefahr in Dortmund doch unvergleichlich grösser, da dort doch immer mit grösseren Terrorangriffen zu rechnen ist.

Auch die augenblickliche Lage am Südteil der Westfront bedeutet keine Gefahr für unsere Schülerinnen. Sollten sich jedoch die Verhältnisse so ändern, dass eine direkte Gefahr besteht, so würden selbstverständlich sofort Massnahmen getroffen werden, die Schülerinnen in die Heimat zurückzuführen. Ihre

Registrierungskarte, Juli 1945

ber 1944 zogen die letzten deutschen Soldaten ab, und die Franzosen hielten wieder Einzug. Wir wohnten unbehelligt dort weiter; die Dorfbevölkerung versorgte uns nach Einbruch der Dunkelheit mit Lebensmitteln. Dann kam der 8. Mai 1945. Im Radio hörten wir „bedingungslose Kapitulation zu Lande, zu Wasser und in der Luft"; einige Stunden später wurden wir – mit dem Gewehr im Anschlag – aus unserem Haus geholt und in ein Internierungslager in Mulhouse gebracht. Es war ein sehr heißer Tag, und ich erinnere mich, dass ich – meine Puppe auf dem Arm – eine wahnsinnige Angst hatte. Die Erlebnisse in diesem Lager sind mir heute noch gegenwärtig.

Einige Monate später wurden wir in einer Nacht-und-Nebel-Aktion über die Grenze gebracht und auf deutschem Boden abgesetzt. In einem Waisenhaus in Sigmaringen fanden wir Aufnahme, wo uns mein Vater – er hatte inzwischen erfahren, wo wir uns aufhielten – Ende 1945 abholte. Die Fahrt von Sigmaringen nach Essen dauerte Tage, unter anderem übernachteten wir drei Nächte auf dem Boden des Frankfurter Hauptbahnhofs.

Margrit Hülsmann

Den 8. Mai 1945 erlebte meine Familie (Vater, Mutter, drei Kinder) in Dähre, einem Dorf in der Altmark. Wir waren im Herbst 1944 aus Essen dorthin evakuiert worden. Kurz vor Kriegsende waren bereits amerikanische Soldaten mit Panzerkampfwagen in unser Dorf einmarschiert, ohne viel Schaden anzurichten. Nach zwei relativ ruhigen Monaten erschien an einem Sonntagmorgen Anfang Juli der Ausrufer mit seiner Glocke auf dem Dorfplatz, um den Einwohnern mitzuteilen, dass am Nachmittag desselben Tages die sowjetischen Truppen erscheinen würden. Seit dem 1. Juli hatten sich die amerikanischen und britischen Truppen aus Thüringen, Mecklenburg, Brandenburg und Sachsen zurückgezogen und – so wie bereits von Roosevelt, Churchill und Stalin im Februar 1944 in Jalta beschlossen – diese Gebiete der Roten Armee übergeben. Unser Dorf gehörte also nun zur sowjetischen Besatzungszone.

Mein Vater beschloss sofort, mit seiner Familie nach Westen zu fliehen. Wir verstauten einige wenige Habseligkeiten auf dem Pferdewagen eines Bauern. Die Straßen waren voller Flüchtlinge, die wie wir über die Demarkationslinie in die britische Besatzungszone gelangen wollten. Ein Milchbauer, der jeden Morgen mit seinem von zwei Panjepferden gezogenen Wagen die Milchkannen der umliegenden Höfe einsammelte, kannte an der Grenzlinie eine Stelle bei Wittingen, die noch nicht von sowjetischen Posten besetzt war. Er brachte uns in der Morgendämmerung bis zum Bahnhof von Celle, wo wir mit viel Glück einen Platz auf einem Güterzug ergatterten, der ins Ruhrgebiet fuhr. Hier saßen wir mit anderen Flüchtlingen in einem offenen Kohlenwaggon. Weil es zu regnen begann, legten einige Männer Bretter über die Seitenwände, doch der Regen drang trotzdem durch die Spalten und bedeckte bald Boden und Wände des Wagens mit einer schwarzen Brühe. Wir fuhren die ganze Nacht durch, immer wieder kam der Zug zum Stehen, so dass wir zunächst nichts Nachteiliges ahnten, als der Zug in Marl-Sinsen anhielt und nicht mehr weiterfuhr. Erst in der Morgendämmerung bemerkten wir, dass unser Waggon auf einem Abstellgleis stand – der restliche Zug war weg, unseren Waggon hatte man abgehängt. Nach längerem Warten wurden wir an einen anderen Zug angekoppelt und konnten die Fahrt fortsetzen.

So gelangten wir bis Altenessen. Wir waren glücklich, wieder in unserer Heimatstadt zu sein. Aber wo sollten wir hier eine Bleibe finden? Vielleicht konnten wir im Elternhaus meiner Mutter unterkommen? Straßenbahnen fuhren noch nicht; aber am Altenessener Bahnhof stand ein Trödler mit Pferd und Wagen, der auf Kundschaft wartete. Er fuhr uns durch die Stadt. Wir schauten entsetzt auf all die zerbombten Häuser und waren ganz verzagt und fast ohne Hoffnung, das Haus noch vorzufinden. Plötzlich jubelte meine Mutter: „Da steht es ja!" Tatsächlich – nur das Dach des vierstöckigen Hauses war stark beschädigt. Eine Familie, die bereits seit Jahrzehnten dort zur Miete wohnte, trat uns einen Raum ihrer Dreizimmerwohnung als vorläufige Bleibe ab.

Ingrid Wielant

Um den immer häufiger werdenden Bombenangriffen im Ruhrgebiet zu entgehen, bringen meine Eltern mich 1943 zu Bekannten nach Schaumburg-Lippe aufs Land. Ich bin neun Jahre alt und heule wie ein Schlosshund, als sie mich – aus dem Abteilfenster des abfahrenden Zuges mit aufgesetztem Lächeln winkend – allein zurücklassen.

Im Sommer 1945 holt mein Vater mich wieder heim. Auf dem Fahrrad! Von der Talbrücke Luhden bei Bad Eilsen fahren wir los: Auf der Autobahn, Richtung Westen, in den Kohlenpott nach Wanne-Eickel. Ich sitze hinten auf dem Gepäckträger, eine Jacke als „Arschleder" unter dem Hosenboden, meinen Vater mit den Armen fest umschlungen, der vor mir kräftig in die Pedalen tritt. Gegen Abend müssen wir die Autobahn frühzeitig verlassen, um eine Unterkunft vor Beginn der Sperrstunde in einer der umliegenden Ortschaften zu finden. In dem Klassenraum einer Landschule übernachten wir. Zwanzig bis dreißig Menschen haben ihre Schlafstellen auf dem nackten Fußboden eingerichtet, sitzen in Gruppen essend, rauchend und Erfahrungen austauschend zusammen. Alle haben nur ein Ziel: nach Hause! Unser Schlafnachbar ist zu Fuß unterwegs, geht nur Autobahn, rund 40 Kilometer pro Tag mit einem schweren Rucksack. Er will nach Hannover. Ungewaschen radeln wir am nächsten Morgen weiter. Drei Tage sind wir unterwegs. Dreimal haben wir einen Platten. Sonne und Fahrtwind haben mich auf dem Weg nach Westen linksseitig tief gebräunt. Endlich sind wir daheim. Mutter schließt uns glücklich in ihre Arme. Die Familie ist wieder zusammen!

Karl-Heinz Clüter

Als der Krieg aufhörte, waren meine Mutter und ich in Thüringen evakuiert. Mein Vater kam von Bochum, um uns abzuholen. Er sprang auf fahrende Güterzüge, weil es noch keinen Personenverkehr gab, und gelangte so nach Dachwig bei Erfurt. Sofort wollte er uns mitnehmen; doch weil er wie ein Gespenst aussah, völlig abgemagert, haben wir ihn erst einmal ordentlich durchgefüttert. Da hörte er im Radio, dass die Demarkationslinie demnächst zwischen Thüringen und Hessen verlaufen solle. Das bedeute, sagte mein Vater, dass die Russen ganz Thüringen besetzen. So kauften wir bei einem Bauern einen Leiterwagen für 300 Reichsmark, packten unsere Koffer und Oberbetten drauf und begaben uns zu Fuß gen Westen über Gotha und Eisenach. So gingen wir täglich etwa 25 bis 30 Kilometer. Wir waren nicht allein. Es kamen immer mehr Flüchtlinge und Heimkehrer hinzu, so dass die Straße immer voller wurde. Der Proviant, den mein Bauer uns mitgegeben hatte, war längst alle, doch gaben uns öfter Menschen etwas zu essen. Einmal gab es einen Achsenbruch, der von einem Stellmacher repariert werden musste. Bei mitleidigen Menschen konnten wir schlafen, auf Stroh oder Heu, auf einer Couch im Wohnzimmer oder sogar in einem Bett. Einmal mussten wir allerdings am Straßenrand übernachten.

Als wir am ersten hessischen Grenzort, in Herleshausen, waren, atmeten wir auf. Hier gab uns eine Familie ein köstliches Mittagessen, Salzkartoffeln mit frischen grünen Salat. Selten hat uns etwas so gut geschmeckt. So kamen wir bis Kassel. Da hörten wir, dass ein Güterzug bereitgestellt werden sollte für uns Flüchtlinge. Das war eine frohe Botschaft! Es dauerte lange, bis alle Leiterwagen und Menschen verfrachtet waren. In unserem Waggon waren 14 Wagen und 40 Menschen. Obwohl wir froh waren, nicht mehr laufen zu müssen, war die Fahrt doch eine Tortur. Ich weiß nicht mehr, wie lange sie dauerte, kann mich nur noch an eine Nacht sitzend auf dem Boden oder einer Kiste erinnern. Wenn der Zug ab und zu mal hielt, konnte man abspringen und seine Notdurft verrichten. Einmal war das nicht gelungen, und eine junge Frau fing furchtbar an zu weinen. Da sagte ein Arzt zu ihr, der auch in unserem Wagen war: „In die Buchse, in die Buchse!" Eine Frau hatte offene Beine. Die lag die ganze Zeit oben auf einem Leiterwagen.

In Bochum angekommen, bot sich uns ein trostloser Anblick. Ganze Straßenzüge ein Trümmerhaufen, so dass man kaum etwas wiedererkannte. Unser Haus, ein fünfstöckiges Mietshaus, war stehen geblieben, doch viele kleine Fensterscheiben waren kaputt. Mein Vater besorgte Glas, und wir schnitten es mit einem Glasschneider und setzten und

Rückkehr ins ausgebombte Revier

Rückkehrer, Herne

Flüchtlingstransport, Herne

Heimkehr aus der Kinderlandverschickung am Dortmunder Hauptbahnhof

kitteten es ein. Nun hieß es überleben mit den wenigen Lebensmittelkarten.

Ruth Katzner

Als am 8. Mai 1945 der Krieg zu Ende ging, war es mein Geburtstag. Ich wurde 13 Jahre alt. Ich war mit etwa 35 Mädchen, alle aus Essen, im KLV-Lager Kloster Bonlanden bei Memmingen untergebracht. Teils freuten wir uns, dass der Krieg endlich aus war, teils hatten wir Angst vor der Ungewissheit, was nun mit uns passieren würde. Es bedrückte uns sehr, dass wir nicht wussten, wie es zu Hause aussah. Ob unsere Eltern und Geschwister den Bombenhagel überlebt hatten. Wir hatten ja monatelang keinen Kontakt gehabt.

Von nun an mussten wir uns unser Essen verdienen, sagten uns die Schwestern im Kloster. Einige Mädchen mussten auf dem Feld arbeiten. Andere im Heu oder auf dem Friedhof. Da ich so klein und schmächtig war, kam ich in die Küche. Wir waren zu viert auf einer Stube untergebracht und waren auch befreundet. Eines Tages, im Juli, standen zwei Frauen vor der Tür. Es waren die Mütter von zwei meiner Freundinnen. Sie wollten ihre Töchter nach Hause holen. Da es meinen beiden Freundinnen Leid tat, mich und auch die Vierte im Bunde zurückzulassen, nahmen sie uns mit.

Da es keinen geregelten Zugverkehr gab, sind wir meistens gelaufen. Mal hat uns ein Bauer auf seinem Leiterwagen ein Stück mitgenommen. Großes Glück hatten wir, wenn uns ein Güterzug ein paar Kilometer in Richtung Heimat mitnahm. Es war noch alles chaotisch. Jeder musste selbst sehen, wie er zurecht kam. Übernachtet haben wir draußen. Oft im Heu. Je mehr wir uns Essen näherten, umso beklommener wurde es mir und meiner Freundin ums Herz. Auch die beiden Mütter, die in Schonnebeck zu Hause waren, konnten uns nicht sagen, wie es in Steele aussah. Wohler wurde es uns, als wir die Türme der Laurentiuskirche und dann bald auch unser Haus sehen konnten. Es war alles unversehrt. Meine Mutter und meine drei kleinen Geschwister hatten den Krieg heil überstanden. Nur mein Vater war in Stalingrad vermisst.

Müde und schmutzig kamen wir nach zehn Tagen Odyssee zu Hause an. Nie werde ich den Jubelschrei meines kleinen Bruders vergessen: „Mama, Mama, komm schnell, die Gertrud ist wieder da!"

Gertrud Zurek

Kinderlandverschickungs-Lager Lech am Arlberg. Am 18. Mai wurden unsere Lehrer zur Internierung nach Bludenz gebracht, und wir unterstanden unserem damals circa 17-jährigen Lagermannschaftsführer. Verpflegt wurden wir durch die Gemeinde Lech. Da Oberlech mit seinen Südhängen schon schneefrei war, sorgten wir mit Brennnesseln, Sauerampfer und Löwenzahn für die Küche – mangels Gemüse.

Fast unser gesamtes Gepäck war im Spritzenhaus von Lech untergebracht.

Mit einer polizeilichen Abmeldung bei der Meldebehörde in Lech vom 10. Juni 1945 begab ich mich am 11. Juni zu Fuß, in Personenzügen, auf Güterzügen, Lkw´s, amerikanischen Truppentransportern und bei Flüssen auf Pontons auf eine sechstägige Odyssee von circa 800 Kilometern, um am 16. Juni in Werden anzukommen. Dazwischen lag ein Tag mit mehreren Stunden im Internierungslager wegen der HJ-Uniform, aber ohne Abzeichen; dazwischen auch Betteln und Stehlen wegen Hunger und Durst. Und in Köln musste ich nach Aufgreifen zur Entlausung.

In Werden schließlich ging ich zur elterlichen Wohnung in der Heckstraße 11, die ich 1943 verlassen musste. Da meine letzte Heimatpost vom 15. Februar 1945 war, wusste ich nicht, dass meine Eltern ins eigene Haus Bungertstraße 28/Wesselswerth 1 gezogen waren. Ein Umzug in der NS-Zeit war nicht statthaft.

Im November 1945 wurde durch die britische Militärregierung der Schulunterricht am Gymnasium Werden wieder erlaubt. Vorher waren umfangreiche Reparaturarbeiten auch durch die Schüler notwendig. Von einem geregelten Unterricht konnte keine Rede sein: keine Heizung, keine Bücher, kein Schreibpapier, zugige Fenster, schlecht schließende Türen, Quäkerspeise wegen schlechter Ernährungslage, einmal Vormittags-, einmal Nachmittagsunterricht.

Die Lehrer wurden zum Teil im Juli 1945 bzw. im Oktober 1945 entlassen. Der Rücktransport aller in Lech verbliebenen Sachen erfolgte per Güterwagen im November 1945, selbst meine Ski und Skischuhe waren dabei.

So ging das Jahr 1945 zu Ende, das Jahr 1946 war nicht besser. 1947 etwas besser, 1948 gab es selbst nach der Währungsreform noch Lebensmittelkarten für einige Nahrungsmittel. Im Allgemeinen lebte man bis dahin von Tauschgeschäften, Hamsterfahrten, Schwarzmarkt, Kompensation etc.

Karlheinz Harzheim

Das Ende des Krieges erlebte ich in Obergermaringen im Allgäu, wo ich (Jahrgang 1932) mit meinem Bruder und anderen Großstadtkindern aus dem Ruhrgebiet evakuiert war. Als die amerikanischen Panzer unser Dorf erreichten, verbreitete sich die Nachricht wie ein Lauffeuer: „Der Krieg ist aus!"

Mein Vater begab sich auf die Reise, um uns nach Hause zu holen. Doch auf dem langen beschwerlichen Weg zu uns wurde er in der Nähe von Würzburg von den Amerikanern aufgegriffen und zur Entnazifizierung – so nannte man das damals – in ein Auffanglager gesteckt. Wochenlang hörten wir nichts von ihm. Das ungute Gefühl dauerte sehr lange. Dann stand er plötzlich mit ordnungsgemäßen Entlassungspapieren vor uns. Endlich ging es nach Hause. Zusammengedrängt in einem geschlossenen Güterwaggon erreichten wir nach einer endlos langen Fahrt unsere Heimatstadt Essen.

Doch dann kamen die schweren Nachkriegsjahre 1946 bis 1949, die mir unvergesslich sind, hatte meine Mutter doch täglich damit zu kämpfen, ihre fünfköpfige Familie einigermaßen satt zu bekommen. Dabei halfen die Schulspeisung ebenso wie die unzähligen Hamsterfahrten meines Vaters, die oft genug unter widrigen Umständen stattfanden. Doch ich litt unter ständigem Hunger. Meine Gedanken beschäftigten sich nur damit: „Wie werde ich satt?" Noch heute fällt es mir schwer, Lebensmittel wegzuwerfen.

Ursula Hickmann

Drei Autostunden sind es von der Wetterau ins Ruhrgebiet. Drei Tage waren es damals mit der Eisenbahn, mit dem, was nach dem Krieg von der Reichsbahn übrig geblieben war. Für die Rückkehr aus der Evakuierung hatten wir einen geschlossenen Eisenbahnwaggon angemietet. Andere, die ebenfalls zurück wollten, schlossen sich meiner Familie an; alle zusammen – Jung und Alt – bildeten eine illustre Gesellschaft.

Außer unserem Hausrat hatten wir auch unsere Kaninchen in einem Verschlag und unsere Hauskatze mit auf die Heimreise genommen. Während der vielen Aufenthalte hatte ich alle Hände voll zu tun, die unternehmungslustige Mieze am Ausbüxen zu hindern, was ihr doch immer wieder gelang; mir gelang es immer wieder, sie – oft wie ein Wunder – vor der Weiterfahrt irgendwo im Gewirr der Gleise zwischen Bahnsteigen und halb zerstörten Lokschuppen wieder einzufangen.

Aufenthalte gab es immer, wir standen mehr als wir fuhren. Doch immer wieder konnten wir auch einen Lokführer oder Rangierer bewegen, unseren Güterwaggon an einen Zug in die richtige Richtung anzukoppeln. Notfalls griff Mutter auf ihre eiserne Reserve Zigarren als Bestechungsmittel zurück.

Weiß der Teufel, warum immer nachts rangiert wurde. Meistens dann, wenn wir soeben eingeschlafen waren. Dann fielen die Kerzen um und erloschen. Allein die so genannten Hindenburglichter blieben einigermaßen standfest, ermöglichten noch eine notdürftige Orientierung – wenn sie erst einmal brannten. Haben Sie schon einmal ein solches Licht in einem Waggon angezündet, der rangiert wird? Eine so beleibte wie betagte Mitfahrerin hatte es sich zuvor auf unserer Gartenbank in der Embryostellung gemütlich gemacht. Beim ersten Rangierstoß fiel sie mitsamt der Bank um. Für mich war all das ein Abenteuer, damals konnte ich noch über alles Komische unbeschwert lachen. Angesichts der sich heulend aufrappelnden Oma brachte mir das eine Rüge ein – mehr nicht, sonst wäre ich beim nächsten Hindenburglichtanzünden in den Streik getreten. Im Licht des Morgens fassten alle an, brachten wieder

Rückkehr ins ausgebombte Revier

Kinder suchen nach Trümmerholz, Dortmund, ca. 1945

Flüchtlinge aus der Sowjetzone, Gelsenkirchen Hbf, 1954

Trauriger Anblick für Rückkehrer: zerbombte Straßenzüge, Von-Einem-Straße, Essen, 1947

Ordnung in das Chaos. Ich machte den Anfang, fing erst einmal die Karnickel ein.

Bernhard Roth

Im Sommer des Jahres 1945 begann für meine Mutter und mich die Heimreise von Bad Driburg im Eggegebirge nach Essen geradezu abenteuerlich. Auf einem offenen Lastwagen – mit Stühlen darauf – fuhren wir an einem heißen Tag bis auf den Stellberg am Rand unseres Evakuierungsortes, da hatten wir entweder kein Benzin mehr oder es war ein Autoreifen defekt. Ich weiß das nicht mehr ganz genau. Auf jeden Fall ging es nicht mehr weiter! Ersatz gab es nicht im nahen Umkreis, so dass sich unser Fahrer zu Fuß und per Anhalter (es gab nur sehr wenige Autos auf den Straßen) auf den Weg machte und erst nach vielen Stunden „erfolgreich" zurückkam.

Unsere Fahrt ging weiter und fand zur Sperrstunde, die aus Sicherheitsgründen von der Besatzungsmacht eingeführt worden war, bei Beginn der Dunkelheit ein jähes Ende. Mit Gewehren wurden wir rechts und links des Autos gestoppt und anschließend in einen Schuppen geführt, wo wir die Nacht in Angst verbringen mussten. Die Soldaten (wahrscheinlich Amerikaner) waren streng, aber nicht unfreundlich. An ein kleines Erlebnis dieser Nacht, als mich ein Bewaffneter bis vor das Plumpsklo außerhalb des Schuppens brachte, erinnere ich mich noch ganz genau. Er wartete vor dem Verschlag. Wollte er sich oder mich mit seiner Waffe schützen? Wer hatte da Angst vor wem? Wäre der Soldat wohl 16 Jahre später überrascht gewesen, wenn er erfahren hätte, dass sein Land (die USA) von dem kleinen Mädchen des deutschen Feindes in einem Amerikahaus vertreten werden durfte – bezahlt mit amerikanischen Steuergeldern?

Am nächsten Morgen konnten wir, nachdem unsere Harmlosigkeit erwiesen war, mit Ermahnungen weiterfahren. Bald näherten wir uns dem zerbombten Ruhrgebiet. Nach vielen Umwegen – wegen der durch Bombentrichter gesperrten Straßen – hielt unser klappriger Laster vor einem der wenigen unbeschädigten Häuser unserer Heimatstadt, wo unsere Verwandten eine Wohnung „besetzt" hatten. Damals war es üblich, fremde Zimmer – sagen wir „zu leihen" – bis deren Besitzer zurückkamen. Dann musste man weitersehen.

Da waren wir nun zu Hause im zerbombten Essen. Mit einer Freundlichkeit hatte uns unsere Stadt schon begrüßt. Es wuchsen überall auf den Trümmern hohe lila Blumen, die wir Trümmerblumen nannten – ein ermutigendes Lebenszeichen!

Von unserem ausgebrannten Haus standen nur noch die Außenmauern. Die Stadt Essen war damals sehr schnell und erließ sofort 1945 eine Verordnung, die uns verbot, unser Haus an alter Stelle wieder aufzubauen, weil die Altendorfer Straße ausgebaut werden sollte. So haben wir mit Hilfe des Besitzers unserer Leihwohnung, der im Zigarettenhandel tätig war (für Zigaretten gab es damals alles), Baumaterial zum Aufbau unseres kleinen Anbaus mit vier winzigen Zimmern bekommen. Mein Vater und sein Bruder haben das alles in Eigenarbeit geschafft. Es gab keine Treppe für die oberen Räume, so dass mein Onkel und meine Tante nur über eine Holzleiter ihre Miniwohnung „erklettern" konnten – wir mussten unten beim Öffnen unserer Feuerschutztür immer aufpassen, dass nicht gerade Betrieb auf der Leiter war. Baupolizei gab es wohl nicht, die solche Abenteuer sicher verboten hätte.

Waltraud J. Klaholt-Husemann

Die Kriegsheimkehrer

Lager Roffhausen/Ostfrsld., den 18.6.45.

Bescheinigung.
(Auszug aus dem Soldbuch bezw. Wehrpass).

Dienstgrad Kanonier　　Name: Kamping　　Vorname: Heinrich
u.Wehrverh.:(Flak-v.)　　Geb.-Dat.: 18.2.1928　Geb.-Ort: Burgsteinfurt

Datum der letz-
ten Beförderung: -

Dienstzeit bei der Wehrmacht (Flakart..): 1o.2.45 bis 19.6.1945
　　　　　　　　　　　　　　　Waffengattung

Letzte Truppeneinheit (8.5.45): 3./le Flak Abt. 747

Einsatz:　siehe Rückseite

Verwundungen und
ernstere Krankheiten: **keine**

Auszeichnungen:　　　　**keine**

Führerscheine:　　　　**keine**

(Stempel)　　　　　　　(Dienstgrad und Dienststellung)
　　　　　　　　　　　　Oberleutnant und Komp.Chef.

Ein Jahr minus sieben Tage ergeben die am 2. Juli 1945 endenden zwölf „Erlebnismonate" in Uniform. Die noch nicht 18 Jahre alten Gefangenen werden bevorzugt entlassen. Britische Militär-Lkw's bringen die im Regierungsbezirk Düsseldorf Beheimateten von Rheinberg nach Düsseldorf. Vom Roten Kreuz wird etwas Verpflegung ausgegeben. Die Bahnstrecke von Düsseldorf zum Heimatort Essen ist zweimal unterbrochen, Überbrückung im Fußmarsch ist dann angesagt. Unterwegs bieten die Menschen, die selbst nicht viel zu essen haben, immer wieder etwas Essbares an. Obwohl stets davon Gebrauch gemacht wird, stellt sich nach den drei Hungermonaten kein Sättigungsgefühl ein

Um 19 Uhr erreicht der Zug den Essener Hauptbahnhof. Eine schwierige Entscheidung steht an: Den letzten Zug zum Stadtteil Steele um 19.20 Uhr zu nutzen oder ihn lieber fahren zu lassen, um noch etwas Verpflegung erheischen zu können. Die gibt es bei der Rote-Kreuz-Stelle, die gegenüber dem Hauptbahnhof im Keller des Hauses der Technik mit seinen bombengeschädigten oberen Geschossen untergebracht ist.

Die letztere Alternative wird schließlich gewählt. Fünf Teller Suppe werden verspeist und der sechste zum Mitnehmen verschämt unter dem Tisch in die Konservendose gelöffelt, die drei Monate lang als Kochgeschirr gedient hat. Gegen 22 Uhr wird müde, langsamen Schrittes und in verlottertem Zustand ins heimatliche Lohmühlental eingebogen. Die Sirenen haben schon die Vorwarnung zur Sperrstunde geheult.

Aufmerksam und mit Anteilnahme wird von den Menschen wahrgenommen, wenn wieder ein zu dieser Zeit noch seltener Heimkehrer eintrifft. So wird am nächsten Tag erzählt, im Lohmühlental wäre auch ein alter Mann aus der Gefangenschaft heimgekehrt.

Friedhelm Weidner

Über die süddeutschen Gefangenenlager bestimmte General Patton. Während Eisenhower die PoW's als „Nazi-Verbrecher" behandelte, bemühte sich Patton, die Gefangenen als Soldaten zu achten. Als in Grafenwöhr die ersten Fälle von Ruhr auftraten, leitete Patton die Entlassungen ein. Man hatte den Soldaten die persönliche Habe genommen. Sie hatten nur die Lumpen, die ihre Blöße bedeckten. Aber: Sie besaßen noch etwas, das ihre Individualität ausmachte: das Kopfhaar!

Vor der Entlassung mussten sich die Männer gegenseitig die Haare scheren. Je 60 Glatzköpfe wurden auf einem Lkw verladen, stehend. Die „Schur" wurde einmal mit der Läusegefahr motiviert, eher noch – zynisch – mit der Gleichstellung zu den KZ-lern. Die Lkw's fuhren bis Duisburg. Am Königsplatz wurden die Gefangenen ausgeladen und erlebten so – verspätet – ihre „Befreiung".

Karl-Heinz Montué

Wir wohnten in einem Doppelhaus auf der Kreta (Bochum-Werne) in der Neuen Kolonie. Mein Bruder, 19 Jahre älter als ich, war Funker auf einem Minensuchboot im Mittelmeer. Bei Kriegsende war er in Italien in amerikanische Gefangenschaft geraten. Ich war zu dieser Zeit gerade mal drei Jahre und fünf Monate alt.

Am 26. Juli 1945 saß ich mit der Nachbartochter, die einige Jahre älter war als ich, nebenan auf der Steintreppe vor der Haustür. „Guck mal, da kommt dein Bruder zurück", sagte sie auf einmal und zeigte auf einen völlig verwahrlosten jungen Mann in einem langen, schmutzigen Soldatenmantel. Er trug einen Seesack auf dem Rücken, und sein Haar war struppig und schon lange nicht mehr geschnitten worden. Er war unrasiert. Eine Erscheinung, die mir Angst machte. Trotzig erwiderte ich: „Das ist nicht mein Bruder!" Denn *mein* Bruder hatte kurze Haare und trug einen dunklen Matrosenanzug mit einem großen Kragen und eine runde Mütze mit zwei langen Bändern.

Der Mann lächelte, ging weiter, bog nebenan in unseren Weg ein und verschwand in unserem Haus. „Siehst du, er ist es doch", sagte Irmgard neben mir. Ich wollte es immer noch nicht glauben. Meine Mutter rief mich, ich solle hochkommen, Burchard sei da. Doch ich ging nicht. Nach einer Weile rief sie mich wieder, ich solle kommen, denn Burchard habe mir etwas mitgebracht. Das hörte sich schon anders an. Ich ging also.

Die Kriegsheimkehrer

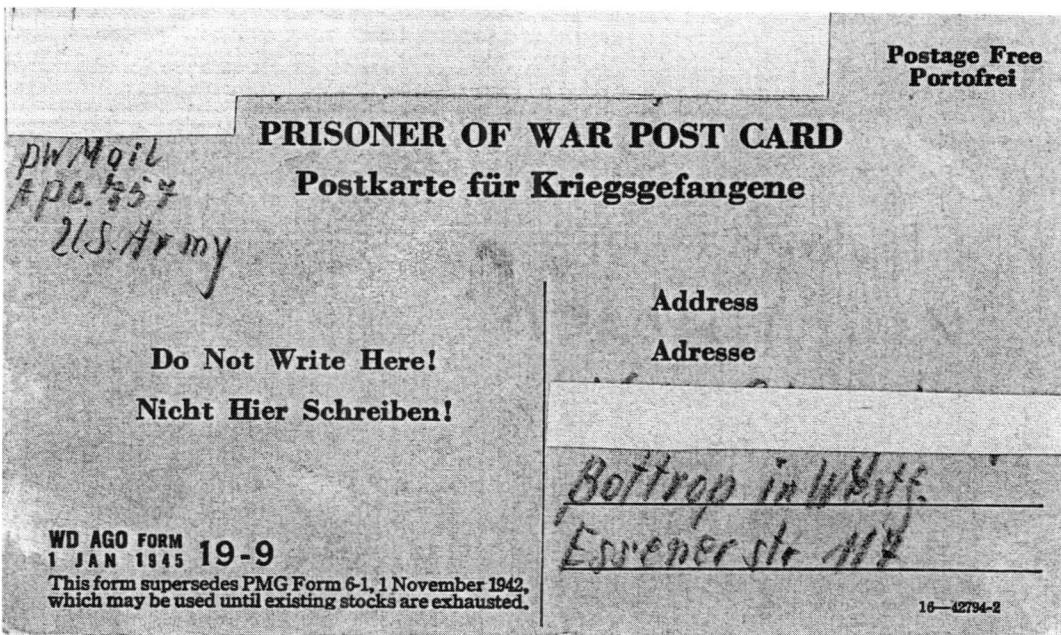

Postkarte für Kriegsgefangene

Auszug aus dem Merkblatt für zur Landarbeit entlassene deutsche Kriegsgefangene: „Ihr werdet aus der Kriegsgefangenschaft entlassen, um lebensnotwendige Arbeit für Deutschlands Zukunft zu leisten: um Nahrung zu beschaffen. ... Wenn Ihr diese Aufgabe nicht vollständig erfüllt ... werdet Ihr und Eure Landsleute im kommenden Winter verhungern."

Mein Bruder hatte nun saubere Sachen an. Er war gewaschen, gekämmt und rasiert. Aber er war mir fremd. Der blaue Marineanzug fehlte und die runde Mütze mit den zwei langen Bändern auch. Er schenkte mir sein zusammenklappbares Essbesteck, einen Löffel mit einer Gabel aus Aluminium. Klappte man sie auseinander, konnte man an einer Seite Suppe löffeln und an der anderen Seite eine Kartoffel aufspießen. So etwas Schönes konnte mir nur mein Bruder schenken. Langsam begriff ich, dass er es doch war.

Karin Dunkel

Folgend die Tagebuchaufzeichnungen meines inzwischen verstorbenen Vaters aus den ersten Novembertagen 1945. Mein Vater war Jahrgang 1895, damals also bereits 50 Jahre alt. Er war im Mai 1945 im heutigen Tschechien in russische Kriegsgefangenschaft geraten. Als die Gefangenen per Lastwagen Richtung Osten abtransportiert wurden, sprang er vom fahrenden Wagen herunter, weil er in der Flucht die einzige Chance für einen deutschen Offizier sah, jemals in seine Heimat zurückzukehren. Auf abenteuerlichen Wegen schlug er sich im Sommer 1945 durch tschechisches und damals noch schlesisches Gebiet, wurde schließlich von Polen festgenommen und elf Wochen im Gefängnis in Görlitz festgehalten, davon drei Wochen in Dunkelhaft. Von dort wurde er entlassen, und zwar in seine Heimatstadt Essen, damals englische Besatzungszone. Dort kam er am 31. Oktober 1945 an.

Von unserer Familie war ich als einziges Kind, Tochter Ilse, damals elf Jahre, in Essen, und zwar bei einer Tante, weil im Oktober in Essen die Schulen wieder begonnen hatten. Meine Mutter war mit zwei kleineren Geschwistern noch in der Rhön bei entfernten Verwandten, wo wir seit 1943 gelebt hatten; dieses Dorf bei Fulda lag in der amerikanischen Besatzungszone. Meine Mutter hatte aber die Rückkehr nach Essen einschließlich des Transports unserer Möbel schon vorbereitet. In diese Situation hinein ist der Brief geschrieben, was vielleicht dem besseren Verständnis dient.

Ich denke, er zeigt, mit welchen Problemen ein heimkehrender Soldat damals zu kämpfen hatte: Zuzugsgenehmigung nach Essen, Lebensmittelkarten, Wiedereinstellung an der Schule (mein Vater war Lehrer an der Realschule, damals „Mittelschule", und war nie Parteimitglied gewesen). Es zeigt aber auch, welch „geistiger Hunger" manche Heimkehrer erfüllte. Bei dem geschilderten miserablen Gesundheitszustand, nach den Laufereien und dem Schlangestehen eines Tages noch nach Steele zu einem Vortrag über Jakob Burckhardt zu fahren, ist ein Beispiel dafür.

„Essen, den 7. XI. 1945

Liebste,
meine beiden Karten vom 31.10. und 4.11. sowie Ilses Brief vom 4.11. sind hoffentlich schon in deinen Händen. Du bist also in etwa unterrichtet. Ich selbst bin jetzt eine Woche wieder hier. Bin bis jetzt aus der Lauferei noch nicht herausgekommen. Zu deiner Unterrichtung:
2.XI. Meine Anmeldung bei der Polizei wurde nicht angenommen, da seit 26.X. schärfste Zuzugssperre nach Essen besteht, rücksichtslos für jedermann. Den Unmut der zurückkehrenden Soldaten kannst du dir vorstellen. Das Wohnungsamt muss zunächst eine Prüfung und Genehmigung vornehmen. Habe dann in der Schlange am Wohnungsamt vier Stunden angestanden. Wurde dort aber ruhig und sachlich behandelt. Ein Glück, dass du für unsere Wohnung schon eingetragen warst. Ich wurde dahin beschieden, einen schriftlichen Antrag einzureichen unter Beifügung einer Bescheinigung des Arbeitgebers, dass ich sofort eine Stellung antreten kann. Freitagnachmittag war ich zur Stadt: Rückmeldung beim Schulamt. Für uns Kriegsgefangene ist ja seit 1.6. die Gehaltsüberweisung gesperrt. Dank des Vaterlandes!
Ich musste also mal sorgen, dass das Einkommen wieder anläuft. Dann meldete ich mich zur Registrierung beim Roten Kreuz. War der erste Offizier, der aus russischer Gefangenschaft nach Essen zurückgekehrt ist. Bekam dort als Rückkehrer einen Teller gute Kohlsuppe mit einer Scheibe Brot und drei Zigaretten. Seit dem Übergang über die Görlitzer Neisse am 25.9. hatte ich auf der

Die Kriegsheimkehrer

Registrierungskarte, Mülheim an der Ruhr, 9. Juli 1945

Voraussetzung für die Zuteilung einer Arbeitsstelle: die Meldekarte

Arbeitspass, Duisburg, 1947

Die Kriegsheimkehrer

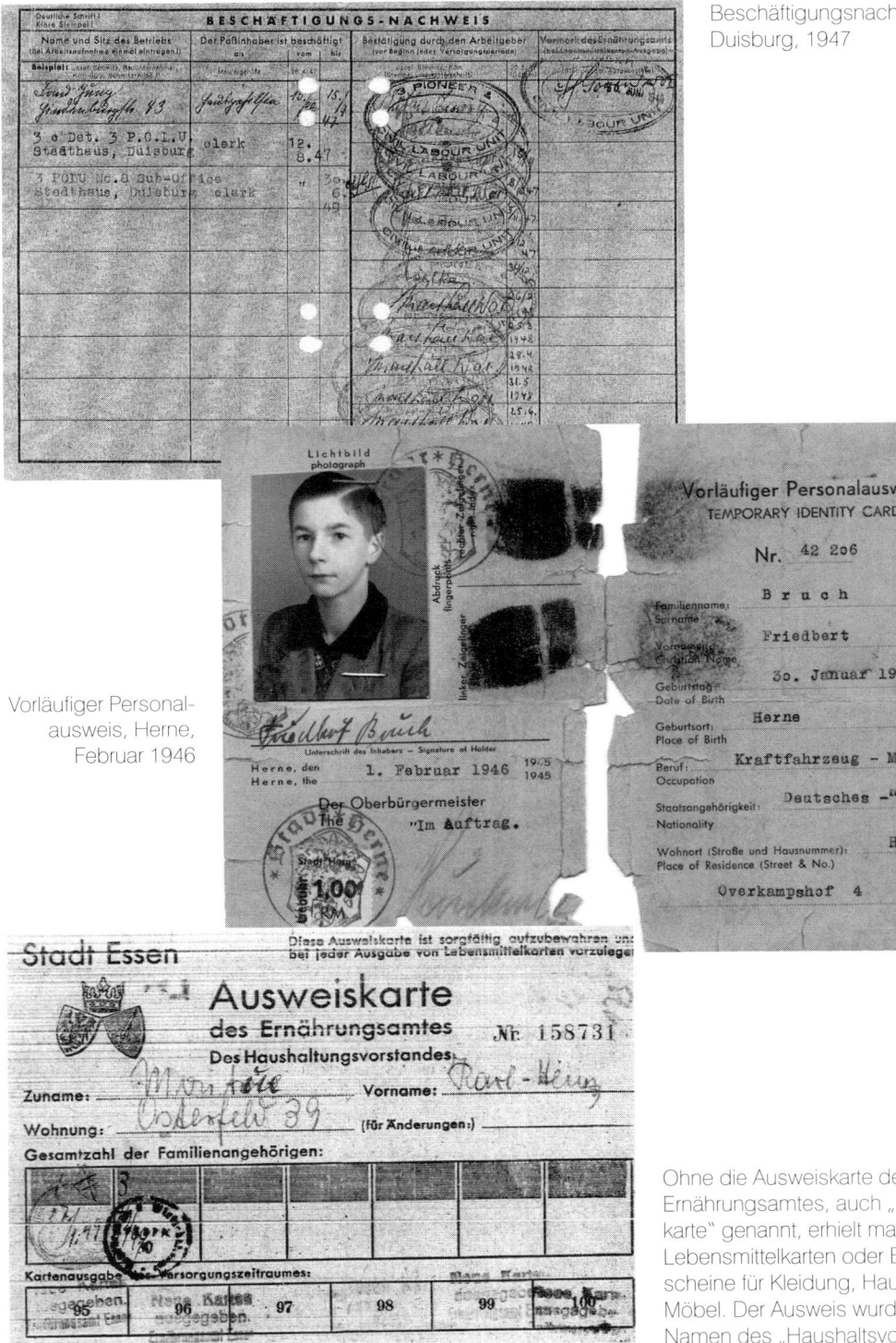

Beschäftigungsnachweis, Duisburg, 1947

Vorläufiger Personalausweis, Herne, Februar 1946

Ohne die Ausweiskarte des Ernährungsamtes, auch „Stammkarte" genannt, erhielt man keine Lebensmittelkarten oder Bezugsscheine für Kleidung, Hausrat und Möbel. Der Ausweis wurde auf den Namen des „Haushaltsvorstandes"

ganzen Reise bis zum 31.10., der Ankunft in Essen, eine Scheibe Brot von einer deutschen Betreuungsstelle erhalten. Ist ja bemerkenswert.

Wohl hat der Engländer dann im Übergangslager Friedland uns noch eine Kante Brot mit Wurst und Butter und einen Schlag Suppe gegeben am 29.10. gegen Bezahlung von 1,10 RM. Dass ich meine Fahrkarte von Friedland über Göttingen nach Essen selbst bezahlen musste, rundet nur das Bild. Beim Roten Kreuz – im Vereinshaus, wo jetzt auch W. untergebracht ist – traf ich auch den Kameraden v. W., der jetzt aus englischer Kriegsgefangenschaft in Cuxhaven zurückkam. Trug seine volle Uniform noch, sah wohl genährt und blendend aus. Anders als wir!

3.XI. Zwei Schulräte – W. und P. – mit Amtszimmer in der Mittelschule Steele leiten jetzt den Schulbetrieb. Ich habe mich bei W. gemeldet, habe meine Stelle selbstverständlich sofort zurück erhalten. Gleichzeitig wurde mir der von der Regierung den Rückkehrern generell erteilte 14-tägige Urlaub eröffnet. Habe dann auch dort die für das Arbeitsamt nötige Bescheinigung des Arbeitgebers erhalten sowie gleich die Anweisung zur Ausfüllung des langen politischen Fragebogens.

4.XI. Am Sonntag war ich mit Ilse in Heide in der 8-Uhr-Messe und habe dann eine Menge Post erledigen müssen. Mittags hat mich Ilse zur Heimlichen Liebe begleitet und zum Kaffee bei Nikolaus. Abends esse ich ja ständig bei Clemens. Dieses Herumessen ist ja nun auch nicht gerade bequem und angenehm.

5.XI. Montagmorgen war ich schon um 7.45 Uhr am Wohnungsamt in R. und habe meinen schriftlichen Zulassungsantrag für die Einreise nach Essen mit Beifügung der Arbeitgeber-Erklärung abgegeben; erhielt Bescheid, die evtl. Genehmigung am Mittwoch, den 7.XI., abzuholen. War anschließend noch mal zum Schulamt im Baedekerhaus und stellte mich für drei Stunden in die Schlange im Deutschlandhaus, um eine Arbeitskarte zu erhalten, die ich dann hinterher noch mal im Schulamt abstempeln ließ. Dass mich auf dem Schulamt Grete K. begrüßte und bediente, meine tüchtigste Schülerin aus der glücklichen Bredeneyer Lyzeumszeit, habe ich als gutes Omen angesehen.

Nachmittags habe ich den Einschreibebrief von Dipl.-Ing. K. betr. Entfernung der überhängenden Zweige unseres Birnbaums auf der Post in Rellinghausen abgeholt. Anschließend habe ich mich noch dazu aufgerafft, nach Steele zu fahren, um dort im Stadtgartensaal zur Stillung geistigen Hungers einen vorzüglichen Vortrag von Niebelschütz über den großen Schweizer Jakob Burckhardt zu hören: „Glück und Unglück in der Geschichte der Völker".

6. XI. Um 8.00 Uhr war ich zur ärztlichen Untersuchung bei Dr. K., der ja früher, 1939 bis 1941, Arzt bei unserem Direktor war. Ergebnis: bei 1,74 m Größe jetziges Gewicht 50 kg, Kreislaufstörungen infolge Unterernährung und Oedem an beiden Beinen. Ist ja nicht sehr freundlich. Was sechs Jahre Krieg nicht fertig brachten, haben elf Wochen Gefängnis erreicht. Bin jedenfalls zurzeit ein richtiger Schlappschwanz. Aber ich habe die Hoffnung, auch wieder hoch zu kommen. Mein zäher Wille hat mich unter Überwindung monatelanger größter Schwierigkeiten und Hindernisse glücklich in die Heimat geführt. Jetzt kommt die Reaktion. Aber das wird alles wieder besser werden. Jedenfalls habe ich alles Vertrauen zu mir selber. Dr. K. hat mir Verpflegungszusatzkarten für acht Wochen ausgestellt; ist ja nur ein kleiner Zuschuss, aber immerhin! Habe diese ärztliche Bescheinigung auf dem Ernährungsamt abgegeben. Wird dort zur Stadt geschickt. In der nächsten Woche soll ich dann die Karten erhalten. Umständlich wie alles. Als ich bei K. herauskam, stand draußen Hans aus Duisburg mit Else, der mich für einige Tage nach dort einlud. Angeblich sollen dort noch gute Ernährungsverhältnisse sein. Hat jedenfalls schon ausreichend Kartoffeln, die hier völlig fehlen. Über den Rhein kommt aber nichts in unser Mangelgebiet. Ob und wann ich die Einladung annehme, weiß ich noch nicht. Hans hatte in Dahlhausen bei Fa. O. zu tun; kam nachmittags mit seinem Lkw noch mal bei Nikolaus vorbei. Er ist ja auch schlank geworden, scheint aber zufrieden zu sein mit der neuen Stellung als Betriebsführer. Hat gute Wohnung und auch schon einen Teil der Möbel sich wieder besorgt. Er brachte Nikolaus eine Ladung Holz mit. Anschließend war ich zur Schule in

Essen-West, um mich mal zu informieren. Kollege S. von Essen-Süd ist vorläufiger Schulleiter. Traf ihn aber nicht an. B. ist entlassen und als Schlosser in Kettwig beschäftigt. Ebenso B. entlassen. Alle anderen sind zurück und wieder an der Schule.

7.XI. Um 8.00 Uhr habe ich beim Wohnungsamt meine Zuzugsgenehmigung erhalten. Endlich. Damit ging ich zur Polizei und meldete mich um. Mit dieser Meldung habe ich dann beim Ernährungsamt endlich meine Lebensmittelkarten erhalten. Bis jetzt habe ich nur auf Pump überall herumgegessen. War dann wieder zur Polizei, um eine Registrierkarte zu erhalten. Ich habe ja bis jetzt keinerlei amtlichen Personalausweis aus verschiedenen Gründen und kann ohne einen solchen nicht auf Reisen gehen, sonst sperrt der Amerikaner mich wieder ein. Der beantragte Registrierausweis vom Engländer wird aber erst in vier bis acht Tagen fertig sein. Ich muss also mal wieder warten. – Für alle Eisenbahnfahrten nach auswärts ist jetzt seit 26.10. eine Zulassungskarte zu beantragen. Für die Strecke Essen-Hagen-Warburg gibt's täglich nur 50 Stück, die aber für Berufstätige bestimmt sind. Also neue Schwierigkeit. Hilde und ihr Mann fahren trotz allem ohne Zulassungskarte nach Kassel. Ihnen gebe ich diesen Brief mit. Hilde ist in Neviges ja entlassen. Ihr zurückgekehrter Mann hat vier Wochen Urlaub. Kam in Essen nicht an, hat sich in Neviges anmelden müssen.

Ich habe ja die Absicht, mal nach dort zu kommen, um die Rückführung der Möbel mit dir zu besprechen. Ich fürchte nur, dass meine 14 Tage herumgehen, ehe ich meine Ausweise habe. Werde also Krankheitsurlaub wohl beantragen, um nach Ablauf der 14 Tage noch nach dort zu kommen. Wahrscheinlich habt ihr für einen immer hungrigen Krieger auch noch immer mehr zu essen als hier. Im Augenblick kann ich also noch keinen festen Termin nennen. Werde aber kommen.

Ich muss jetzt aufhören, da draußen schon Hilde und Heinz warten. Sie fahren heute Morgen 8.00 Uhr ab Essen-Hbf. Hoffentlich kommt der Brief, den sie mitnehmen, so schnell nach dort. Herzliche Grüße an alle Rönshauser und einen Kuss für meine Frau. Peter

PS: Die Vorbereitungen zum Umzug hast du eingeleitet. Hoffentlich gibt es Laderaum und Zugrollerlaubnis nach Essen. In Frage kommt nur Essen-Hbf., nicht Essen-Rellinghausen."

Ilse Tobias

Alltag in Trümmern

Wochenlang waren wir von Oberbayern aus mit Pferd und Wagen unterwegs. Anschließend Wochen im offenen Güterwaggon: Nur etwas Stroh und einige zerlumpte Decken, zwischen Kot und sterbenden Menschen, gelegentlich etwas Wasser, Hunger spürte man nicht mehr.

In Gelsenkirchen angekommen: alles zerbombt. Es ging los: Hundert Steine kloppen mit zwei Geschwistern, dann um 2.30 Uhr Schlange stehen für ein halbes Brot (das mit Sägespänen verlängert war, damit die Bevölkerung satt wurde). Die Erwachsenen drängten sich vor und zerdrückten uns bald. Anschließend mit nackten Füßen zur Schule. Danach Papier suchen für eine Papptafel. Man durfte nur ganz sanft schreiben, da sonst die dünne Schieferschicht zerkratzt wurde. Dann war die Tafel schnell kaputt.

Etwas machte mich damals trotz der harten Zeit glücklich: Der Müll wurde noch mit einem Wagen, vor den dicke Pferde gespannt waren, abgeholt. Straßenweise lief ich barfuß neben den Pferden her. Wenn wir Kinder mal keine Ähren auf dem abgeernteten Acker suchen mussten – das war übrigens Diebstahl, und wurden wir von der berittenen Polizei dabei erwischt, nahm man uns die Ähren ab und es gab wie so oft wieder nichts zu essen –, dann nahmen wir ein von uns verstecktes Blech und rutschten die steilen Wände des leeren Löschteichs herunter. Oft bekam man dabei einen heißen Po – und beim Raufklettern brennende Fußsohlen vom Zementboden.

Der harte Alltag holte uns schnell wieder ein.

Noch etwas habe ich (Jahrgang 1937) bis heute nicht vergessen. Hatte man aus Trümmern oder zerbombten Kellern – an die Einsturzgefahr dachte niemand – einen Sack Lumpen gesammelt, bekam man vom Klüngels-Pitter ein Teufelchen aus Glas. Steckte man das Teufelchen in eine nicht ganz gefüllte Flasche Wasser und drückte den Finger in den Flaschenhals, dann tanzte es im Wasser auf und ab. In einer Streichholzschachtel bewahrte ich den Teufel auf. Irgendwann zerbrach er, und ich war unsagbar traurig, habe viel geweint und die Glassplitter noch lange aufgehoben.

Wir schliefen auf Strohsäcken, Matratzen gab es nicht. Ich kenne noch die Schwimmseife und weiß, dass im Lebensmittelladen die Mauseköttel im Reis und in den Nudeln usw. herausgesucht oder mitgewogen wurden. Auch weiß ich noch, wie Leibchen mit Strumpfbändern und Binden selbst gestrickt wurden und Mutti aus Mullbinden Scheibengardinen mit der Hand nähte. Saß man in der Schule nicht gerade – oft war man vom Schlange stehen und Arbeiten müde – kam der Lehrer von hinten angeschlichen, und man bekam seine Faust in den Rücken. Hatte man etwas vergessen oder sprach einmal ganz, ganz leise mit dem Nachbar, musste man die Hand aufhalten und bekam Schläge mit dem Rohrstock.

Rosa Gätgens

Es war im Jahr 1945. Mein Elternhaus steht in Waltrop. Leider wurde es im März desselben Jahres durch einen Bombenangriff schwer getroffen. Zum Glück war niemand im Haus. Wir bekamen eine Notwohnung in unserer nächsten Nachbarschaft. Zwei Zimmer für drei Personen. Zur Toilette mussten wir in den Keller. Auch das Wasser mussten wir aus dem Keller holen. Unsere Ziege musste auch umquartiert werden. Ich war noch ledig und wohnte bei meinen Eltern. Am 21. April 1945 zogen die Amerikaner und Engländer in unseren Ort ein. Wir hatten mit mehreren Familien die Nacht zuvor in einem Unterstand zugebracht. Leider mussten wir zum zweiten Mal unsere Wohnung verlassen, weil die Soldaten alles in Beschlag nahmen. Zum Glück kamen wir bei einem Nachbarn unter.

Mit dem Essen war es so eine Sache. Wir bekamen Essensmarken für einen ganzen Monat. Ohne diese Marken bekam man im Geschäft nichts. Auch für Schuhe und Textilien brauchte man einen Bezugsschein vom Amt. Meine Eltern hatten aber immer ein Schwein im Stall. Aber nach der Schlachtung mussten wir das Fleisch auf einen kleinen Bollerwagen packen und zu einer bestimmten Stelle fahren und dort abwiegen lassen. Es wurde dann ausgerechnet – für eine bestimmte Zeit bekam man für Fleisch und Fett keine Lebensmittelmarken mehr. Für Fleisch, Brot und auch Quark musste man stundenlang in der Schlange stehen. Wenn man Pech hatte, konnte es sein, dass die Ware ausverkauft war, wenn man an der Reihe war – und man musste am anderen Tag noch einmal sein Glück versuchen. Unser Haus wurde wieder aufgebaut, so dass wir im Oktober 1945 wieder einziehen konnten. Wir waren glücklich.

Ein Jahr später lernte ich meinen Mann kennen. Er war aus russischer Gefangenschaft gekommen. Sein Aussehen war erschreckend. Seine Mutter hat ihn wieder hoch gepäppelt. Auch als der Krieg zu Ende war, bekamen wir weiterhin Lebensmittelmarken. Auch Reisen sollte man unterlassen. Wie hieß es doch: Räder müssen rollen für den Sieg, reisen können wir nach dem Krieg. Inzwischen hatten wir geheiratet. Zu unserer Hochzeit habe ich mir gute Butter und Eier in unserer Nachbarschaft zusammengebettelt, damit mir Kuchen backen konnten. Ich bin dann nach Marl gezogen, habe mich dort ganz wohl gefühlt und wohne immer noch dort.

Thea Boelsen

Am 8. Mai 1945 bekam meine Mutter eine Wohnung in der Herwarthstraße 1c zugewiesen. Diese Wohnung war stark beschädigt. Draußen waren etliche Bombeneinschläge. Als Kinder spielten wir an den mit Wasser vollgelaufenen Bombentrichtern. Wir setzten uns auf einen entschärften Blindgänger. Als mein Vater im Juni 1945 aus amerikanischer Kriegsgefangenschaft kam, wurde in der Nähe unserer Wohnung ein Garten angelegt. Es wurden Kartoffeln und Gemüse angebaut um zu überleben, außerdem hatte mein Vater vier Hühner besorgt. Er war ein guter Hamsterer. 1947 holten wir ihn vom Essener Hauptbahnhof ab. Er hatte ein ganzes Schwein aus dem Raum Oldenburg „organisiert". Das geschlachtete Vieh wurde in einen mitgebrachten Leiterwagen geladen und mit großer Angst erwischt zu werden bei Dunkelheit nach Hause gefahren. Das Schwein wurde zerlegt. Alles wurde eingeweckt, Tiefkühltruhen gab es nicht.

Wir hatten einen Dackelmischling, der immer dicker wurde, und die Nachbarn wunderten sich, wieso ein Hund in der Hungerzeit immer dicker wurde. Als Kinder war uns die Not nicht so bewusst. Es war sogar auch schön, weil es kaum Autos gab und wir überall spielen konnten. Einmal hat mir meine Mutter auf dem Schwarzmarkt für fünf Reichsmark einen Dauerlutscher gekauft.

Achim Hess

Zur Zeit der Kapitulation waren wir in Sachsen evakuiert. Wir packten unsere Habseligkeiten zusammen und wir – meine Mutter, vier Geschwister und ich – gingen zu Fuß „so weit die Füße trugen" los, wir fuhren teilweise mit Lkw's oder im Pendelverkehr eines Zuges, der kleine Strecken fuhr, vier bis fünf Kilometer. Doch die meiste Zeit gingen wir zu Fuß. Wir übernachteten in Scheunen und waren über drei Wochen unterwegs. In Duisburg endlich angekommen, hatte unser Vater, der dort beim Sicherheitshilfsdienst war (er musste wie viele andere im Zweiten Weltkrieg nach Großangriffen Tote bergen), uns erwartet und hatte schon eine Wohnung für uns in einem uralten Haus gemietet. Man musste ja froh sein, überhaupt ein Dach über dem Kopf zu haben. Wir wurden leider bei dem Großangriff am 14. Oktober 1944 total ausgebombt und waren somit ohne Obdach und wussten nicht, wo wir unterkommen sollten. So war es gut, dass unser Vater die betreffende Wohnung hatte. Nun, die Jahre bis zur Währungsreform und bis überhaupt mal wieder Wohnungen gebaut wurden, um den Wohnungsbedarf in etwa zu decken, waren sehr schlimm und sehr schrecklich. Viele Familien mit Kindern mussten auf einem Zimmer hausen, es war eine große Wohnungsnot!

Es gab nichts zu essen. Wenn die Geschäfte etwas hatten – ob Brot oder Kartoffeln, ob Gemüse, ob Fisch – für alles musste man an Läden und Geschäften anstehen. Und wenn man zwei bis drei Stunden an den Geschäften gestanden hatte, hieß es: ausverkauft – und man hatte vergebens gestanden! Doch die meiste Zeit gab es nichts, die Läden waren geschlossen. Wir lebten von Steckrüben, Gras, obwohl meine Mutter oft sagte: „Gras kann man nicht essen." Doch mein Vater war der Meinung: Tiere fressen Gras, dann geht

Alltag in Trümmern

Menschenschlange vor einem Lebensmittelgeschäft am Essener Hauptbahnhof, 1947

Stundenlanges Warten war nötig, um die nötigsten Lebensmittel zu ergattern, Essen, Ostersamstag 1947

Alltag in Trümmern

Der übliche Andrang vor der Bäckerei, Essen, Hansahaus an der Freiheit, 1947

Ausdauerndes Warten und die bange Frage: „Werde ich noch ein Brot bekommen?", vor der Bäckerei Ernst, Essen, Sibyllastraße, 1946

Anstehen vor der Drogerie Dickehage auf der Bahnhofstraße/Ecke Kirchhofstraße in Herne, um 1946

es auch bei Menschen. Und es hat uns nichts ausgemacht, jedoch muss ich dazu sagen, dass wir die meiste Zeit nichts zu essen hatten. Oft eine ganze Woche lang nichts! Ich hatte starkes Untergewicht, ich wog so 41 bis 42 Kilogramm. Ich hatte zwar eine zusätzliche Lebensmittelkarte, aber diese war zwecklos, denn es gab ja nichts. Ja, es war eine traurige Zeit. Die Leute, die dieses nicht selbst mitgemacht haben, können wirklich und wahrhaftig nicht mitreden. Es gab nichts zum Essen, es gab nichts zum Anziehen, es gab nichts zum Heizen. Ich musste mit Holzschuhen zur Schule, ja, mit Holzschuhen sogar sonntags zur Kirche. Es war, wie schon gesagt, eine starke Wohnungsnot. Krankheiten breiteten sich aus, viele hatten Krätze.

Ich musste als Zwölfjähriger jeden Tag auf den Trümmern Holz suchen, da wir ja nichts zum Heizen hatten. Es war meistens noch sehr gefährlich, wenn auf den Trümmerfeldern noch bruchreife und wackelige Reste von Mauern standen, die einstürzen konnten. Straßen waren kaputt, es gab viele Bombentrichter, nichts war hergerichtet. Wenn wirklich etwas gebaut werden sollte, brauchte man die Bewilligung der britischen Militärregierung.

Als endlich die Währungsreform am 20. Juni 1948 kam, waren danach fast alle Läden voll. Es wurde erzählt, Geschäfts- und Ladeninhaber hätten ihre Waren liegen lassen, sie gehortet, um sie später für gutes Geld, für die D-Mark zu verkaufen. Es wurde allmählich mit der Lebenslage immer besser. Es wurden zum Teil keine Lebensmittelmarken mehr verlangt. Man freute sich, dass die Geschäfte wieder voll waren und dass es nun endlich einmal losging mit den Aufräumungsarbeiten und dem Wiederaufbau der Wohnungen und Straßen.

Josef Höhnen

D-Day – diesen Tag erlebte ich, 18 Jahre alt, unter großer Erschütterung. Es wisperte in meinem Umkreis – ich war zu dieser Zeit Marinehelferin – „jetzt ist der Krieg für uns verloren". Ich konnte es nicht fassen und wollte es wohl auch nicht, als glühende Anhängerin des Systems. Es durfte nicht sein und wurde doch grausame Wahrheit. Der Feind rückte näher, die Invasion war gelungen, und eines Tages war ich in amerikanischer Gefangenschaft. In einem Camp von circa tausend Frauen hörte ich die Nachricht vom Ende. Der „Führer" tot, der Krieg verloren. Der Tag Null war für mich da! Die schreckliche Wahrheit war das Ende meiner Jugend. Ich war zu diesem Zeitpunkt Vollwaise. Mein Vater verunglückte tödlich als Bergmann, und meine Mutter starb am 17. Juni 1944 nach einem schweren Bombenangriff auf Duisburg. Uns gelang mit Hilfe meiner Tante Agnes die abenteuerliche Flucht aus der Gefangenschaft! Auf Kohlenzügen und viele, viele Kilometer zu Fuß schafften wir es, nach Duisburg zu kommen.

Das war die endgültige Stunde Null! Ich konnte bei meiner Großmutter unterkriechen. Aber die Wohnung quoll schon über. In vier Zimmern hausten vierzehn Menschen! Verwandte aus Oberschlesien und Berlin hatten sich beim Vormarsch der Russen zu uns durchgeschlagen. Es war eine schreckliche Enge. Der Hunger quälte uns.

Wir Jüngeren gingen morgens um vier Uhr los und guckten, wo eine Schlange war. In eisiger Kälte standen wir dort oft sechs Stunden und länger, ohne Hoffnung auf Zuteilung. Denn oft war keine Ware da. Wie verzweifelt war ich oft!

Ich hatte kein festes Schuhwerk. Der Winter 1945/46 war sehr kalt. Da tauschte ich einen Ring – ein Andenken – gegen einen Bergbaubezugsschein für ein Paar Schuhe. Vier Monate habe ich dann noch auf die Schuhe warten müssen.

1946 habe ich kurzerhand geheiratet. Mit geliehenem Brautkleid und Schleier, mein Mann in Uniform ohne Knöpfe und Tressen, fuhren wir zur Trauung. Wie die Verwandten es schafften, eine Buttercremetorte und Braten (Pferdefleisch) auf den Tisch zu bringen, blieb immer ein Rätsel.

Als ein Jahr später unser erstes Kind geboren wurde, hatte ich nicht ein Stück Babykleidung. Es gab einfach nur auf dem Tauschweg noch etwas. Und ich hatte doch keine Tauschware. Es war doch alles zerbombt worden. Im St. Johanneshospital gaben mir dann die Schwestern/Nonnen eine Tüte voll Sachen für mein Kind.

Das ganze Elend dieser Zeit zu schildern, ist fast unmöglich. Unsagbare Not umgab uns. Die großmütterliche Wohnung wurde – nun noch mit einem Säugling – wirklich zu eng. Wir suchten uns ein Trümmerhaus und bauten uns darin, mit Genehmigung des Eigentümers, eine Wohnung. Wir klauten Steine, bettelten um Sand und Zement. Ich weiß nicht mehr, wie wir dieses Wunder geschafft haben. 1948 hatten wir zwei eigene Zimmer Notunterkunft. Es war herrlich! Ein paar Möbel vom Schutt, einiges von Verwandten, von Nachbarn, welche nicht ausgebombt waren – es klappte irgendwie. Mein Mann, der nach Kriegsende ja keinen Beruf hatte – er wurde ja mit 17 Jahren schon einberufen – schulte als Maurer um und konnte so unser neues Heim schöner machen.

Mein Onkel hatte inzwischen so eine kleine Karriere als Schwarzmarktschieber gemacht und mich mit eingespannt. Es ging langsam, nach unbeschreiblichem Elend, etwas besser. Zu dieser Zeit hatte ich eine gute Freundin. Wir waren so glücklich, wenn wir uns ein Lot Kaffee für zehn Reichsmark leisten konnten – ganz selten, aber dann machten wir ein kleines Fest daraus!

Ich habe längst nicht alles schildern können, was unbegreiflich schwer, aber auch schön in dieser Zeit war. Nur eines weiß ich bestimmt: Wir waren immer eine zufriedene Familie, denn diese Zeit der Not und Armut und Hoffnungslosigkeit wurde nie vergessen.

Das war ein kleiner Ausschnitt aus meiner Zeit der Stunde Null und der Zeit danach. Später wurde ich berufstätig, politisch und gewerkschaftlich interessiert, Betriebsratsvorsitzende von 750 Kolleginnen und Kollegen.

Edith Sieger

Wir haben eine kleine Wohnung auf der Heidstraße in Wanne-Eickel und sind – obwohl in Bahnhofsnähe – nicht ausgebombt. Zwar ist das dreiflügelige Küchenfenster zum Teil noch mit Brettern vernagelt, da starker Luftdruck nach Bombenexplosionen das Fensterglas zerstört hat, aber es ermöglicht einen begrenzten Blick nach draußen: der wuchtige Luftschutzbunker vorn, links dahinter Wanne-Eickel Hauptbahnhof mit dem Vorplatz, im Hintergrund die Bahnhofsanlagen, von ausgehobenen Luftschutzgräben durchzogen.

Viele meiner Kumpels sind schon wieder zu Hause. Berni ist neu in unserer Ecke. Er wohnt mit seinen Eltern im Haus uns gegenüber, bei ihnen „Omma" und „Oppa" Lobisch, Flüchtlinge aus Ostpreußen. Wir kugeln uns vor Lachen, als Omma Lobisch in Rombergs Lebensmittelladen mit „scheenem breeitem ostpreeißischen" Dialekt sagt: „Ach, hab' ich froh, dass ich bin Pflanzkartoffel!" Natürlich tut sie sich noch schwer mit Hilfszeitwörtern, platziert sie bedenkenlos seitenverkehrt. Es ist meine erste Begegnung mit Menschen aus der „kalten Heeimat".

Meistens sind wir Kinder in einer Clique zusammen, laufen den Sommer über barfuß, denn Schuhwerk ist knapp. Nur Berni strunzt mit den Sandalen, die sein Vater aus Resten ehemaliger Transportbänder professionell gefertigt hat. Nach und nach wächst in unserer Straße die Schar der Sandalenträger. Bernis Vater ist eben handwerklich geschickt, versteht sich gut aufs „Organisieren" und aufs Tauschen von Materialien gegen Naturalien. So hält er sich und seine Familie in diesen mageren Zeiten über Wasser.

Von heute auf morgen haben wir Jungs – fast zeitgleich – grauschwarz eingefärbte Turnhosen und Hemden an, die Mädchen Röcke und Blusen in gleicher Farbgebung. Sofort merken wir, dass unsere schönen, neuen Kleider aus alten Hakenkreuzfahnen genäht sind, die in vielen Haushalten gut versteckt das Ende des „Dritten Reiches" überlebt haben. Das schwarze Kreuz im weißen Rund auf rotem Tuch verrät den Stoff, aus dem die Kleider sind. Es hebt sich auch noch nach der Einfärbung unmissverständlich vom neuen grauschwarzen Grundton ab.

Unser Spielplatz ist der OW III, ein im Krieg begonnener und nicht fertig gestellter Straßenzug zwischen Heidstraße und Sandberg. Die Bordsteine sind schon gesetzt und die Packlage – mächtige, scharfkantige, terrakottafarbene Steinbrocken – ist verlegt. Hier balancieren wir um die Wette, überqueren – barfuß, versteht sich – das bizarr geformte Feld von einer Bordsteinkante zur anderen gegenüber. Hier bauen wir unsere Buden,

Alltag in Trümmern

Auswahl an Lebensmittelkarten und Bezugsscheinen

Alltag in Trümmern

Frauen beim Kleben von Lebensmittelmarken, Essen, um 1947

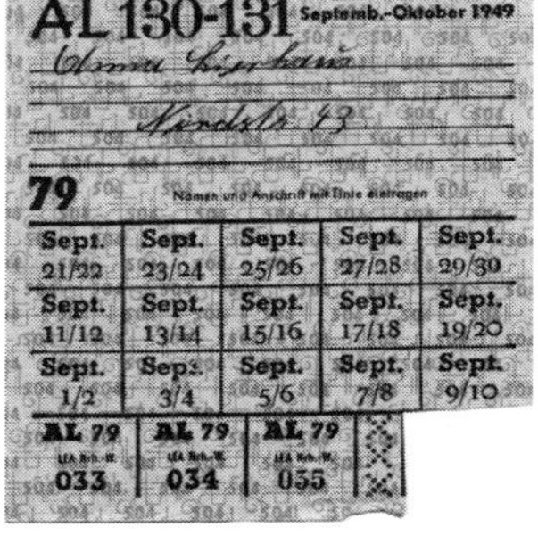

Alltag in Trümmern

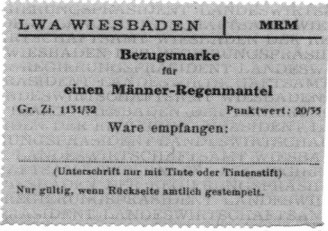

Auswahl an Lebensmittelkarten und Bezugsscheinen

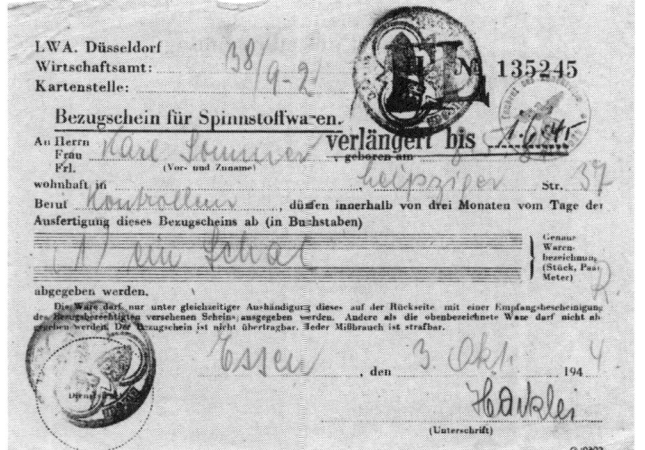

stapeln die schweren Steine zu einem Wall, decken das Ganze mit Brettern ab, die wir reichlich auf Trümmerhaufen finden. Im Innern sind wir unbeobachtet, hocken im Schneidersitz um das entzündete Kartoffelfeuerchen, schmoren „Katuschkas", die wir auf den Feldern links und rechts der Straße geklaut haben. Heimlich rauchen wir hustend „Gedrehte". Zeitungsreste reißen wir zu Blättchen, das „Kippen sammeln" verschafft uns den nötigen Tabak. Oft schnappen wir leidenschaftlichen Rauchern, die auf der Straße unauffällig, verstohlen und verschämt zur Kippe greifen, die Beute weg. In unserer Bude singen wir: „Kippen sammeln ist heut' hochmodern, Kippen sammeln tut ein jeder gern; darum sammelt Kippen bei Tag und bei Nacht, aber habt Acht, dass euch der Ami nicht packt."

Unter Schottersteinen, halb verdeckt, findet Manni eine Brandbombe. Es ist eine sechseckige, rot gefärbte, etwa 40 Zentimeter lange Stabbrandbombe. Sie ist noch scharf! Manni kennt sich aus und weiß, wie man sie zünden kann. Geschickt wuchtet er sie senkrecht auf einen großen, ebenflächigen Stein. Wie eine Fontäne schießt aus der Mitte des Objekts eine gleißend weiße Flamme, die eine gleichzeitig auslaufende Phosphormasse zum Brennen bringt. Wie glühende Lava breitet sich der dickflüssige Brei aus, bleibt jedoch in seinem steinernen Umfeld ungefährlich. Gott sei Dank passiert uns nichts!

Neben dem „Hungerblock", einem Wohnkomplex für „Reichsbahner", gibt es zwei Feuerlöschteiche, bis zur Oberkante noch mit Wasser gefüllt. Mellors schlägt vor, dort zu baden. Leider ist das Wasser brühig und warm. Wir verzichten. Plötzlich entdeckt er auf dem Grund ein Hühnerei. Wir rätseln herum, wie die Kostbarkeit dorthin gelangt sein könnte und zweifeln die Qualität an. – Mellors fackelt nicht lange. Mit einem „Köpper" ist er drin, taucht ab und wieder auf mit seinem zerbrechlichen Fund. Er fühlt sich wie Hans im Glück. Später hat seine Mama das Ei für die Familie in die Pfanne gehauen. Sie sind acht Personen zu Hause.

Am liebsten pöhlen wir, bestimmen immer nach demselben „Piss-Pott-, Piss-Pott-Prozedere", wer mit der Wahl der Mannschaften beginnen darf. Die Straße ist unser Spielfeld, die Bordsteinkanten zu beiden Seiten seine Begrenzung. Mützen oder Jacken, in einem Abstand von drei großen Schritten mitten auf die Straße gehäuft, sind unsere Torpfosten; die Torlatte und ihre Höhe bestimmen wir – je nach Torschusssituation – mit Augenmaß. Was fehlt, ist das Herzstück des Spiels, ein richtiger Fußball! – Auch hier wissen wir bzw. unsere Mütter, uns zu helfen. Alte Lappen und unbrauchbare Kleiderreste, kugelförmig zusammengepresst und mit möglichst derben Stoffen eingefasst und starken Fäden vernäht, schaffen Ersatz: die Lumpenbälle! Natürlich ticken sie nicht richtig und rollen behäbig, aber sie vermitteln Ballgefühl, und wir können sie gut „auf den Schluffen" nehmen. Zwei, drei Spiele halten sie, dann fliegen die Fetzen. Dann ist Mutter erneut gefordert oder „Do-it-yourself". Irgendwann haben die Brüder Günna und Walla einen richtigen Fußball, einen aus Lederhülle mit Gummiblase. Wir „kötteln" uns bei den beiden an, denn nur sie bestimmen, wer diese Rarität mit Füßen treten darf. Aber meistens ist die „Metsche" kaputt: Blase geplatzt oder Nähte gerissen! Auf den Straßenverkehr müssen wir nicht achten. Es gibt keinen! Hin und wieder eine alte, langsame Knatterbüchse, die wir – weil berechenbar – geschickt umspielen.

Bei Regenwetter tummeln wir uns in der großen Bahnhofshalle. Hier spielen wir „Wupp-Fangen mit Erlösen", nachdem zuvor ausgezählt ist: „In einer Ka-pelle, da la-gen drei Bälle, wie sa-hen die aus?" Natürlich „rund"! Und unser Versteckspiel beginnt – wie immer – mit einer ganz eigenwilligen Sprachschöpfung des Suchers: „Eins, zwei, drei für Eck-stein, al-les muss ver-steckt sein, hin-ter mir und vor-der mir, da gil-det nich'; eins, zwei, drei, jetz' kom-me ich!" In der Halle selbst blüht der Schwarzmarkt. Sie ist gefüllt mit Gestalten, die misstrauisch und verängstigt herumstehen, ihre Waren verstohlen zum Kauf oder Tausch anbieten. Wir Kinder beobachten gut: Ein Brot, unter einem abgewetzten, schlapp herabhängenden Mantel flugs hervorgezerrt, kostet 200 Reichsmark. Eine „Gedrehte" ist für zwei, eine „Aktive" für fünf, eine „Amerikanische" für sieben Reichsmark zu haben. Für fünf

„Gedrehte" gibt es zwei „Aktive" oder umgekehrt. Eine Flasche Schnaps ist Gold wert. Bei einer Razzia ist die Halle ruck, zuck leergefegt.

Im Spätsommer fährt die Familie mit den Rädern zum „Hamstern" ins Münsterland. Bei Albachten grasen wir die Höfe ab. „Hätt he watt to tuschken?" ist die stereotype Frage der Bäuerinnen und Bauern, wenn wir bittend vor ihnen stehen. Wir haben nichts! – Ein Glas Milch und ein Butterbrot „für den Kleinen" sind die Ausbeute des ganzen Tages. Zutiefst enttäuscht kommen wir spät abends zu Hause an. Nun haben auch wir gelernt, dass das Münsterland von vielen hungernden Menschen aus dem Revier überlaufen ist, und dass dort nichts zu holen ist, wenn man nichts zu tauschen hat. Im Jahr darauf nutzt Vater seinen Jahresurlaub zu einer Hamsterfahrt ins Oldenburgische. Einige Rollen Isolierband, ein paar Tuben Gummilösung und Nähgarn sind „datt, watt he nu to tuschken hätt". Zehn Tage bleibt er fort. Mit fettem Speck, Schmalz, Wurst und Schinken kommt er zurück.

Ständig müssen wir für Nahrungsmittel, die offiziell und nicht „unter der Theke" gehandelt werden, stundenlang Schlange stehen. Schnell spricht sich unter Nachbarn und Bekannten herum, wo was zu bekommen ist. Kartoffelhändler Welland auf der Oststraße verkauft angeblich Kartoffeln! Schnell gehe ich mit meiner Mutter los. Wir haben Glück! Die Schlange ist überschaubar, und nach einer Stunde „sind wir dran". Pro Kopf bekommen wir ein Kilogramm. Ich bin stolz, dass mein geduldiges Anstehen der Familie eine Zusatzration eingebracht hat. Bei einer Brotfabrik auf der Gelsenkirchener Straße gibt es Maisbrot, quittengelb! Die Schlange ist endlos; trotzdem reihe ich mich ein. Nach einer zweistündigen Wartezeit heißt es: „Maisbrot ist ausverkauft!" Wie so oft in diesen Wochen und Monaten stehe ich mit leeren Händen und knurrendem Magen da.

Dennoch! Für uns Kinder ist es eine Zeit, die aus den Nähten platzt: aufregend und voller spannender Erlebnisse! Es sind Tage ohne Heimweh, ohne Ängste und – ohne Schule!

Karl-Heinz Clüter

Außer einer Scheibe Schwarzbrot hatten wir alle wieder mal nichts gegessen an diesem Tag im Herbst 1945. Es war nichts Essbares vorhanden. Zu der Zeit gab es pro Woche pro Person ein Pfund Brot auf Lebensmittelkarte. Wir, das waren Vater, Mutter und vier Geschwister – also hatten wir in der Woche sechs Pfund Brot, ein Pfund pro Tag für die ganze Familie, minus eine Scheibe; denn für den Sonntag musste ja auch noch was übrig bleiben. Wir kauften Schwarzbrot, das war gleichmäßig dünn geschnitten.

An diesem Tag kam mein Bruder, der als Küster und Organist in der Pfarre St. Josef in Mülheim-Heißen in die Lehre ging, nach Hause und erzählte uns, dass ein großer Pilz, der aussah wie ein Stahlhelm, an dem großen Rhododendron-Strauch auf der Wiese vorm Pfarrhaus stand. Er hatte ihn sich schon mehrere Male angesehen, um sicher zu sein: Es war ein Pilz. „Soll ich ihn pflücken?", fragte er unsere Mutter. „Da musst du erst Herrn Pastor Breuer fragen. Der Pilz steht auf Kirchengrund", sagte sie. Der Herr Pastor hatte nichts dagegen: „Aber ihr wollt den doch wohl nicht essen, das könnte ja lebensgefährlich sein, denn so einen großen Pilz habe ich noch nie gesehen. Der könnte ja giftig sein!"

Mein Bruder brachte ihn mit nach Hause. Wir standen alle um den Tisch herum und bestaunten ihn. Obwohl wir als Kinder ein paar Jahre zur Kinderlandverschickung in Schlesien waren und immer Pilze gesucht hatten, kannte von uns keiner einen solchen Pilz. Wir fragten unsere Nachbarinnen nach Kochbüchern, in denen vielleicht ein solcher beschrieben war; aber in keinem war er zu finden. Die Nachbarinnen warnten uns auch davor, diesen zu essen, denn er war auch ihnen unbekannt. Jede hatte gewisse Tricks, wie man die Essbarkeit feststellen könnte. So sollte ein Silberlöffel schwarz werden, wenn man ihn zu dem Pilz in die Pfanne legte; oder die mitgebratenen Zwiebeln würden blau. Alle gut gemeinten Ratschläge wurden von uns befolgt – aber es gab nichts, was uns vom Essen abhalten sollte.

Wir säuberten den „Stahlhelm-Pilz", schnitten ihn in Stücke, und dann kamen diese auf viel Zwiebeln, die wir aus unserem Garten geerntet hatten. Unsere Pilzmahlzeit

Alltag in Trümmern

Wenn das Haus zerbombt war, diente oft der Keller als Wohnung, Gelsenkirchen

Notwohnung, Dortmund, Anfang der 1950er Jahre

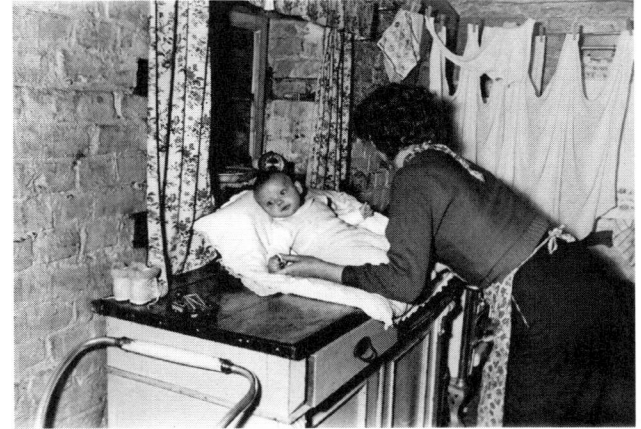

Notwohnung, Dortmund, Anfang der 1950er Jahre

Nicht ernst gemeint, aber dennoch bittere Realität: ein Kind vor einer Hausruine mit der Aufschrift: „Zimmer (luftig) zu vermieten", Herdstraße, Gelsenkirchen, 1945

Alltag in Trümmern

Einraumwohnung für acht Personen, Mallinkrodtstraße, Dortmund, 1948

Notwohnung, Dortmund, Anfang der 1950er Jahre

Notwohnung, Dortmund, ca. 1949

Trotz Einsturzgefahr bewohntes Haus in der Münsterstraße, Dortmund

duftete herrlich durch alle Zimmer. Alle Bedenken waren beiseite gelegt. Es gab dazu in Muckefuck (Kaffee-Ersatz) gebratene Kartoffelschalen, die mir die Nachbarinnen geschenkt hatten. Eine der Nachbarinnen hatte die Kartoffeln sogar ausnahmsweise mit dem Pittermesser und nicht mit dem Sparschäler geschält, damit noch ein bisschen Kartoffel an der Schale war.

Wir setzten uns zu Tisch, sprachen unser Tischgebet: Komm, Herr Jesus, sei unser Gast und segne, was du uns bescheret hast. Dann aßen wir und waren alle Sechse mal richtig schön satt geworden.

Als wir zu Bett gingen, haben wir uns alle verabschiedet, weil jeder ja doch insgeheim ein wenig zweifelte, ob wir wohl wieder wach würden. Am nächsten Morgen war ich, die Jüngste, als erste sehr früh wach. Ich sprang freudig aus dem Bett und weckte alle. „Mutti, Vati, wir leben alle, ja, wir leben!" Wir umarmten uns und weinten vor Freude und dankten Gott; ein Gebet, das ehrlicher nicht sein konnte!

Als ich nach Jahren meinem Mann von der Pilz-Mahlzeit erzählte, konnte er sich erinnern, dass er als Messdiener der gleichen Pfarre früher diesen großen „Stahlhelm am Rhododendron-Strauch" auch gesehen hatte. Heute wissen wir: Es war ein Bovist.

Silvia Beutgen

Im Oktober 1945 wurde ich eingeschult. Da ich ja schon siebeneinhalb Jahre alt war, wurden für die Kinder, die gut lernten, Kurzschuljahre von jeweils einem halben Jahr eingerichtet, so dass wir doch noch den Anschluss bekamen. In unserer Klasse waren circa sechzig Schüler, Jungen und Mädchen gemischt. Es mangelte an allem. Von meinem Opa hatte ich einen alten Ledertornister bekommen, irgendjemand hatte noch eine alte Schiefertafel, man musste sehen, wie man zurecht kam. Wir teilten uns zu zweit ein altes vergriffenes Lesebuch, auch die Bänke waren alt und schäbig. Wir Mädchen polierten sie um die Wette mit Bohnerwachs, um sie etwas ansehnlicher zu machen. Den alten Kanonenofen mussten wir Kinder selbst befeuern. Wer einen Vater hatte, der im Bergbau arbeitete, brachte Kohlen und Holz mit. Der Lehrer schlug uns mit einem Rohrstock. Aber wir lernten auch etwas, vor allem Disziplin. Es gab gegen geringes Entgelt täglich Schulspeise. Es war nicht immer das Nonplusultra, aber wir waren ja nicht verwöhnt. Dienstags war der schönste Tag, dann gab es Kakao mit einem Brötchen. Außerdem gab es jeden Morgen einen Löffel Lebertran, den ich verabscheute. Wehren half nicht, dann wurde einfach die Nase zugehalten – und hinein damit. Nachdem ich einmal alles wieder ausgebrochen hatte, wurde ich davon befreit. Aber ich glaube, wir hatten ihn alle nötig, waren in höchstem Maße unterernährt.

Dann bekam ich Krätze an beiden Händen und eine Flechte am ganzen Körper. Die Kinderkrankheiten Scharlach und Diphterie hatte ich schon 1942 und 1944 hinter mich gebracht, mit jeweiligem Krankenhausaufenthalt.

Die Zeit des Hungerns begann jetzt erst richtig. Auch an Bekleidung fehlte es. Die Erwachsenen konnten ihre Sachen lange tragen, aber wir Kinder wuchsen. Es wurde improvisiert und aus allerlei Resten etwas genäht oder gestrickt. Aber was war mit Schuhen? Auch die Kinderfüße wurden größer, aber nicht die Schuhe. Also wurden sie an den Hacken einfach heruntergetreten. Einmal sprach mich auf dem Schulweg eine Frau an und sagte mir, sie hätte noch ein paar gute Sandalen von ihrer Tochter, die mir passen müssten. Sie schrieb mir ihre Adresse auf die Tafel mit der Bitte für den Lehrer, dass es nicht weggeputzt werden dürfe. Nachmittags ging ich mit meiner Mutter zu der Frau, und die Schuhe passten mir. Sie schenkte sie uns.

Einmal im Jahr gingen wir mit der Klasse zum „Schweizer Dorf". Das war eine Einrichtung der Schweizer auf einem großen Gelände. Wir bekamen zu essen, machten Spiele und bekamen noch allerlei zum Mitnehmen. Das war für uns jedes Mal ein Feiertag. Unter anderem bekamen wir jeder ein paar Holzsandalen, bestehend aus einer dicken Holzsohle mit durch Nieten befestigten bunten Ripsbändern. Natürlich wurden sie voller Stolz getragen, obwohl die Nieten die Haut jedes Mal durchscheuerten.

Am Güterbahnhof hoben meine Mutter und ich von den Waggons gefallene Kartoffeln und Kohlen auf, wenn uns nicht schon jemand zuvorgekommen war. Auch mit dem Schwarzmarkt machten wir Bekanntschaft. Ich erspähte auf einer improvisierten Theke auf der Straße wunderschöne grüne Äpfel und bettelte, meine Mutter solle mir doch einen kaufen. Sie kosteten das Stück zwei Reichsmark, Mutti kaufte zwei. Plötzlich brach eine Hektik aus, und alles war im Nu verschwunden. Nur wir beide standen noch dort – ahnungslos mit unseren beiden Äpfeln. Es war eine Polizei-Razzia. Man schrieb unsere Personalien auf und vernahm uns. Wir überzeugten die Beamten, dass wir keine professionellen Schwarzmarktbesucher waren, und sie ließen uns mit den Äpfeln gehen.

Der Schwarzmarkt florierte auch noch, nachdem mein Vater wieder zu Hause war. Er, der sich mit den hiesigen Gegebenheiten nicht auskannte, benahm sich in manchen Situationen fast naiv. So geschah es bei einem Theaterbesuch mit meiner Mutter, dass während der Pause, als meine Eltern draußen flanierten, jemand auf ihn zutrat und immer wieder flüsterte: „Speck? Speck?" Mein Vater wusste nicht, worum es sich dabei handelte, und antwortete sehr zur Erheiterung meiner Mutter: „Dort drüben ist eine Metzgerei, da können Sie Speck kaufen."

Durch Pakete von meinen Onkels aus den USA ging es uns in der nächsten Zeit wieder besser. Was man selbst nicht brauchte, zum Beispiel Kaffee, wurde gegen Fleisch und Wurst bei der Metzgerfrau getauscht. Auch Verwandte und Nachbarn bekamen etwas ab. Das Schlimmste war überstanden.

Nach der Währungsreform normalisierte sich das Leben wieder, mein Vater fasste auch beruflich wieder Fuß, schaffte auch durch Abendkurse seine Prüfung zum Handwerksmeister.

Rosemarie Förster

Das Gefühl der Erleichterung, dass der Krieg vorbei war, war wie eine Erlösung. Das Sirenengeheul als Warnung vor Fliegerangriffen war verstummt. Als neunjähriger Junge wollte ich mit Gleichaltrigen spielen. Es gab absolut nichts zum Ballspielen oder für ähnliche Spiele. Also wurde aus Lumpen ein Ball zusammengenäht, mit dem wir Fußball oder Handball spielten.

Es war die Zeit der langen Schlangen vor den Geschäften. Vor der Bäckerei im Nebenhaus waren die Warteschlangen an der Tagesordnung. Eines Tages wurde dort so sehr gedrängelt, dass die Besatzer, die uns beobachteten, die Geduld verloren. Die Amerikaner fuhren energisch mit ihrem Jeep vor, drehten und richteten das Maschinengewehr auf die hungrige wartende Menge, die ängstlich auseinander lief. Die Not war so groß, dass es vereinzelt auch zu Plünderungen kam. Ich erinnere mich, dass ein großes Schuhlager in der Nachbarschaft geplündert wurde – und konnte nur staunen, dass dort so viele Schuhe lagerten, während es in den Geschäften noch nichts gab. Eine beachtliche Hilfe für die Not leidende Bevölkerung waren die Care-Pakete. Mit dem Marshall-Plan ging es aufwärts. Bald gab es auch wieder geregelten Schulunterricht. Vorausgegangen waren Basteln und ähnliche Angebote in einer Schule, damit die Kinder beschäftigt waren.

Einen Bauern nach Obst fragen zu müssen, war beschämend. Dankbar war ich, dass ich es für die Familie bekam. Problematisch war immer noch die Beschaffung von Brennmaterial. Reisig und Kleinholz konnten zwar in dem nahen Wald gesammelt werden, Kohlen waren aber immer noch knapp, so dass die Bevölkerung aus Schlacken etwas Brennbares suchen musste. Autos wurden mit Holzgas angetrieben, das in einem großen runden Kessel erzeugt wurde, der seitlich an den Fahrzeugen angebracht war. Die neu eröffneten Kinos hatten regen Zulauf. Allerdings war das Angebot in Bochum-Langendreer zunächst größer als in Witten.

Straßenbahnen und Züge waren überfüllt. Es ist heute undenkbar, dass Passagiere auf dem Dach mitfuhren oder sich außen an den Waggons festhielten. Junge Leute standen während der Fahrt auf den Kupplungen.

Als mein Vater mir mein erstes Fahrrad schenkte, das er im Tausch gegen einen Anzug bekommen hatte, war die größte Not vorbei.

Werner Hempelmann

Mein Vater hatte, da wir ausgebombt waren, ein Behelfsheim gekauft, in dem wir – an eine richtige Wohnung war gar nicht zu denken – unter primitivsten Verhältnissen bis 1952 lebten. Ich hatte zwar ein eigenes Bett, aber wenn es regnete, lief das Wasser an den Wänden runter. Ich hatte dann zum Beispiel in der Nacht seitlich an der Wand ein Regencape liegen, auf meinem Bauch befand sich eine Schüssel und über dem Kopf ein Schirm.

Leider hatten meine Eltern keine Artikel zum Tauschen, so dass wir wirklich hungerten. Bevor ich in die Schule ging, stellte ich mich oft um fünf Uhr vor einem Brotladen an, wenn ich gegen sieben Uhr an der Reihe war, gab es oft kein Brot mehr. Ich erinnere mich, dass wir manchmal getrocknete Kartoffelchips irgendwo her bekamen, die wir dann auf die Herdplatte legten.

Um die Zeit zwischen Beendigung der Volksschule und Eintritt in die Handelsschule zu überbrücken, besuchte ich eine Haushaltungsschule in Vogelheim. Für den Kochunterricht gab es zum Beispiel pro Schülerin zehn Gramm Fleisch.

1950 begann ich eine Büroausbildung; die ersten selbst verdienten Gelder verwendete ich immer, um Schuhe zu kaufen. Es durften keine schicken Schuhe sein, sondern Schuhe, mit denen „man flüchten konnte". Ich denke, die Jahre haben ihre Spuren hinterlassen.

Margrit Hülsmann

Alltag nach der „Stunde Null": Es kamen sehr strenge Winter. Das Dach über dem Kopf war gesichert. Unser kleiner Allesbrenner im Untergeschoss musste wirklich alles schlucken, was wir zum Brennen auftreiben konnten. Nachts ließen wir ihn natürlich kalt, und morgens dauerte es immer sehr lange, bis er endlich wieder – ohne fürchterlich zu qualmen – heizte. Wo es kalt war – so auch in der Schule – zog man halt mehr Wärmendes an. Mein Vater trug zum Beispiel an sehr kalten Tagen zwei Mäntel, wenn er mit dem Fahrrad losfuhr. Als er einmal in Höhe einer Straßenbahn war, riefen ihm die Leute aus der Bahn zu: „Sie brennen! Sie brennen!" Vater hatte eine Zigarettenkippe, die er wohl nicht ganz ausgemacht hatte, in eine seiner vielen Manteltaschen gesteckt, und der Fahrtwind hatte den Zigarettenrest zum Glimmen gebracht, so dass Vater eine kleine Wolke hinter sich her zog. Die Warnung kam früh genug – Vater konnte sich, seine beiden Mäntel und sogar noch einen Zigarettenrest retten. Kippen wurden gesammelt, um zu neuen selbstgedrehten Zigaretten verarbeitet zu werden.

Bis wir eine normale Toilette mit Spülung bekamen – das hat gedauert. Vorher gab es im ungeheizten früheren Toilettenraum – außerhalb der Wohnung im nun zerstörten Treppenhaus – einen schmalen hohen und einen niedrigen breiten Eimer, einen Haken an der Wand mit Zeitungspapier – und das war's! Vater hatte an unserer Rosenmauer im Garten eine tiefe Grube gegraben, worin er die Eimer möglichst oft entleerte – im Winter wie im Sommer – was man sich denken kann – eine furchtbare Arbeit. Ich möchte hiermit nur beschreiben, wie primitiv damals gelebt wurde – gelebt werden musste.

Wir haben nicht hungern müssen. Beziehungen zum Großmarkt und das Glück, eine große Bäckerfamilie in der Verwandtschaft zu haben, waren Helfer in der Not mit Obst, Gemüse und Brot. Kartoffeln mussten wir hamstern und in großen Taschen nach Hause tragen. Was wir sonst noch brauchten, bekamen wir auf Lebensmittelmarken nach stundenlangem Anstehen vor und in den Geschäften.

Das war nicht immer leicht für uns Kinder, zwischen besorgten und Einkaufstipps weitergebenden Erwachsenen in Kälte, Regen und Hitze auszuharren, während man doch in den Trümmern und sogar an und in den Bombentrichtern hätte spielen können. In solch einer Schlange vor unserem Fischgeschäft habe ich einmal meine Marken verloren oder es ist auch möglich, dass sie mir gestohlen worden sind. Niemand hat zu Hause geschimpft – es gab nur keinen Fisch. Große Angst hatte ich beim Milchholen, neben dem hohen Kamin eines Trümmergrundstücks vorbeizugehen, der ganz frei da stand. Bei Wind bin ich dann mit meiner „losen" Milch gerannt und musste sehr vorsichtig sein, dabei nichts zu verschütten.

In der Schule gab es Schulspeisen – hauptsächlich dicke grüne Erbsensuppe und manchmal auch Pudding. Schreibhefte und Bleistifte bekam ich von einem Bekannten meines Vaters, dem ich dafür Obst und Gemüse brachte. Alles wurde getauscht, sofern man das Gefragte besaß.

Eine Schneiderin zauberte geradezu aus irgendwelchen alten Sachen und Stoffresten unsere Kleidung. Einmal bekam ich aus dickem, grünen Militärstoff einen Wintermantel mit Kapuze, der beinahe wie ein Lodenmantel aussah. Ich war mächtig stolz auf dieses gute Stück, das jedoch so schwer und steif war, dass das Tragen schon etwas schwierig wurde – aber mein Mantel ließ keinen Wind und keine Kälte durch, das war die Hauptsache. Und außerdem sah er richtig schick aus!

Schuhe wurden – wenn es sie überhaupt mal gab – möglichst groß gekauft, damit sie lange hielten. Man brachte sie auf die passende Größe, indem man die Spitzen mit Zeitungspapier ausfüllte.

Weihnachten haben wir gefeiert, wie hinterher selten wieder so! Vater hatte uns eine elektrische Beleuchtung für den Weihnachtsbaum gebastelt – mit Kerzen aus weiß gestrichenen Hölzern und Taschenlampenbirnchen darauf. Wir waren mit den einfachsten Dingen so unendlich zufrieden und dankbar – die Zufriedenheit späterer Zeiten war niemals mehr so intensiv.

Allmählich wurden die Familien wieder vollständiger, und auch wir glaubten, dass wir mit dem Verlust allen Besitzes in angstvollen Jahren den Krieg hoch genug bezahlt hätten. Da passierte etwas Unfassbares für uns! Der jüngste Bruder meiner Mutter, mein liebster Onkel, hatte es geschafft, von seinem Kriegseinsatz auf Sizilien bis nach Bayern zu kommen, wo ein amerikanischer Panzerzug auf den liegen gebliebenen deutschen Soldatenzug auffuhr. Für den Evakuierungsort seiner Frau gemeldet, saß mein Onkel in einem der letzten Zugwagen und starb zusammen mit über einhundert deutschen und einem amerikanischen Soldaten. Den Krieg unverletzt überstanden und auf dem Heimweg getötet – das konnten wir nicht verstehen – ganz besonders meine schon im Krieg erkrankte Mutter hat das alles nicht mehr verarbeiten können. Sie starb zwanzig Monate später.

Waltraud J. Klaholt-Husemann

Sorge um das Heizen im „Kohlenpott", wer hätte das für möglich gehalten! Nach Kriegsende musste die Steinkohlenförderung erst wieder beginnen, und über Fördermengen und über die Verwendung der Kohle entschied die Militärregierung. Für den Privatverbrauch („Hausbrand") gab es nichts, oder jedenfalls so wenig, dass die Winterzeit zum Problem wurde, zumal die Wohnungen durch nur dürftig behobene Kriegsschäden schlecht isoliert waren. Unsere Zentralheizung fiel aus, weil es keinen Koks gab. Im Wald zum Heizen gesammeltes Holz ließ sich nicht für die Zentralheizung verwenden. Elektrische Energie durfte nur in sehr begrenzter Menge genutzt werden, die Zuteilung reichte nicht zum Heizen mit Elektrogeräten.

Eines Tages gab es kleine Zimmeröfen zu kaufen: auf drei Füßen stehende Trommeln aus dünnem Blech, etwa 50 Zentimeter Durchmesser, 70 Zentimeter hoch, am unteren Rand ein Luftloch, das durch einen zylindrischen Schieber reguliert werden konnte. Vor dem Anheizen musste der Trommelboden mit einer einige Zentimeter starken Sandschicht bedeckt werden, um zu vermeiden, dass der dünne Blechboden durchbrennen konnte. Die Befeuerung des Ofens geschah von oben durch eine Öffnung ähnlich wie bei einer Herdplatte. Nun galt es noch, ein Stück Ofenrohr zu organisieren und zu montieren, und dann sahen wir mit Spannung dem ersten Heizvorgang entgegen. Trockenes Holz wurde im Ofen entzündet, da knisterte und knackte es, und tatsächlich breitete sich Wärme aus. Beißender Geruch, aufsteigend von der heiß gewordenen Silberbronze, die dem Blechofen ein so hübsches Ansehen verlieh, sorgte dafür, dass kein Übermut aufkam. In wenigen Minuten war das dürre Holz verbrannt, und die Wärme ließ sogleich nach, es gab ja keine dicke Ofenwand, die als Wärmespeicher hätte dienen können. Also, weiter Holz nachlegen! Da zeigte sich plötzlich: Das dünne Blech der Ofenwand glühte! Alles Brennbare war aus der Nähe des Ofens zu entfernen, unmittelbare Berührung mit dem Ofen unbedingt zu vermeiden! Ich weiß nicht mehr, wie lange wir mit dieser Behelfsheizung leben mussten, ich kann mich nur noch an das tägliche Sammeln von Holz erinnern.

Alltag in Trümmern

Familie beim Auspacken eines Care-Pakets

Der Vater trägt einen Mantel aus einem Care-Paket, Gelsenkirchen, 1947

Fast zehn Millionen Care-Pakete kamen von 1946 bis 1960 in das kriegszerstörte Deutschland.

Einmal gab es beim Förster einen Erlaubnisschein zum Fällen gekennzeichneten Jungholzes. Die ungewohnte, anstrengende Arbeit machte Spaß, obgleich ohne geeignetes Werkzeug der Abtransport und das Zerkleinern des frischen Holzes ein mühseliges Unterfangen war. Nicht viel einfacher gestaltete sich die Nutzung des Angebots, an der Zeche Gottfried Wilhelm (Frankenstraße) Kohlenschlamm kostenlos abzuholen. Diesen Schlamm transportierte ich in einer Zinkwanne, die ich auf einem flachen Wägelchen den holprigen Kuhweg hinauf und dann weiter an der Vier-Eichen-Höhe vorbei bis in die Kantorie zog. Alle paar Schritte war eine Pause fällig, um die verrutschte Wanne wieder richtig auf den Wagen zu schieben. Zu Hause musste der Schlamm tagelang trocknen, um schließlich als Kohlengrus in den Ofen zu kommen. Hier brannte er aber nur, wenn er fein gestreut mit Holz eingebracht wurde.

Einer unserer Lehrer unternahm dankenswerterweise mit unserer Klasse eine Grubenfahrt auf Zeche Ludwig (Bergerhausen). Obwohl wir auf beinahe tausend Meter hinab fuhren, und obwohl wir uns von einer Kopfstrecke zur Grundstrecke mühsam durch einen steilen Abbaustreb zwängten, war die Ausbeute für unseren Ofen gering: ein Brocken Kohle von etwa 600 Gramm!

Zu allem Unglück waren gerade in der Nachkriegszeit die Wintermonate besonders kalt, und der Winter 1946/47 wollte fast nicht enden. Aber wie heißt es so zuversichtlich im Gedicht „Hoffnung" von E. Geibel: „Es muss doch Frühling werden..." Wir erlebten ihn schließlich auch wieder und konnten ihn jetzt erst so richtig genießen.

Hans Erich Hertzog

Mein erster Friedenstag in der britischen Zone war der 21. Juni 1945, der Entlassungstag aus dem Kriegsgefangenenlager Wrestedt bei Uelzen. Bei den Bauern der Heidedörfer waren wir willkommene Arbeitskräfte. Die Erntezeit stand bevor. Viele überzeugende Warnungen, die ich in Lüchow von Flüchtenden hörte, die die Demarkationslinie von Ost nach West überquert hatten, haben mich veranlasst, meine Schlesien-Heimkehr – um Angehörige und Verwandte zu suchen – aufzugeben. Für einen Jugendlichen war es zur damaligen Zeit ein großes Risiko, die Zone zu durchqueren. Ein Werwolf-Verdacht reichte aus, um in einem Lager des NKWD für lange Zeit zu verschwinden. Ein weiteres Hindernis war die streng bewachte Lausitzer Neiße. Eine Schlesien-Rückkehr wurde mit Schusswaffengebrauch verhindert. Mutlos geworden, blieb ich (Jahrgang 1927) in der Heide.

Nach Jahresbeginn 1947 wurden mit einer Plakataktion Arbeitskräfte für den Ruhrbergbau gesucht. Mit Fahrkarten des örtlichen Arbeitsamtes kamen wir nach Essen-Heisingen. Nach einem längeren Aufenthalt in dieser Sammel- und Verteilungsstelle, ging es zur Neumühler Zeche nach Duisburg. Unsere ersten Unterkünfte waren die ebenerdigen primitiven Steinbaracken auf der Hüttenwiese – ehemalige Behausung der ausländischen Arbeitskräfte? Im Spätherbst 1948 gab es eine andere Unterkunft auf der Haldenstraße, von den Neumühlern „Bullenkloster" genannt. Außer Putzfrauen und weiblichem Küchenpersonal wurde kein weiterer Rock reingelassen.

Meine erste Untertage-Schicht, der noch viele auf weiteren Hamborner Schachtanlagen folgen sollten, war am 24. April 1947. Der 90 Zentimeter niedrige Kohlenflöz „Mathilde" auf der 215-Meter-Sohle war mein erster Arbeitsplatz. Streblänge 200 Meter und Dauerarbeitsplatz für 40 Bergleute, von denen jeder ein Teilfeld von fünf Metern Länge und 2,20 Metern Tiefe in zwei Schichten auskohlen musste. Aller Anfang war schwer, und für mich als Bergfremden besonders.

Laut Versicherungsunterlagen hatte ich für die acht Monate des Jahres 1947 einen Gesamtverdienst von 1583 RM und für die zwölf Monate des Jahres 1948 2725 RM/DM. Ja, Arbeit war damals sehr billig. In meiner Beeckerwerther Zeit hatten wir 1957/58 wegen einer großen Absatzkrise 20 unbezahlte Feierschichten. Zehn Jahre zuvor 1947/48 auf Neumühl gab es vereinzelt Sonntagsförderung, um das monatliche Fördersoll zu erreichen.

1962, nach fünfzehn Jahren unter Tage, habe ich das Bergmannsein aufgegeben und bei der damaligen ATH einen Dauerarbeitsplatz gefunden.

Der 24. April 2007 könnte für mich, wenn das Schicksal es zulässt, der 60. Ankunftsjahrestag in meinem zweiten Heimatort Duisburg werden. Allerdings mit einer Einschränkung: Der erste Heimatort ist immer die Mutter. Der zweite Heimatort kann nur die Stiefmutter sein.

Bernhard Gaflig

„Trümmer und Asche, vereinzeltes Feuer/ zuckt noch am Himmel in Garben empor./ Tempel und Straßen und Villen und Scheuer,/ alles zertreten in Schmutz und Geschmor." Der Dichter Detlef von Liliencron hat treffend eine Situation geschildert, wie wir sie 1945 nach Kriegsende vorfanden. In Witten endete der Krieg am 11. April, in Bommern südlich der Ruhr am 15. April, einem schönen Frühlingssonntag. Mein Großvater kam in den Luftschutzkeller, in dem wir hausten: „Kinder, der Krieg ist zu Ende!"

„Ich, General Eisenhower...!", so fing eine Verordnung an, die am alten Amtshaus in Bommern aushing und allerlei Auflagen für die Bevölkerung aufführte wie Sperrstunde, Meldepflicht, Waffenablieferung usw. Da wurde uns langsam bewusst, dass wir nun ein besetztes Land waren.

Angst und Schrecken ging in den ersten Nachkriegswochen von den Gefangenen- und Zwangsarbeiterlagern der Umgebung aus, deren Bewohner natürlich sofort freigelassen wurden. Viele wollten ihrer Freude, aber auch ihrem aufgestauten Hass auf die bisherigen Unterdrücker Ausdruck geben. Randalierend und meist betrunken zogen sie durch die Gegend, um sich an denen zu rächen, die sie schlecht behandelt hatten. Zu allem Unglück gab es in der Umgebung ein Alkohollager, das sie ausräumten. Die deutschen Bürger bildeten eine Art Selbstschutz, als die Ausschreitungen immer schlimmer wurden und eine Bauernfamilie in Witten-Düren erschossen wurde. Einige Russen sollen danach mit Hacken und Schaufeln getötet worden sein. Ich weiß noch, dass ich einmal mit dem Fahrrad zum Brot holen zum Bäcker geschickt wurde und einer Ausländergruppe in die Hände fiel. Sie nahmen mir das Fahrrad ab und meine Konfirmationsuhr (das Brot wollten sie nicht). Ich musste mich in einen Graben legen, und sie schossen mit einer Maschinenpistole über mich weg. Ich glaube, ich bin bald vor Angst gestorben. Mein Großvater, der 200 Meter weiter auf einer Bank saß, konnte nichts tun. Die amerikanische Militärpolizei machte dann kurzen Prozess und steckte sie wieder in Lager, so dass allmählich Ruhe und Frieden einkehrten.

Trotz der veränderten Verhältnisse und obwohl der Krieg offiziell erst am 8. Mai endete, ging die Arbeit in den Betrieben weiter, ja, sie war oft gar nicht unterbrochen worden. So auch beim Reichsbahn-Ausbesserungswerk Witten, wo ich meine Lehre gemacht hatte. Da es noch keine Fahrgelegenheiten gab, ging ich eben zu Fuß zum Werk am anderen Ende der Stadt. Ganze Straßenzüge der Innenstadt waren ausgebrannt. Die Bevölkerung wurde deshalb aufgefordert, immer die Straßenmitte zu benutzen, damit bei Wind keine losen Trümmer auf den Kopf fallen konnten. Unterwegs gab es oft mehrere Kontrollen durch die Besatzung und ihre deutschen Hilfspolizisten, zu denen man politisch unbescholtene Bürger gemacht hatte – so auch auf der Bommerschen Seite der Ruhrbrücke an der teilweise zerstörten Gaststätte „Ruhrhof" (heute steht hier eine Wohnanlage). In den ersten Tagen musste man an einigen toten Frauen vorbei, die bei einem Fliegerangriff auf ein Arbeitslager im Ruhrhof ihr Leben verloren hatten.

Kurz nach dem Einzug der Amerikaner begannen im Werk die Aufräumarbeiten. Fast alle Mitarbeiter folgten dem Ruf zur Wiederaufnahme der Arbeit, auch weil die Berechtigung zum Bezug von Lebensmittelkarten davon abhing. Wir jungen Burschen mussten auf die Dächer der Hallen, um lose Teile hinab zu werfen. Zerstört waren circa 12.000 Quadratmeter Dacheindeckung und Teile der eisernen Dachkonstruktion. Etwa 300 Waggons wurden abgefahren. Der nach der Zerstörung schutzlos dem Wetter ausgesetzte Maschinenpark musste gesichert werden. Andere Mitarbeiter waren mit der Reparatur der verbeulten Blechspinde beschäftigt. Aber die Not führte auch zu einigen „Nebenarbeiten",

Alltag in Trümmern

Schuhe waren nach dem Krieg Mangelware

„Schuhe" aus einem schwedischen Hilfsprogramm

Kinderspeisung durch das Schwedische Rote Kreuz, Gelsenkirchen-Erle, 1949

Die gespendete Suppe wird in Wärmebehältern gebracht, Gelsenkirchen, 1947

Schulspeisung im Klassenzimmer, Gelsenkirchen, 1947

Alltag in Trümmern

Gruppe von Kindern, die an der so genannten „Schweden-Speisung" teilnehmen dürfen, Duisburg, 1946

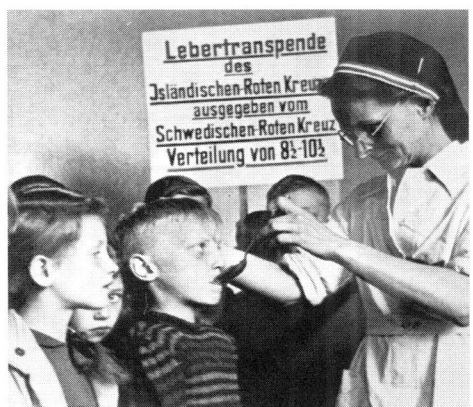

Wichtiger Ernährungszusatz für Kinder: Lebertran

Eingang der Schweizer-Spende-Kinderstation in Gelsenkirchen

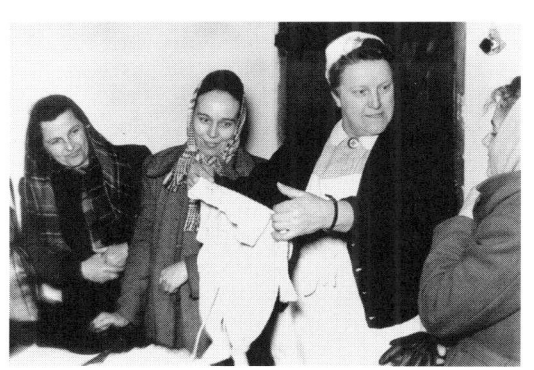

Rotkreuz-Schwester beim Verteilen von Babykleidung an Flüchtlingsfrauen, Gelsenkirchen

denn findige Mitarbeiter „organisierten" für ihre beschädigten oder zerstörten Wohnungen und Notbehausungen Holz und anderes geeignetes Material, zum Beispiel beim Abbrechen der Baracken des Zwangsarbeiterlagers im Fischertal. Dabei machten sie auch noch Bekanntschaft mit allerlei Ungeziefer. Einige „alte Hasen" fertigten sogar für ihren Haushalt Pfannen, Eimer, Töpfe usw. Ich sehe auch noch die riesigen Berge verbogener Eisenschwellen vor mir, die zerschnitten werden mussten. Brauchbare Teile wurden wieder zusammengeschweißt, und das alles unter freiem Himmel im Winter 1946 bei Kohlsuppe und Wibbelbohnen aus der Werkskantine! Als dann auch noch die Wechselschicht wieder eingeführt wurde, habe ich - gegen den Rat meiner Eltern und des Betriebsrates gekündigt und wurde – als Umschüler – Maurer im Unternehmen meines Großvaters. Die Lehrgänge fanden in Bochum-Riemke statt, was schon fast eine Tagesreise war. Den praktischen Teil der Gesellenprüfung habe ich dann beim Wiederaufbau des Wittener Kinos „Burg-Theater" (vorher hieß es „Schauburg") gemacht.

Was gab es zuerst wieder aufzubauen? Da waren Bäckereien an der Crengeldanzstraße und Ruhrstraße, die Metzgerei an der Oberstraße, ein Lebensmittelgroßhandel und ein Mühlenbetrieb als wichtigste Objekte, bei denen es ums Essen ging. Gehungert wie manche Menschen haben wir also nicht. Für Baumaterial mussten die Bauherren selbst sorgen, oft auf krummen Wegen. Es gab sogar eine Zeit um 1947, da war die Versorgungslage so schlecht, dass an einem Tag der Woche nicht gearbeitet wurde. Man traf sich auf dem Marktplatz und in den umliegenden Kneipen, wo der Schwarzhandel blühte, zum Beispiel mit amerikanischen Zigaretten, das Stück zu zehn Reichsmark. Ansonsten wurde über den Sport vom Sonntag diskutiert, Fußball, Handball, Boxen und Ringen standen ja damals in Witten hoch im Kurs.

Ich sehe noch, als wir schon wieder mit dem Aufbau begonnen hatten, zurückkehrende Kriegsgefangene, ausgemergelt und zerlumpt, vielleicht auch hoffnungslos durch die zerstörten Straßen gehen, um ihr Zuhause zu suchen. Vielleicht haben sie ein wenig Hoffnung geschöpft, als sie uns unter den schwierigen Verhältnissen der Zeit schaffend gesehen haben. Die Besatzungsmächte mögen sich gewundert haben, wie viel Maurer, Bergleute und „Landmaschinenschlosser" es damals gegeben hat, die wurden nämlich bevorzugt aus der Gefangenschaft entlassen. Eine unserer Baustellen war eine Bäckerei an der Ruhrstraße. Der Bäcker hatte für uns Erbsensuppe „besorgt". Irgendwo stand auch ein Sack mit braunem Zucker, eine Hand voll davon streute unser Handlanger in seine Suppe, Hauptsache Kalorien! Ein Bäcker an der Crengeldanzstraße stellte selbst einige Helfer zur Verfügung, die Sand aus dem Schutt sieben und Ziegelsteine „putzen" mussten. Einer von ihnen hatte noch eine andere Tätigkeit, er war Nachtwächter bei einer Schaufelfabrik. Was lag näher, als durch ihn Schaufeln „besorgen" zu lassen. So zogen mein Vater und ich in der Weihnachtsnacht 1946 zur „Schüppenfabrik", wo uns der Nachtwächter einige Bünde Schaufeln über das Tor reichte. Wieder zu Hause angekommen – schlafen lohnte sich nicht mehr – wurde es langsam Zeit für die Christmette in unserer evangelischen Kirche in Bommern.

Eine unserer Baustellen war eine Ziegelei, heute Teil des Westfälischen Industriemuseums Nachtigall. Einer der beiden Ringöfen war bereits in Betrieb, der zweite, durch Kriegseinwirkung beschädigt, musste ausgebessert werden. Als junger Bursche wurde ich mit eingesetzt. Es war eine ziemlich beschwerliche Arbeit. Auf den Knien rutschend mussten die feuerfesten Steine von oben wieder eingefügt werden, und das bei großer Hitze, die von nebenan herüber kam. Ziegelsteine waren ein begehrtes Tauschobjekt. Durch irgendwelche dunklen Kanäle während der Hamsterzeit hatten wir Beziehungen zu Bauern aus Oldenburg, die unsere Steine zum billigen Aus- und Umbau ihrer Höfe verwendeten. Da sich neben der Ziegelei Bommerns Güterbahnhof befand, war es nicht schwer, auf legale Art an Waggons zu kommen. Der Ziegelmeister sorgte für die Steine und das Verladen, der Mann von der Bahn besorgte die Frachtpapiere, und so lief das Geschäft. Die Bauern kamen bei Nacht und

Nebel zu uns ins Haus und bezahlten die Steine in Form von Naturalien, die dann unter den Beteiligten aufgeteilt wurden.

Herbert Duhme

Auf dem Land, während der Evakuierung, hat mich oft das Heimweh geplagt. Jetzt, wieder zu Hause, das alte Wohnviertel, die Stadt, all das gab es gar nicht mehr, allenfalls noch Fragmente. Dass zu Hause vieles zerstört war, wusste ich, doch ist es ein großer Unterschied zwischen Hörensagen und der brutalen Wirklichkeit. Wäre nicht der Hunger gewesen, das Neue hätte eigentlich ein Kinderparadies sein können. Alles stand uns offen, die ganze Stadt ein Abenteuerspielplatz. Bleirohre und Kupferkabel aus den Trümmern verkauften wir dem Altwarenhändler. Der zog noch immer mit Pferd und Wagen und seiner typischen Schlangenbeschwörer-Pfeife durch die Straßen. Eigentlich eine sinnlose Tat, das „Dealen", für das wertlose Geld konnten wir uns doch nichts kaufen. Aber was sonst hätten wir in unseren Dauerferien machen sollen? Immer Schmiere auf Schienen kleistern, Kohlenzüge entern, wenn die Räder der Lok auf dem Schmier durchdrehten? Wird ja auch mal langweilig.

Ein Spielverderber hatte unsere Boote mit Hammer und Nagel leck geschlagen und so versenkt. Die Boote waren mal spindelförmige Zusatztanks für Flugzeuge. Einen davon haben wir von einem Schrottplatz mitgehen lassen, als der Bewacher mit seinem Schäferhund gerade mal nicht präsent war. Mit der Blechschere schnitten wir in Teamwork den Tank wie eine Semmel der Länge nach auf in zwei Teile, in zwei circa zwei Meter lange Boote. Die meisten Bombentrichter waren randvoll mit Wasser gelaufen. Darauf konnten wir, wenngleich etwas eingeengt, prima hin und her paddeln.

In der Regel waren die Erwachsenen die Spielverderber. Aber wir wussten ihnen auszuweichen. Wir hatten es erlebt, ihnen ging bei Bombenangriffen und Jagdbomber-Beschuss die Muffe genauso wie uns Kindern, wenn nicht noch mehr. Klar, die Stärkeren waren sie immer noch, nur Respekt vor ihnen hatten wir nicht mehr allzu viel.

Vater hatte einen Job bei der Zeche angenommen. Vermutlich verdiente er da nicht so viel wie bei seinem früheren Arbeitgeber. Doch Geld hatte zu jener Zeit nur einen Wert in Verbindung mit Bezugsscheinen und Lebensmittelkarten. Ich hätte keine Kohlenzüge entern müssen, machte das nur so zum Spaß. Wir bekamen von der Zeche mehr Deputat-Kohle, als wir selbst verfeuern konnten. Weihnachten und Ostern an einem Tag war immer, wenn Vater Care-Pakete von der Zeche mitbrachte mit „ham and eggs", manchmal sogar Schokolade und immer Erdnüssen, die wir vor der Besatzung noch gar nicht kannten.

Ostern und Weihnachten fiel auch zusammen, wenn Vater von Hamsterfahrten zurückkam. Wenn die Lebensmittel arg knapp wurden, meldete sich Vater bei seinem Arbeitgeber krank und fuhr mit Rucksack und so einem braunen Ziehharmonikakoffer hamstern zu seinen Verwandten nach Hessen. Nie mehr in meinem mittlerweile auch schon langen Leben habe ich einen so dehn- und aufnahmefähigen Koffer gesehen. Der war schier unergründlich, konnte vollgepackt – ähnlich dem Balg einer Ziehharmonika – sein Volumen unendlich vervielfachen. Drei bis circa fünf Tage war Vater dann immer unterwegs. Zu der Zeit reiste man in Menschentrauben auf Trittbrettern, auf Puffern, in Bremserhäuschen, auf Rungenwagen, manchmal auch schon ganz stinknormal in Personenabteilen – dann allerdings wie die Ölsardinen in der Konservendose. Zu seinen Verwandten wie früheren Nachbarn und Bekannten seines Heimatdorfes hatte Vater offenbar noch immer einen guten Draht. Seine Beutezüge waren immer ergiebig.

Wie er das auch angestellt hat – mit seinem hochschwangeren Ziehharmonikakoffer ist er offenbar nie aufgefallen, nie von der beutegierigen Polizei gefilzt worden, immer hat er das Erhamsterte ohne Verluste nach Hause gebracht: Brot aus Omas Backofen, Schinkenspeck, Eier, Wurst aus Hausschlachtungen – echte Raritäten, von denen andere Stadtbewohner nicht einmal träumen konnten.

Irgendwann damals kam mein Vetter aus russischer Gefangenschaft zurück. Als er zur Wehrmacht eingezogen wurde, war er etwa 1,80 Meter groß und wog auch in etwa so viele Pfunde. Bei seiner Heimkehr war er immer noch so groß, aber nicht einmal mehr halb so schwer und quittengelb. Ein junger Mann, der so aussah, war in meinem frühen Leben eine ganz neue Erfahrung. Er kam früher als andere Russlandheimkehrer zurück, vermutlich, weil er bei halbiertem Lebendgewicht doch weniger als eine halbierte Arbeitskraft, also nutzlos für die Russen geworden war. Er meinte, er habe überhaupt nur überlebt, weil er als Automechaniker in einer geschlossenen Werkstatt arbeiten konnte.

Erst wollte ich es gar nicht glauben. Wir waren heil durch den Krieg gekommen, haben gelernt, vor Jabo-Beschuss in Deckung zu gehen, Brennholz zu beschaffen, die amerikanischen Besatzer und die vagabundierenden Polen zu beklauen, mit Buntmetall-Händlern Geschäfte zu machen – und waren doch immer noch Kinder. Es half alles nichts, an so einem verdammt grauen, kalten Herbsttag schickte man uns wieder in die Schule. Nicht einmal in den vielen Wasserpfützen auf dem Schulhof spiegelte sich irgendetwas, die waren so übergangslos grau wie der trockene Teil des Schulhofs. Unigrau auch die kahlen Bäume, die Gesichter der Lehrer, wie ihre komischen Jacken, die auch grau gefärbt noch unschwer als Uniformjacken erkennbar waren. Und es war lausig kalt. Heizung gab es keine, die meisten Fenster waren noch ohne Verglasung. Ich habe da keinen Mitschüler gesehen, der eine Klade dabei hatte. Vor dem Schreiben stiegen wir erst mal auf Kommando des Lehrers aus den Bänken heraus, schlugen die Arme um den Leib – in dieser altbewährten Technik, mittels der die Maurer ihre froststarren Hände wieder funktionstüchtig zu machen pflegen. Erst danach konnten wir unseren Bleistiftstummel halten, damit sogar etwas hinkrakeln auf ein Stück Papier aus der Hosentasche, das auf der rauen Schreibfläche der Schulbank mit einer lustlosen Handbewegung entknittert wurde.

Der Lichtblick in diesem neuen Schulalltag war immer das Glockenzeichen zur Schulspeisung: Suppe mit Fleischeinlage aus diesen militärgrauen und -grünen Schraubkübeln. Wichtiger als Bleistift und Papier waren ein solider Löffel und ein Gefäß zum Essenfassen. In diesem beherrschenden Utensil spiegelte sich damals die ganze Überlebenskreativität jener Übergangszeit wider: zweihenkelige, mit viel Lötzinn reparierte Kochtöpfe, mit Drahthenkeln aufgerüstete Konservendosen, ovale Militärgeschirre, zweitöpfige, weiß emaillierte Henkelmänner, flache Aluminiumbüchsen mit Spannverschlüssen...

Etwas später gab es noch eine zusätzliche Schulspeisung am Nachmittag. Nur für die „Engelchen". Vorher kamen ein paar Leute – vermutlich Ärzte vom Gesundheitsamt – in die Schule. Sie stellten fest, wer im ersten Schritt der Sonderration am dringendsten bedurfte. Zu dem Zweck mussten wir unsere Oberkörper entkleiden. Einige glichen frappant diesen von zeitgenössischen Malern oft dargestellten Engelchen. Auch die haben solche Stummelflügel wie einige von uns herausstehende Schulterblätter hatten.

Nach dieser Übergangsphase, als ich schon die Realschule besuchen durfte, da fing die große Amerikanisierung an. Viel Stoff für viele Anekdoten.

Bernhard Roth

Da es sich kaum lohnte, für Reichsmark zu arbeiten – es gab ja nichts zu kaufen – blieben mein Vater und ich zu Hause. Wir machten ein Stück Erde urbar am Rande eines Bombentrichters an der tiefsten Stelle von Bochum, der Gahlenschen Straße, unterhalb der Hochöfen. Der Grundwasserspiegel war so dicht unter der Erdoberfläche, dass immer Wasser im Bombentrichter stand. Als Dünger holten wir uns Abfälle vom Schlachthof. Die Luft war gut, weil die ganze Industrie noch nicht wieder arbeitete. So säten und pflanzten wir und hatten bald prächtige Früchte: Kartoffeln, Möhren, Erbsen, Bohnen, Schwarzwurzeln, ja sogar Blumenkohl. Meine Mutter konnte es kaum glauben. Es gab ja kaum Gemüse zu kaufen. Stundenlang musste man anstehen, um etwas zu bekommen. So hielten wir uns über Wasser. Den Weißkohl verarbeiteten wir zu Sauerkraut. Auf unserer Straße gab es einen Kappeshobel, der von Familie zu Familie ging. Auch in dem heißen Sommer 1947 konnten wir ernten, weil im Bombentrichter immer Gießwasser stand.

Alltag in Trümmern

Spielen im Bombenkrater, Gelsenkirchen, 1945

Brunnenstraße, Essen, Winter 1945

Abb. o.: Rarität – ein richtiger Schlitten, Essen, 1946,
Abb. r.: Eislaufen im Essener Stadtgarten, 1947

Ab und zu machte mein Vater Musik bei den Engländern im Kasino in Weitmar. Da bekam er schwarzen Tee und Zigaretten, die wir in Ostfriesland bei Bauern umsetzten in Kartoffeln, Speck und Eier. Erwähnen muss ich auch noch, dass mein Vater und andere Männer unserer Straße nachts auf fahrende Kohlenzüge sprangen, ihre Säcke mit Kohle füllten und sie abwarfen. So hatten wir es im Winter warm. Aber das war nicht ungefährlich.

Als 1948 die Währungsreform kam, lohnte es sich wieder, für Geld zu arbeiten, und mein Vater und ich nahmen wieder Arbeit an.

Ruth Katzner

Wir lebten in Deutschland bis 1949 hinein mit Lebensmittelmarken. Für Bergleute und Industriearbeiter gab es in der Nachkriegszeit Zusatzmarken für Lebensmittel. Der Grund: Die Produktion musste gesteigert werden. Ich arbeitete als junger Angestellter in einer Abteilung, die für die Beschaffung und Abrechnung der Zusatzmarken zuständig war. Die Listen mussten nach den Angaben der Schachtanlagen genau geführt werden und die persönlichen Merkmale für Schwer- und Schwerstarbeiter enthalten. Alle abgerechneten Bestände hatte ich mit zu überprüfen. Nicht verbrauchte Marken mussten zurückgegeben werden. Das System war so sicher und laufend überwacht, dass wirklich nur Berechtigte in den Genuss dieser Zusatzversorgung kamen.

Meine wichtigste Aufgabe war der Transport nicht verbrauchter Marken und die Abholung neuer Marken zum und vom Ernährungsamt der Stadt Bochum. Mir stand ein Dienstfahrrad zur Verfügung. Das Fahrrad schleppte ich jeweils mit dem Markenkoffer in eine höhere Etage des Rathauses. Nach Überprüfung der Unterlagen ging es in den unterirdischen Tresorraum zum Empfang der neuen Marken. Auch dahin schleppte ich mein Dienstfahrrad mit, denn so etwas Wertvolles wurde gerne geklaut.

Irgendwann erhielt ich die mir zustehenden sechs Tage Jahresurlaub. Ein Kollege wurde zu meiner Vertretung mit dem Dienstfahrrad für die Abrechnung und Abholung der Lebensmittel-Zusatzmarken eingesetzt. Er ahnte nichts Böses. Er nahm das Fahrrad nicht mit ins Ernährungsamt und in den Tresorraum – weg war es.

Danach wurde doch ein Pkw mit Fahrer für den sicheren Markentransport gestellt.

Noch zur Erinnerung: Im Bergbau gab es zur Steigerung der Kohlenförderung ab 1947 Care-Paket-Aktionen, ein Bergarbeiter-Punkt-System und ab 1948 Import-Kaufmarken (IK-Marken) zusätzlich.

1947/1948. Wir liebten alles Amerikanische. Wir hörten etwas von einem Brief-Klub. Schließlich kamen wir an Unterlagen und Adressenlisten von Jungen und Mädchen aus Amerika, die internationale Brieffreundschaften suchten. Wer aus unserer Mitte kannte die englische Sprache? Keiner. Unser Treffpunkt war sonntags die Schule an der Lindener Straße in Bochum. Dort fanden wir auch einen Englisch-Kenner. Nun gründeten wir einen Klub und nannten uns „Caravan Chapter Westfalia". Ein Erstbrief für die Richtung Amerika wurde entworfen. Auch ich suchte von der Anschriftenliste die Adresse eines Mädchens in Amerika heraus. Der Brief ging nach Iowa, Cedar Falls. Tatsächlich, es kam ein Antwortbrief. Jetzt die nächste Schwierigkeit: die Übersetzung. Auch unser Englisch-Kenner brauchte noch ein Wörterbuch. Dann wurde es noch schwieriger: der Antwortbrief in englischer Sprache. Das waren nur einfache Sätze. Leider war noch keine Volkshochschule in Sicht, bei der wir eine Fremdsprache lernen konnten. Dadurch schlief die Brief-Schreiberei ein.

Heinrich Esken

Die Zeit der Care-Pakete kam. Ich war fast fünf Jahre alt. Mein Vater und mein Bruder waren Bergleute. Wenn auf der Zeche die vorgegebenen Tonnen Kohle gefördert wurden, gab es pro Kumpel ein Care-Paket. So ein Care-Paket bestand aus dicker stabiler Pappe und, wie mein Bruder mir erklärte, es kam aus Amerika. Als das erste Paket zu Hause geöffnet wurde, erschloss sich mir eine völlig neue Welt. Noch nie hatte ich Schokolade gesehen, geschweige denn gegessen. Erdnüsse, und dazu noch in der Dose, waren mir ebenfalls fremd. Die dunkelbraune Kaffeedose von Maxwell fand sich noch nach 20 Jahren in Mutters Schrank. Hier drin wurde jahrelang der Voxkaffee aufbewahrt. Die Zigaretten wurden regelmäßig verhamstert.

Mich als Kind interessierte vor allen Dingen die Schokolade, von der ich nun ein kleines Stückchen pro Tag erhielt, das ich mit Andacht lutschte. Und dann war da die Zitrone. Eine mir völlig unbekannte Frucht. Das Saure schmeckte mir auch, und ich bat die Mutter, eine essen zu dürfen. Ich bekam eine halbe Zitrone, und bevor ich damit nach draußen verschwand, sagte Mutter warnend: „Wenn du sie nicht mehr magst, bring den Rest wieder nach oben!" – „Ja, aber ich esse sie schon!" Und weg war ich, die Treppe hinunter nach draußen. Anfangs schmeckte mir diese gelbe Frucht auch, aber dann wurde sie saurer und saurer. Mein Mund zog sich mehr und mehr zusammen. Ich mochte nicht mehr. Aber ich mochte sie auch nicht zurückbringen und der Mutter sagen, dass es mir doch nicht schmeckte. Am Ende der Kolonie begannen die Felder. Hier stand auch viel Gebüsch, und so konnte ich unbeobachtet die angelutschte Zitronenhälfte in die Büsche werfen.

Ich war die Zitrone zwar los, aber von nun an hatte ich ein schlechtes Gewissen. Immer dann, wenn ich mal – verdorbene – Lebensmittel wegwerfen muss, denke ich an diese Zitrone.

Karin Dunkel

Nach den Bombenangriffen 1943 wurden unsere Mutter, meine Schwester und ich in die Nähe von Lippstadt evakuiert. Nach Kriegsende kamen wir wieder nach Bottrop und in die provisorisch hergerichtete Wohnung zurück. Damit begann für uns – und für mich als Elfjähriger – eine neue Zeit. Die Versorgung der Familie stand im Vordergrund, auch ich hatte dabei eine Aufgabe. Unser Vater bekam auf der Zeche eine Mahlzeit, die holte ich im Henkelmann ab. Und da ich auch meine Schulspeise mit nach Hause brachte, wurde alles zu leckeren Mahlzeiten verarbeitet.

Eine große Hilfe waren die Care-Pakete und die Schnapsrationen, die unser Vater als Bergmann bekam. Mit diesen Raritäten und anderen nützlichen oder privaten Sachen wurde bei den Bauern „kompensiert" und „gehamstert". Dabei war der Transport schwerer Fressalien ein Problem. Die überfüllten Züge zum und vom Münster- oder Emsland und die zerstörten Brücken machten das Ganze zu einem Abenteuer mit unbekanntem Ausgang, wobei es sich durch Razzien auch noch zu einem Hindernislauf mit Gepäck entwickeln konnte.

Meine Frau erzählte mir, ihre in Oberschlesien erworbenen polnischen Worte haben bei Besatzern, die sie verstanden, Eindruck hinterlassen, und sie bekam dafür Kaugummi, Schokolade, Kekse und manchmal sogar Zigaretten. Mit diesen Schätzen hatte man wieder eine gute Grundlage zum Tauschen.

Das Stück Land hinter dem Haus war auch sehr wichtig. Von dort kamen Kartoffeln, Gemüse und andere „nützliche Pflanzen" wie zum Beispiel Tabak. Aber über das Grünzeug freuten sich auch die Hühner – und wir dann über die Eier oder das Fleisch.

Schwierig war auch die Beschaffung der Kleidung. Es war die große Zeit der Weitergabe der geschwisterlichen Wäsche, das Umändern von groß auf klein. Eine andere Möglichkeit war das Herstellen tragbarer Klamotten aus Uniformen oder Decken.

Zu dieser Zeit war auch die Auswahl von Spielplätzen sehr gering, und es waren die ausgebombten Häuser, die oft als abenteuerliche Gebilde herhalten mussten. Auch gab es so gut wie keine Spielgeräte, und so wurde ein Ball für Fußball-, Schlagball- und mit einem Lappen zum Völkerballspiel benutzt. Ein Stück Schnur konnte zum Seilchenspringen oder Pitschendoptreiben gebraucht werden, wobei der Pitschendopstock wiederum auch zum Pinnekenkloppen passte.

Es war die Zeit der Trauer, wenn es Gewissheit über den Tod eines Familienangehörigen gab, aber auch der Freude, wenn wieder einer aus der Gefangenschaft heimkehrte.

Zwei neue Vergnügen lernte ich kennen: in Büchern schmökern und verreisen. Zum Lesen gab es für mich die Kirchen-, die Stadt- und die Werksbücherei, und in allen war ich gern und oft. Auch das Verreisen machte Spaß,

Alltag in Trümmern

Lebenszeichen auf der Hauswand, Essen, um 1946

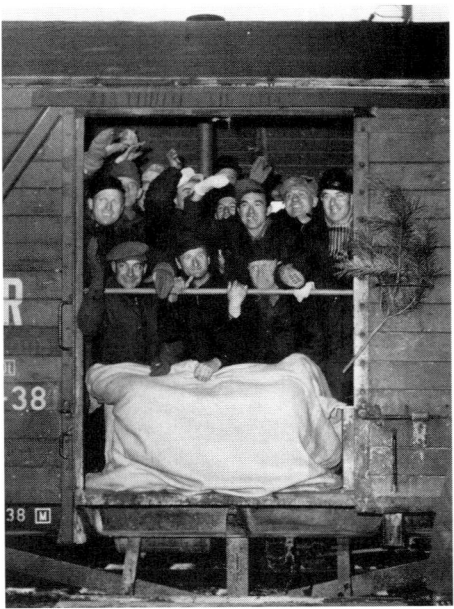

Heimkehrer aus Polen, 1955

Mutter mit zurückgekehrtem Sohn

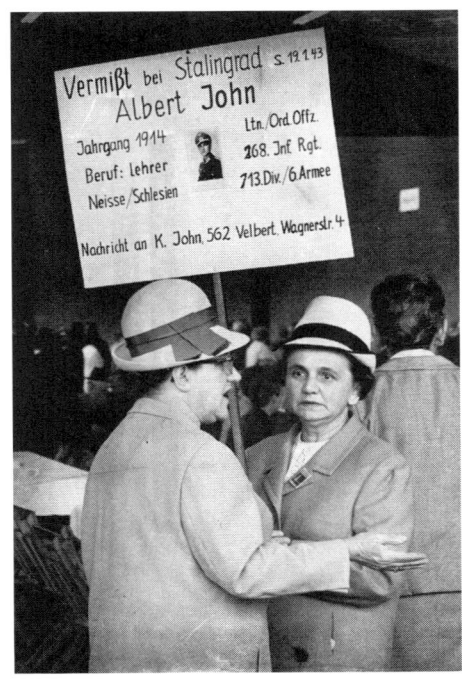

Verzweifelte Suche nach Angehörigen

im Jahr 1946 ging es mit den Mitkonfirmanden, hoch oben auf einem Molkerei-Lastwagen, zum Zeltlager an die Ems. Ein Jahr später war es eine Gastfamilie in Hessen. Die Karl-May-Bücher ihres Sohnes waren genau das Richtige für mich und weckten auch noch meine Lust auf die Ferne.

Mit der Währungsreform begann eine andere Zeit. Es gab Sachen, von denen wir noch nie etwas gehört geschweige denn gesehen hatten. Für mich sollte 1948 auch noch eine neue Zeit beginnen, aber es gab zu wenig Lehrstellen, also machte ich ein zusätzliches, neuntes Schuljahr. Im Jahr 1949 war es dann soweit, und für mich begann es, das andere, das Arbeitsleben.

Hubert Schlagkamp

1945! Ich war noch keine zehn Jahre alt und erlebte das Kriegsende mit kindlicher Wahrnehmung. Mir fiel auf, dass von heute auf morgen die olivgrünen Uniformen verschwanden und nur noch khakibraune zu sehen waren. Deutsche Soldaten gab es nicht mehr, nur noch zunächst amerikanisches, später englisches Militär.

Die Stadt, in der ich aufwuchs – Herford – lag in Trümmern. Was noch stand, besetzten die „Eroberer". Ein geregelter Schulbesuch war nicht möglich. Mehrmals zog meine Familie um, ich verlor dabei fast mein gesamtes Spielzeug (Bauklötze, Knetmasse u.a.). Am Bahnhof lungerten viele Bettler und Hausierer, ehemalige Soldaten und viele Schwarzhändler.

Nur ganz langsam ordnete sich das zivile Leben der verängstigten Städter. Viele Fenster waren noch mit Pappe oder Sperrholz verschlossen, in den Trümmern und Ruinen richteten sich die Bewohner behelfsmäßig ein. Die Schulen nahmen den Lehrbetrieb wieder auf. An meiner Schule gab es eine Schulspeisung (Quäker), die aus Suppen, Nährstangen und Schokolade bestand. Was wir nicht mochten, Graupen-, Erbsen- oder Linsensuppe, schütteten wir einfach in den Stadtgraben. Milch- oder Schokosuppe nahmen wir mit nach Hause, wo sich die ganze Familie darüber hermachte. Manchmal versorgte ich damit auch ein Gefangenenlager (deutsche Soldaten), das unter freiem Himmel eingerichtet war. Die dankbaren Soldaten gaben mir das Gefühl, etwas Gutes getan zu haben.

Der Neuanfang war für die Erwachsenen nicht einfach. Als mein Vater aus der Kriegsgefangenschaft zurückkehrte – er war geflüchtet – fand er naturgemäß zunächst keine Arbeit, schließlich war er Berufsoffizier. Er beteiligte sich an der Enttrümmerung der zerstörten Häuser und brachte Brennholz mit nach Hause. Wir Kinder stöberten derweil in halbwegs heilen Häusern herum, entnahmen auch schon einmal uns wertvoll erscheinende Gegenstände und verkauften diese am Bahnhof, was ein wenig Taschengeld einbrachte. Das verbrauchten wir nicht für uns – was hätten wir uns auch kaufen sollen! –, sondern der Erlös wurde zu Hause abgeliefert.

In der Schule unterrichteten fast ausnahmslos Lehrerinnen. Die Männer saßen noch in der Kriegsgefangenschaft oder durften – wegen ihrer Zugehörigkeit zum NS-Regime – nicht mehr Lehrer sein. Die Klassen waren überfüllt, vierzig und mehr Schüler und Schülerinnen galten als Regel. Unser Gestühl mussten wir selbst mitbringen. Die Schulspeisung ergänzte die klägliche Versorgung zu Hause. Es gab Milch, Butter, Zucker und Mehl nur auf Marken. Meine Eltern standen auf ihrer Wohnungssuche stundenlang im Rathaus an, wir Kinder lösten sie ab vor und nach dem Schulbesuch. In jener Zeit wohnten wir mit fünf Personen in zwei Zimmern. Eine Spielecke gab es für mich nicht.

Die Geldknappheit und der damit verbundene Sparzwang trieben skurrile Blüten. Mein Vater baute seinen Tabak auf dem Fenstersims an und drehte sich die Zigaretten mit Zeitungspapier. Meine Mutter zauberte aus den Essensresten vom Vortag ein schmackhaftes Mittagessen. Und wir Kinder wünschten uns zum Geburtstag Essbares: mein Bruder ein Glas Gurken und ich eine Dose Kaffeesahne. Unsere Schwester bekam eine Puppe, die bestand aus einem Ast, der lediglich mit Tüchern verkleidet und mit einem Kopf aus einer Kastanie versehen war. So bescheiden waren wir damals.

Dann begann der Neuaufbau. Es gab eine neue Währung. Die D-Mark löste die Reichsmark ab. Ich erinnere mich an die 10 und 20 Pfennige, es waren Scheine, kaum eine Streichholzschachtel groß, blau und grün. Taschengeld gab es nicht. Eis essen oder ins Kino gehen waren Luxus. Ins Freibad gingen wir hinten herum, das heißt, ohne Eintritt zu bezahlen. Es entstanden Neubauten, der zerstörte Bahnhof wurde saniert. Die Züge rollten wieder. Sie brachten Kohle aus dem Ruhrgebiet und Baumaterial aus Niedersachsen.

Die Schaufenster der Läden, die bis dahin in völliger Leere gähnten, füllten sich wieder. Der Aufschwung fasste Tritt mit Würstchenständen, Eisdielen und – ein amerikanischer Import? – Pommes-frites-Buden. Es gab wieder Obst. Gemüse und Kartoffeln baute fast jeder in seinen früheren Blumenbeeten an. Kühlschränke wurden angeboten, das Fernsehen kam auf. Ach, was ging es uns gut.

Dieter Jaekel

Bei Kriegsende 1945 war ich neun Jahre alt. Meine Mutter holte mich heim vom Hessenland, wo ich während des Krieges einige Zeit war. In einem offenen Güterwaggon traten wir, nach vielen Hindernissen, die Rückreise an.

Meine Eltern waren totalausgebomt und hatten nun ein Zimmer in einem Einfamilienhaus zugewiesen bekommen. Mein Vater hatte bei der Firma Krupp als Zimmermann gearbeitet und wechselte nun, da die Kruppschen Werke zerstört waren, zur Zeche Viktoria-Mathias. Hier bekam er Schwerarbeiterzulagen, Deputat an Kohlen, Care-Pakete und belegte Butterbrote. Außerdem Bezugsscheine zum Beispiel für Fahrradschläuche, Arbeitsschuhe und so weiter. Meine Mutter ging damit auf Hamsterfahrt, oft bis nach Leer/Ostfriesland. Es war immer ein Fest, wenn sie heim kam und Kartoffeln, Eier und Speck und auch frische Milch für mich mitbrachte. Auch mit Obst und Gemüse schleppte sie sich ab. Am Bahnhof standen Männer mit Handwagen, und wenn meine Mutter sie in Anspruch nahm, musste sie von ihren Schätzen etwas abgeben – Geld wollte niemand. Oft stand auch die Polizei da und beschlagnahmte das Mitgebrachte – aus welchen Gründen auch immer.

Auch auf dem Schwarzmarkt versuchte meine Mutter Tauschgeschäfte zu machen. Einmal war ich mit, wir hielten uns an den Händen, mein Herz klopfte heftig, und ich hörte die Menschen flüstern „Zigaretten" – „Butter 200 Mark". Meine Mutter schärfte mir ein wegzulaufen, wenn ein Tumult entsteht, denn dann mache die Polizei eine Razzia.

Auch nach dem Krieg gab es noch Lebensmittelkarten mit Abschnitten für Brot, Fett, Kartoffeln und so weiter. Nach Lebensmitteln musste man sich anstellen, besonders nach Brot. Aus der Zeitung und durch Mundpropaganda erfuhr man, wo etwas zu bekommen war.

Was aßen wir damals: Steckrüben, Weißkohl, Kartoffeln (wenn man sie hatte). Eine gute Erinnerung habe ich an klitschiges Maisbrot mit „Gänseschmalz". Dieses Gänseschmalz war ein dickgekochter Griesbrei, versehen mit gerösteten Zwiebeln, Salz und Majoran.

Mein Vater hatte in dem Hof des Einfamilienhauses Ställe gebaut und hielt elf Kaninchen. Die Nachbarn hatten auch Kaninchen, und nachdem einige gestohlen worden waren, wurde sogar Nachtwache gehalten. Das Kaninchenfleisch wurde gebraten und eingeweckt. Vom Kopf wurde eine Suppe gekocht und von den Flomen Schmalz gemacht. Für das Kaninchenfutter hatte ich täglich zu sorgen.

Einen Kühlschrank hatten wir nicht, aber einen Kasten auf der Fensterbank draußen zum Kühlen von Lebensmitteln.

Später hatten wir auch einen Schrebergarten. In der von meinem Vater erbauten Laube wurden weiterhin Kaninchen gehalten. Es ging uns eigentlich relativ gut. Mein Vater pflanzte Gemüse und Kartoffeln. An Saatgut kam er durch Tauschgeschäfte oder meine Mutter brachte von ihren Hamsterfahrten etwas mit.

Im August 1945 begann die Schule wieder. In meiner Klasse waren fünfzig Kinder. In den Klassenräumen waren alle Fenster zerstört, und sie wurden mit Pappe, Brettern und Drahtglas provisorisch verschlossen. In den wenigen Räumen, die benutzt werden konnten, standen Kanonenöfen, und die Ofenrohre ragten aus den Fenstern. Von kriegsversehrten Lehrern wurden wir unterrichtet. Wir Kinder saßen mit doppelter Kleidung im Unterricht. Viele Kinder hatten Lappen und Holzklotschen an den Füßen. Wer konnte, musste Brennmaterial mitbringen.

Die Militärregierung – Essen gehörte zur britischen Zone – führte im Januar 1946 die Schulspeisung ein. Das Essen schmeckte nicht besonders, und es wurde leider viel Unfug damit getrieben. Manchmal bekamen wir auch eine kleine Portion Schokolade, die graubraun aussah und sandig schmeckte. An meiner Schule gab es auch für einige Wochen die Schwedenspeise, die auf Anordnung des Amtsarztes kranken und unterernährten Kindern gegeben wurde. Auch ich bekam sie und musste nachmittags – da wurde sie verteilt – noch einmal den weiten Weg zur Schule machen. Vor dem Essen gab es einen Löffel Lebertran, und das schmackhafte Essen musste unter Aufsicht im Klassenraum aufgegessen werden. Neun Jahre Schule waren damals in der Volksschule Pflicht, ältere Kinder konnten nach sieben und acht Jahren die Schule verlassen.

Im Jahre 1950 wurde ich in der Kapelle des Huyssenstiftes konfirmiert, da die Kirchen zerstört und noch nicht wieder aufgebaut waren. Im Jahre 1951 wurde ich aus der Volksschule entlassen, da war ich fünfzehn Jahre alt. Inzwischen waren auch meine Eltern in eine größere Zechenwohnung gezogen. Nun warteten wir auf das Wirtschaftswunder. Es begann ganz langsam für meine Eltern und mich – aber das ist eine andere Geschichte.

Gerda Bonner

Heimat kam für mich erst, als der Horst-Wessel-Platz in Essen-Rüttenscheid wieder der Klaraplatz wurde. Heute heißt das Rüttenscheider Stern. Meine neue, alte Heimat sah aus heutiger Sicht furchtbar aus. Das Wort „furchtbar" greift mir dabei nicht weit genug. Es kann das wahre Ausmaß der Zerstörungen von damals nur vage andeuten.

Die Rüttenscheider Straße war teilweise ein Chaos von kraterartigen Bombentrichtern, in denen sich Regenwasser angesammelt hatte. Die Erde aus diesen Bombentrichtern war rund herum aufgehäuft, vermischt mit Steinen und Schutt der zerstörten Häuserruinen am Straßenrand. Wobei der ursprüngliche Verlauf der Straße oft nur noch durch diese Ruinen zu erahnen war. Was die Brandbomben zuerst nicht erreichten, hatten die Sprengbomben unmittelbar anschließend vollbracht. Manchmal waren die Straßenbahnschienen zerrissen und zeigten wie Spieße schräg nach oben in die Luft. Ich denke dabei vor allem an das Stück zwischen Kahrstraße und Baumstraße. Über und unter allem oft das Durcheinander der Oberleitung der Straßenbahn. Nur teilweise hingen noch Reste davon in der alten Befestigung an den Häuserruinen.

Ich kam in das Alter, in dem Jungen ihre Kraft ausprobieren wollen. Ich erinnere mich noch genau an die Stelle. Heute ist dort, schräg gegenüber der Stadtwerke, eine Gaststätte. Das Haus war total zerstört. An einem sehr brüchigen Rest der stark zerstörten Außenmauer war noch die alte, seitliche Befestigung der Straßenbahnoberleitung. Und so zogen wir, sechs oder acht Jungen, immer wieder mit vereinten Kräften, lautem Hau-Ruck und Geschrei am Draht unten, um den Rest der Wand umzuwerfen. Aber die vielen Versuche misslangen alle. So und ähnlich verbrachten wir als Kinder unsere Tage. Die Trümmer, wie man einfach sagte, waren damals für uns ein Eldorado. Und Trümmer waren überall. Man konnte dort im Schutt oder an brüchigen Wänden, gefährlich hoch oben, sehr viel suchen und finden. Wir bauten uns Buden und anderes. Niemand hatte etwas dagegen oder schickte uns weg. Die Erwachsenen waren viel zu sehr mit Mangel und Elend beschäftigt, um zu bemerken, wenn wir oft einiges an Unfug trieben. Es klingt heute makaber. Aber diese Zeit war, nach dem was ich vorher erlebt hatte, für mich ein kleines Paradies. Die Gruga glich einer Kraterlandschaft. Etwas ähnlich den Bildern nach einem Taifun. Es war nichts mehr glatt und eben. Bombentrichter, voll mit Regenwasser, wie von Geisterhand aufgeworfene Erdhügel, zwischendrin fast nur noch durchgeknickte oder abgerissene Bäume oder Baumreste. Die Soldaten der englischen Armee hatten alte Benzinkanister weggeworfen.

Die hatten wir uns besorgt. „Besorgen" und „Organisieren", das war damals alles.

Der Vater einer meiner Spielkameraden war „auf Zeche". Zum Zünden von Sprengladungen unter Tage hatte man dort isolierten Kupferdraht, Schießdraht. Den besorgten wir uns und banden damit die „besorgten" Benzinkanister wie im Verbund eines Mauerwerks zu einem Floß zusammen. Auf diesem Floß paddelten wir dann mit abgebrochenen Brettern in dem Wasser eines großen Bombentrichters. Bretter, in richtiger Länge, zum Paddel abgebrochen, gab es in den Trümmern haufenweise. Das alles war ungefähr dort, wo heute die Dahlienarena ist. Die Gruga von damals, das war für mich Heimat. Heute ist die Gruga nur noch schön.

Ich will diese Zeit voll von Not und Entbehrungen nicht im Nachhinein schönen. Aber die Kinder von heute haben solche Erlebnisse nicht mehr. Uns wurde nichts gezeigt oder gesagt, wir mussten es uns selber ausdenken. Das war oft sehr spannend. Wie gefährlich das manchmal war, sehe ich erst heute. Eine Rarität waren gasbetriebene Badeöfen. Die hingen in den Trümmern manchmal noch an den Wänden. Oft nur in der ersten oder zweiten Etage. Dort sind wir dann halsbrecherisch hochgeklettert und haben sie abmontiert. So habe ich mir schon sehr früh den Umgang mit Schraubenschlüssel und Rohrzange angeeignet. Wo wir die Werkzeuge her hatten, weiß ich heute nicht mehr.

In solchen Badeöfen sind spiralförmig gebogene Kupferrohre, so genannte Kupferschlangen. Die wurden beim verbotenen Schnapsbrennen benötigt und waren sehr begehrt. Für eine Kupferschlange aus einer alten Heiztherme gab es zehn Flaschen schwarz gebrannten Kartoffelschnaps. Damals funktionierte fast alles nur schwarz. Den Schnaps verkauften wir im damaligen Zentrum des Schwarzmarktes, hinter dem Viehofer Platz. Meistens unter der Eisenbahnbrücke an der Schlenhofstraße – zum Preis von 35 Reichsmark pro Flasche. Noch heute, jedes Mal wenn ich unter dieser Brücke durchfahre, denke ich an die gängigen Preise von damals. Die weiß ich jetzt noch besser als die heutigen Preise im Supermarkt. Ein Pfund Bohnenkaffee 500 RM; ein Pfund „gute Butter", wie es damals hieß, 250 RM; eine einzelne Zigarette, Camel, Chesterfield oder Lucky Strike, 7 RM; ein Pfälzer, das war eine selbst gedrehte Zigarette mit Pfälzer Tabak, 2,50 RM; ein Maisbrot, der Mais war oft mit Kleie oder Sägemehl verlängert worden, 35 RM. Im Alter von circa zehn Jahren machte es uns mächtig viel aus, als gleichberechtigter Handelspartner akzeptiert und anerkannt zu werden. Mädchen waren nie bei solchen Aktivitäten. „Schicksen" konnte man dabei nicht gebrauchen. So war unser Denken damals. Den Erwachsenen gegenüber hatten wir einen mächtigen Vorteil. Wenn man uns erwischte, konnte uns nicht viel passieren. Wir waren noch nicht strafmündig. Seitdem kenne ich diesen juristischen Ausdruck.

Das alles nannte man auch „fringsen", abgeleitet vom Namen des damaligen Kölner Kardinal Frings. Der hatte in einem Hirtenbrief 1946 in allen katholischen Kirchen verlesen lassen, dass sich die Menschen vor Gott nicht schuldig machten, wenn sie sich – etwas vorbei an der Legalität – Nahrungsmittel zum Überleben besorgen müssten.

Im Sommer ging es zum Baden ins Strandbad am Baldeneysee. Damals war noch Wasser in den Schwimmbecken; nicht nur Sand wie heute. Es sah auch damals keiner ein Problem, im See direkt zu baden. Zu Fuß vom Klaraplatz nach Baldeney, das war normal. „Auf Kläpperkes". Wenn es sehr warm war, auch barfuß. Das war bequemer als „auf Kläpperkes". „Kläpperkes", das waren einfache Sandalen aus Holz. Es klapperte immer etwas, wenn man damit über festen Boden lief. Daher der Name. Die ursprünglichen Riemen aus künstlichem Lederersatz der Kriegsfertigung waren längst verschlissen. So hatten wir uns in den Trümmern Rollladenkästen gesucht. Daraus nahmen wir die Rollladen-Gurte, schnitten diese passend zurecht und nagelten sie an den „Kläpperkes" an. Dazu benötigten wir aber kleine Nägelchen. Und die waren sehr, sehr knapp und mussten oft nach langem Suchen gegen andere wertvolle Dinge eingetauscht werden. Oder wir hatten krumme Nägelchen und schlugen diese mühsam gerade. Beim längeren Laufen scheuerten aber die Rollladen-Gurte auf der Haut. Strümpfe, nur selbst gestrickte, waren

Alltag in Trümmern

Demonstration gegen die Demontage auf dem Dortmunder Hoesch-Gelände, Juni 1949

Protestplakate gegen die Demontage der Gelsenberg Benzin AG, Gelsenkirchen, 1949

Protestversammlung gegen die Demontage der Gelsenberg Benzin AG, Gelsenkirchen, 1949

notwendiger Luxus nur für den Winter. Daher war barfuß laufen bequemer. Wenn auch die kleinen Steinchen auf dem Waldweg bei der Abkürzung über den Berg zwischen Lerchenstraße und Baldeney oft an den Fußsohlen pieksten. Das eine Paar Lederschuhe war im Sommer nur für den „sonntachsen Anzug". Dieser Anzug war aus dem Stoff einer alten Wehrmachts-Uniform, dunkelblau gefärbt und von Hand gefertigt. Sonntags morgens für die Kirche.

Wolfgang Simon

Die Schuttkegel der gegenüberliegenden Häuserruinen ließen nur noch Platz auf der Straßenmitte. Für ein Fahrrad mit Anhänger, wenn man das Glück hatte, eins gerettet zu haben.

Unser großes Glück war, dass sich unser Vater über den Krieg gerettet hatte. Zuerst als Baumeister von Luftschutzkellern UK-gestellt, dann mit Fahrrad, Karre und Familie vor der Einberufung zum Volkssturm nach Hessen zu den Amis.

Kaum wieder heil in Essen, begann er mit Hilfe von Onkel Hans, dem Schlossermeister, einen seltsamen Kochtopf zu bauen: einen großen Topf mit Schraubdeckel – ähnlich einem Dampfkochtopf – und einem vom Deckel schräg nach oben abgehenden Rohr. Von diesem Rohr führte ein Kupferrohr zu einer amerikanischen Keksdose, in der das Rohr in vielen Windungen zum Grund der Dose führte, wo es kurz über dem Boden die Seitenwand der Dose durchbrach. Richtig – eine Destille!

Alkoholische Gärung entsteht ja bekanntlich, wenn Hefebakterien Zucker in Alkohol verwandeln, der dann aber, mit der Gärsuppe vermischt, noch herausdestilliert werden muss. Das funktioniert deshalb, weil der liebe Alkohol schon bei 60 bis 70 Grad verdampft, Wasser aber erst bei 90 bis 100 Grad. Die schlaue Keksdose kühlt den Alkoholdampf, wenn sie denn mit kaltem Wasser gefüllt ist, so weit ab, dass der Schnabes wieder fließt – seitlich aus der Dose heraus. Hurra!

Bevor das Feuerwasser fließen konnte, fanden etliche Eimer Rübenkraut auf geheimnisvolle Weise den Weg in die Düppelstraße nach Essen, wurden mit Wasser und Hefe vermischt und entwickelten schäumende Gärung im Schlafzimmer der Eltern. Wir Kinder – und wer weiß noch alles – konnten das riechen.

Wenige Tage später hockte abends der Kreis der Eingeweihten um den Küchentisch, auf dem die Keksdose alsbald erste Tröpfchen seltsam duftenden „Wassers" abgab. Ein Pinnchen machte die Runde. Eine erste Flasche wurde gefüllt, eine zweite halb. Etwas gebräunter Zucker dazu. Es sah aus wie Weinbrand. Die ganze Nacht wurde gebrannt: sechs Flaschen. Bald merkten wir, was dieses Zauberwasser bewirkte: Offenbar ließ es sich tauschen gegen wirklich wichtige Dinge.

Eine Weile ging alles gut. Aber es roch einfach zu stark. Es roch bis zu den Nachbarn und vielleicht sogar bis zur Polizei; denn eines Abends standen plötzlich zwei Männer in dunklen Mänteln in unserer Küche und fragen unnötigerweise: „Was machen Sie da?"

Nun, es war unmöglich, den ruchbaren Tatbestand zu leugnen. – „Möchten Sie mal probieren?" War es der Mut, den das Feuerwasser entfachte oder Sinn für praktische Lösungen eines Handwerkers? Jedenfalls hatte unser Vater mit dieser Zauberformel die Türe der Amtsstube leise geschlossen und die zum Gästezimmer weit geöffnet. Sie probierten. Sicherheitshalber ein zweites und drittes Mal.

Spät in der Nacht gingen zwei Beamte, halbwegs aufrecht, mit zwei Flaschen „konfisioniertem Weilband" hinaus in die Dunkelheit.

„Nächste Woche müssen wir aber wieder kontrollieren!"

Norbert Kaiser

Im Herbst 1945 wies die Wohnungsbehörde unserer Familie ein Zimmer in Essen-Stadtwald zu. Diese Unterkunft war Teil einer geräumigen Etagenwohnung, in der ein pensionierter Kruppianer mit seinen beiden älteren Schwestern zusammen lebte, die wie er nicht verheiratet waren. Es bedeutete für diese alten Menschen, die Kinder nicht gewohnt waren, eine immense Umstellung, von einem Tag auf den anderen Küche und Bad mit uns

Fünfen teilen zu müssen. Unser sonstiges Familienleben spielte sich in dem uns überlassenen, allerdings sehr großen Zimmer ab. Mittelpunkt dieses Zimmers war ein Tisch, an dem wir Kinder unsere Hausaufgaben machten, mein Vater seine Schreibarbeiten erledigte und meine Mutter unsere Kleidung flickte. Unsere Schlafstellen beanspruchten einen beträchtlichen Platz im Zimmer; für mich (Jahrgang 1938) hatten meine Eltern noch ein Kinderbett mit Gittern aufgetrieben. Im Winter 1945/46 wurde ich bereits um 17 Uhr ins Bett gesteckt, versehen mit einem Esslöffel Lebertran und Eisenpulver und oft mit vor Hunger knurrendem Magen. Das Zimmer konnte abends nicht lange geheizt werden, weil wir nicht genug Brennmaterial hatten; das bisschen Fallholz aus dem nahe gelegenen Stadtwald war nur ein Tropfen auf den heißen Stein, und an richtige Kohle war nicht zu denken, vielmehr mussten wir Kohlenschlamm in einem gusseisernen Ofen verbrennen. Um zu verhindern, dass wir das entstehende Kohlendioxid und den grünlichgrauen beißenden Rauch einatmeten, wurde in eines der Fenster ein Loch geschnitten: Durch ein langes Ofenrohr konnte so das gefährliche Kohlendioxid ins Freie gelangen.

Im Herbst 1945 wurden die Schulen wieder geöffnet. Meine beiden Brüder gingen zum Helmholtz-Gymnasium. Weil dessen Gebäude im Krieg total zerstört worden war, mussten sich die Jungen dieser Schule die Räume mit den Mädchen der Maria-Wächtler-Schule teilen; der Unterricht fand im wöchentlichen Wechsel mal vormittags, mal nachmittags statt. Ich kam, inzwischen sieben Jahre alt, in die erste statt in die zweite Klasse der Stiftsschule, weil ich – obwohl bereits in Dähre eingeschult – wegen der Kriegsereignisse kaum etwas gelernt hatte. Mein erstes Schuljahr dauerte allerdings nur sechs Monate, da zu dieser Zeit die Versetzung noch zu Ostern erfolgte.

Nach acht Monaten konnten wir die Unterkunft wechseln und eine Notwohnung in Rellinghausen beziehen. Wir mussten uns zwar den Flur und eine Toilette mit einer vierköpfigen Familie teilen, freuten uns aber, dass wir jetzt mehr Platz hatten. Im Schlafzimmer gab es bei Regenwetter erhebliche Probleme: Da das Dach nicht dicht war, regnete es an mehreren Stellen durch die Decke. Deshalb verschoben wir die Betten, damit die durchsickernden Regentropfen nicht ins Bettzeug fielen, und stellten Schüsseln und Eimer auf, wobei wir deren Position ständig verändern mussten, weil sich das Regenwasser häufig einen neuen Weg suchte. Die Regentropfen hatten noch eine weitere, für uns Kinder amüsante Wirkung: An der Decke hinterließen sie „Gemälde" in abgestuften beige-farbenen und braunen Tönen, und an so manchem Sonntagmorgen lagen wir zu fünft in den Elternbetten und versuchten, dort oben Tiere und Fabelwesen zu entdecken, oder wir spielten „Ich sehe was, was du nicht siehst".

In der Wohnung gab es außer der Küche, wo ein Küchenherd beim Kochen Wärme spendete, lediglich einen beheizbaren Raum: das nur neun Quadratmeter große Arbeitszimmer. Der eisig kalte Winter 1946/47 machte uns arg zu schaffen. Mein Vater konnte nur selten Brennmaterial besorgen und wenn überhaupt nur Kohlenschlamm; so mussten wir in dicker Kleidung und in Decken gehüllt unsere Arbeit tun.

Ein weiteres Problem war das fehlende Badezimmer. Deshalb wurde unsere Küche samstags zum Badezimmer umfunktioniert. Dieser „Badetag" war ein familiäres Ereignis. Meine Mutter erhitzte auf dem Küchenherd Wasser in einem riesigen Topf, der auch zum Einmachen benutzt wurde. In der Mitte der Küche stand eine Zinkwanne, in die sie das erwärmte Wasser schüttete; kaltes Wasser kam hinzu, und danach konnte sich einer in die Wanne setzen. Das war sehr unbequem, weil man tief in Bodenhöhe saß und die Beine herausbaumeln lassen musste, da für sie kein Platz in der Wanne war. Das Wasser konnte nicht für jeden frisch eingefüllt werden, und so gab es stets Gerangel um die Reihenfolge beim Baden.

Bis zur Währungsreform war es schwer, an Kleidung zu kommen. Deshalb trugen meine Eltern ihre vorhandene Kleidung auf. Schwieriger war die Kleiderfrage bei uns Kindern, weil wir ja wuchsen. Meine Mutter hatte das Nähen nicht gelernt, aber sie setzte sich an eine alte Pfaff-Nähmaschine und schaffte es, uns aus alten Sachen Hosen und Röcke herzustellen. Ich erinnere mich zum Beispiel, dass sie mir aus der Abseite eines dunkelblauen Wintermantels, den mein Vater getragen hatte, einen Mantel mit Samtkragen anfertigte. Auch verarbeitete sie Decken zu Kleidung, ribbelte die noch brauchbaren Teile alter Pullover auf, um aus der Wolle einen neuen zu stricken oder zu häkeln, oder setzte Flicken auf die durchgescheuerten Hosenknie meiner Brüder. Mein ältester Bruder war besonders geschickt im Stopfen von Löchern; er reparierte die Socken wieder und wieder, bis kaum noch eine heile Stelle zu sehen war. Als besonders unangenehm sind mir Holzsandalen in Erinnerung, die wir „Kläpperchen" nannten und die ich im Sommer tragen musste. An eine unbiegsame Holzsohle nagelte meine Mutter bunte Dekorbänder, die sie noch aus dem Geschäft ihrer Mutter besaß; beim Gehen scheuerten und schnitten diese Bänder derart, dass ich ständig mit Blasen und Schürfwunden zu kämpfen hatte. Im Winter musste ich eine so genannte „Trainingshose" tragen, die aus dunkelblauem, innen angerautem Trikotstoff genäht war und deren pluderige Beine am Fußgelenk mit Hilfe eines Gummibandes dicht anschlossen. Diese Hosen wurden unter einem Rock getragen – das Tragen von Hosen ohne Rock galt für Mädchen nicht als „schicklich" – und sahen sehr unvorteilhaft aus; sie machten zudem dick, so dass ich sie mit wachsendem Alter immer mehr hasste.

Die Jahre 1946/47 waren die schlimmsten der Nachkriegszeit; es fehlte an allem. Die Lebensmittelzuteilungen waren in unserer Zone bis auf zirka 1.050 Kalorien gesunken, meine Mutter wog nur noch 45 Kilogramm, mein Vater immerhin noch 70 Kilogramm, weil er als Ernährer der Familie immer einen größeren Anteil an der Gesamtration erhielt. Meine Brüder waren 14 und 12 Jahre alt und schossen in die Höhe, sie litten besonders stark unter der Mangelernährung. Wir erhielten pro Woche ein halbes Pfund Margarine; meine Mutter legte die Margarine auf einen Teller, teilte sie in fünf gleiche Stücke auf und versah jedes Stück mit einer unterschiedlichen Anzahl Streichhölzer, damit jeder auf seine Kosten kam. Dann stellte sie die Margarine in die Vitrine im Wohnzimmer. Einen Kühlschrank besaßen wir nicht; bei warmem Wetter wurden Frischhalteprodukte während der Nacht auf einer Außenfensterbank aufbewahrt oder in den Keller gebracht. Bereits morgens um vier Uhr ging meine Mutter zum Bäcker und stellte sich auch bei klirrender Kälte in die Schlange, um ein Brot zu bekommen. Wenn wir Kinder Zeit hatten, lösten wir sie für eine Stunde ab; oft genug habe ich es erlebt, dass Erwachsene versuchten, mich in der Schlange nach hinten zu drängen. „Du bist ein Kind, du hast mehr Zeit", war dann das fadenscheinige Argument. Zum Glück fanden sich aber auch oft Frauen, die fair waren und mir zu meinem Recht verhalfen. Hatte man Pech, so war das Brot ausverkauft, wenn man an die Reihe kam. Dabei war das Brot wahrhaftig kein Hochgenuss; es schmeckte unangenehm süßlich, weil es aus gelbem Maismehl gebacken war, das aus den USA importiert wurde, aber immerhin stillte es unseren Hunger.

Wie viele andere Frauen fuhr meine Mutter mit einem der wenigen Züge, die schon verkehrten, zum Hamstern. Diese Züge, oft auch Güterzüge, waren vollgestopft mit Menschen; sie hingen in Trauben an den Wagentüren und standen dabei auf Zehenspitzen auf den Trittbrettern oder sie versuchten, auf den Puffern zwischen den Waggons Platz zu finden, manche wagten sich sogar auf die Wagendächer. Diese „Hamsterzüge" bewegten sich wegen der Überfüllung nur langsam vorwärts. Meine Mutter fuhr bis nach Melle bei Osnabrück und kam im günstigsten Fall mit einem Rucksack voll Kartoffeln wieder. Dafür tauschte sie bei Bauern weiße Spitzenbänder aus ihrem ehemaligen Geschäft ein; dieser „Luxus" war bei den Bauern heiß begehrt, konnten sie doch damit Überschlaglaken und Paradekissen für ihre Betten verzieren. Milch bezogen wir von dem Hof eines nahe gelegenen Bauern, dessen Ländereien sich zu beiden Seiten der Frankenstraße erstreckten, dort wo heute die Stiftsschule und die Gesamtschule Süd liegen. Not machte erfinderisch, und da meine Mutter eine ausgezeichnete Köchin war, wusste sie aus Steckrüben ein schmackhaftes Gemüse, aus Löwenzahn einen herzhaften Salat und aus Brennnesseln einen leckeren Spinat zu be-

Alltag in Trümmern

Wiederaufbau mit Handkarren, Essen, Nähe Burgplatz, 1948

Aufbauarbeiten an der Essener Marktkirche, 1948

Wiedererrichtung der Liebfrauenkirche, Duisburg

Trümmerbeseitigung, Gelsenkirchen

Alltag in Trümmern

Bei der Fundamentaushebung zu einem Wohnungsbau werden Feldloren beladen, Gelsenkirchen

Richtfest am ersten Neubau in der Essener Innenstadt, Limbecker Straße, 1948

Die 1946 gebaute Schuttsiloanlage am Dortmunder Hauptbahnhof

reiten. Das „Unkraut" wuchs reichlich auf Wiesen, Feldern und an den Wegrändern, und die Hausfrauen gaben untereinander Tipps weiter, wie man die immer knapper werdenden Rationen der Lebensmittelkarten ausgleichen könnte. Im Sommer und im Herbst konnte die Ernährung etwas aufgebessert werden. Im Garten hinter unserem Haus stand ein prachtvoller Kirschbaum, der herrlich schmeckende Knappkirschen lieferte. Auf den Feldern wuchsen Kohl und anderes Gemüse, und die Menschen ließen, wenn sie sich nicht beobachtet glaubten, davon einiges mitgehen. „Fringsen" hieß diese Art der Nahrungsbeschaffung; der Kölner Kardinal Frings billigte diesen Mundraub und erklärte ihn zur lässlichen, weil zum Überleben notwendigen Sünde.

Mein Alltag war zum großen Teil durch die Schule bestimmt. In gewisser Hinsicht hatte ich es gut: Ich musste nur ein paar Schritte gehen und schon war ich in meinem Klassenraum. So kam ich in dem kalten Winter 1946/47 nicht so verfroren in die Schule wie meine Klassenkameraden, deren Hände vom Frost so steif waren, dass sie in der ersten Stunde kaum schreiben konnten. Wir alle saßen im Mantel und mit Mütze und Schal im ungeheizten Klassenzimmer. Unsere Schulsachen transportierten wir in einem Ranzen. Wer Glück hatte, dessen Familie besaß noch einen Lederranzen aus der Vorkriegszeit. Mein Ranzen jedoch war aus braunem Pappmaché, das bei stärkerem Regen aufweichte und an den Rändern nach einiger Zeit aufbröselte. Jedes Kind bekam nur ein Buch, entweder ein Rechenbuch oder ein Lesebuch; wir mussten die Bücher zu zweit benutzen und untereinander austauschen. Das gab natürlich manchen Ärger, weil nicht jedes Kind sorgsam mit den Büchern umging. Außerdem waren die Bücher schlecht in einen starren Pappdeckel eingebunden, so dass sich die Blätter leicht herauslösten, und das Papier war grau, grob und anfällig für Risse. Zum Schreiben benutzten wir in der ersten Klasse eine helle Tafel, auf die man mit Bleistift schreiben konnte und auf der man das Geschriebene wieder ausradieren konnte. In der zweiten Klasse brachte uns unsere Lehrerin den Gebrauch des Federhalters bei: In einen Holzgriffel steckte man eine Schreibfeder, diese tauchte man in ein Tintenfass, welches vor jedem Platz in einer Vertiefung der Bank stand, und führte sie dann über eine Seite im Schreibheft. Auf dem porösen Papier lief das Geschriebene aber leicht aus, und von der Feder tropften Tintenflecke auf das Blatt, so dass die Heftseiten oft nicht gerade vorführreif aussahen.

In der großen Pause wurde eine Schulspeisung ausgeteilt, die von den Besatzungsmächten angeordnet worden war, um wenigstens ein Minimum an Ernährung zu sichern. Der Hausmeister stand neben einer riesigen Metallkanne und schenkte mit einer Kelle mal Erbsmehlsuppe, mal Grießsuppe mit Rosinen in einen Henkelmann, den jedes Kind in die Schule mitbringen musste. Manche Kinder aßen auch aus dem grün angestrichenen Kochgeschirr, das ihr Vater aus dem Krieg mit heimgebracht hatte. Auf dem Schulhof löffelten wir dann die Suppe mit unterschiedlicher Begeisterung. Mir schmeckte die Grießsuppe besser, aber manche Kinder hatten gegen alle Suppen einen starken Widerwillen, und so machten sich vor allem die Jungen einen Sport daraus, ihren Henkelmann am Griff in schnellen Kreisen herumzuschleudern. Die Geschickteren schafften es, dass dabei kein Tropfen aus dem Gefäß fiel, bei den Ungeschickteren aber landete der Inhalt als großer Flatschen auf dem Schulhof, so dass man sich nicht selten nur springend und Slalom laufend auf dem Hof fortbewegen konnte.

Als ich in der dritten Klasse war, bekam ich Religionsunterricht zur Vorbereitung auf meine Kommunion am Weißen Sonntag 1948. Dieses Fest fiel noch in die Zeit vor der Währungsreform, und viele Kaufleute hielten ihre Ware zurück, weil die Geldentwertung so weit fortgeschritten war. Darum gab es zwei große Probleme: Wie konnten wir Kommunionkleidung beschaffen und wie die Zutaten für ein festliches Mittagessen besorgen? Meine Mutter kannte eine Schneiderin, die bereits für ihre Mutter genäht hatte und die tatsächlich noch ein Stück weißes Seidenleinen besaß, aus dem sie mir ein kniekurzes Kleid nähte, das sie am Kragen und am Sattel mit weißer Kurbelstickerei verzierte. Meine Mutter hatte einige unbenutzte Topflappen aus weißem Baumwollgarn, die sie aufribbelte und zu Kniestrümpfen verarbeitete, und die Schneiderin zauberte aus einem Rest weißen Tafts ein Kränzchen. Am Weißen Sonntag war es ziemlich kalt; ich konnte unmöglich in solch leichter Kleidung den Prozessionsweg vom Sammelpunkt an der Stiftsschule zur Notkirche im Haus Frankenstraße 154 gehen. Da kam uns die Frau unseres Bäckers zu Hilfe: Sie lieh mir den Kommunionmantel, den ihre Tochter im Jahr zuvor getragen hatte und der aus dem Stoff weißer Mehlsäcke gefertigt war. Dieser Mantel wärmte aber nur wenig; mich fror draußen und auch in der Kirche, und mir war schlecht vor Aufregung und vor Hunger. Meine Mutter hatte es geschafft, ein für damalige Verhältnisse festliches Menü auf die Beine zu stellen: Aus Knochen, die sie beim Metzger erbeten hatte, gab es eine Rinderbrühe mit Eieinlauf, danach Gulasch aus der Dose mit Erbsen und Möhren und Kartoffeln und zum Nachtisch eine „Weincreme" aus Apfelsaft mit Vanillesoße.

Die Währungsreform bedeutete einen Wendepunkt. Plötzlich konnte man Waren kaufen, die vorher gehortet worden waren; wenige Monate später wurde die Rationierung der Lebensmittel aufgehoben. Da die Gehälter zunächst noch niedrig, die Preise hingegen hoch waren, lebten wir noch mehrere Jahre bescheiden. Erst 1954 verbesserte sich die Situation für meine Familie. Wir zogen um. Unsere beengten Wohnverhältnisse in Rellinghausen waren unerträglich geworden, und nach ständig wiederholten Gesuchen wies uns das Wohnungsamt endlich eine gerade fertig gestellte Sozialwohnung in Holsterhausen zu.

Ingrid Wielant

Auch in dieser schweren Zeit suchten die Kinder nach Freizeitbetätigung, Erlebnissen und Abenteuern. Beim Hantieren mit unkontrollierter Kriegsmunition kamen in Hordel mehrere Kinder um, andere wurden zu Krüppeln.

Mein Bruder und ich meldeten uns bei der Jugendorganisation „Die Falken" an, die am Gummertshof am Ende der damaligen Blücherstraße (heute Stühmeyerstraße) aus den Trümmern heraus ein Jugendheim bauten. Dort lief viel Schweiß, trotzdem wurde eine kind- und jugendgerechte Arbeit geleistet und Demokratie geübt. Zeltlager in den Ruhrwiesen und am Sorpesee, Spiel- und Singabende, Tischtennisturniere und Wahlen standen auf dem Programm. Kinder bis zum vierzehnten Lebensjahr wählten ihren eigenen Vorstand; sie wählten mich 1946 zum Vorsitzenden, eine Funktion, die ich bis 1947 ausfüllte.

Dann erwischte mich die Begeisterung für den Fußball. Aus dem Straßenfußballer, der unter der Eisenbahnbrücke am heutigen Bergbaumuseum mit den Kindern der Widume- und der Wielandstraße kickte, wurde ein Vereins-Fußballspieler, der sich am 31. Oktober 1947 bei Willi Bensch, dem damaligen Fußballtrainer des VfL Bochum, anmeldete und fortan in der zweiten Schülermannschaft spielte. Bäckermeister Walter Steppat, für den ich die Brötchen austrug, hatte unter alte Bergmannsschuhe, die er in der Backstube fand, einige Lederriemchen genagelt und mir die Schuhe für das VfL-Training an der Castroper Straße geschenkt. Trainer Bensch schickte mich, wie alle Neuen, erst einmal auf die Reise. Ich musste drei Runden à 400 Meter im ehrwürdigen Stadion an der Castroper Straße drehen. Großes Vertrauen in meine sportlichen Fähigkeiten hatte er – wie er mir einmal später offenbarte – nicht. Aber immerhin reichte es zunächst für die zweite und später für die erste Schülermannschaft. Dazu muss man wissen, dass die Jugendabteilung des VfL Bochum nur drei Mannschaften hatte, Bälle waren Mangelware ebenso wie einheitliche Trikots, und gespielt wurde auf der so genannten Runkelwiese neben einer Baracke mit wenigen Umkleideräumen und einer Wohnung mit Garten und Kleinvieh des Platzwartes Diehl.

Erwin Steden

Ich, Jahrgang 1926, war ab November 1944 bei der Kriegsmarine als Steuermannsgefreiter auf einem Minenräumboot in Norwegen im Einsatz. Nach der Kapitulation übernahm uns die Royal Navy und beauftragte uns, die Minenfelder vor der norwegischen Küste zu räumen. Im November 1945 wurden wir nach Deutschland in eine Werft in Bremen-Lesum zurückberufen, wo die Boote der Flottille für weitere Einsätze in der Nordsee überholt wurden. Es war uns freigestellt, weiterzumachen oder die Entlassung zu beantragen, was ich auch tat. Am 16. Januar 1946 wurde ich in Münster von der britischen Militärregierung entlassen. Ab diesem Zeitpunkt beginnen meine Erlebnisse der Nachkriegszeit in Deutschland.

Der Eintritt in die „Normalität", wenn man sie so nennen kann, war gar nicht so einfach. Ich musste mich natürlich beim örtlichen Einwohnermeldeamt melden. Das Wichtigste war zu der Zeit, Januar 1946, Lebensmittelkarten zu bekommen. Ohne die ging nichts. Dazu musste man seine „Existenzberechtigung" nachweisen. Die bestand darin, dass man entweder eine Arbeitsstelle hatte oder sich in der Ausbildung befand. Mein Arbeitgeber vor der Einberufung, die Firma Haeger & Schmidt – Schifffahrt und Spedition, bestand zwar noch, hatte aber so gut wie nichts zu tun und darum auch keinen Bedarf an Angestellten. Ich hatte die Firma in Ruhrort aufgesucht und nach vielen vergeblichen Bemühungen auch in einer Baracke irgendwo in dem weitläufigen Hafengebiet gefunden. Der Buchhalter, weil kriegsuntauglich nicht Soldat geworden, kannte mich natürlich noch, musste mir aber mitteilen, dass die Firma mich nicht gebrauchen könnte. Und andere Arbeitsplätze gab es zu der Zeit auch nicht. Also musste ich mich „weiterbilden". Denn nur so konnte ich Anspruch auf Lebensmittelkarten begründen.

Von irgendwoher erfuhr ich, dass es in Oberhausen eine Höhere Handelsschule gab. Ich hatte zwar schon eine abgeschlossene Handelsschulausbildung und danach auch noch eine Lehre absolviert, aber wie man so sagt: „In der Not frisst der Teufel Fliegen." Ich meldete mich dort an und erhielt auch mit der Vorlage der Annahme vom zuständigen Amt Lebensmittelkarten.

Eine Höhere Handelsschule ist – oder war zu der Zeit – eigentlich eine Einrichtung für Abiturienten, die nicht studieren, sondern einen kaufmännischen Beruf ergreifen wollten. Den hatte ich ja schon ergriffen. Nur der Lebensmittelkarten wegen nahm ich das „Nachsitzen" auf mich. In meiner neuen Schulzeit fungierte ich eigentlich als Hilfslehrer. Denn was dort vermittelt wurde, kannte ich ja bereits. Aber von Mitschülern erfuhr ich von einer Sprachenschule in Oberhausen. Meine Englischkenntnisse aufzufrischen und zu verbessern, erschien mir in der Nachkriegssituation als zukunftsträchtig. So wechselte ich denn auch die Schule.

Es war eine angenehme Zeit, natürlich mit vielen Einschränkungen. Die Versorgung mit Lebensmitteln war katastrophal. Ich habe in der damaligen Zeit sehr viel Hunger gehabt. Finanziell ging es mir eigentlich recht gut.

Bei meiner Entlassung bekam ich für die Dienstzeit als Steuermannsgefreiter bei der unter Kommando der britischen Militärregierung stehenden Minenräum-Flottille ein hübsches Sümmchen Geld. Es waren, wenn ich mich recht erinnere, über eintausend Reichsmark. Nur konnte man sich damals ziemlich wenig dafür kaufen. Es gab so gut wie nichts, außer Lebensmitteln auf den entsprechenden Lebensmittelkarten und Kleidung auf Bezugsscheine. Und die Zuteilungen waren sehr gering. Außerdem gab es auch oft nicht die Lebensmittel, die einem zustanden. Ich kann mich noch sehr gut an Praktiken erinnern, die in solchen Situationen ausgeführt wurden. Ein Beispiel: Jemand aus der Nachbarschaft hatte erfahren, dass es „im Hannoverschen" Nährmittel gab, die gegenwärtig in unseren Geschäften nicht verfügbar waren. Dazu zählten hauptsächlich Mehl, Teigwaren, Reis und nicht zu vergessen Mais. All das natürlich nur auf Lebensmittelabschnitten. Jetzt taten sich nachbarschaftliche Gruppen zusammen, die zwei Personen beauftragten, mit den Karten von beispielsweise sechs oder acht Familien dort hin zu fahren und einzukaufen. Man muss sich diese Aktionen aber nicht so einfach vorstellen. Die Zugverbindungen 1946 waren sehr spärlich und meist auch noch unzuverlässig, ganz zu schweigen vom Zustand der Waggons. Das hatte weiter zur Folge, dass diese seltenen Verbindungen fast immer überfüllt waren. Nicht selten reisten einige Fahrgäste aus Platzmangel auf den Trittbrettern der Waggons. Wenn alles geklappt hatte und die Einkäufer heil und mit genügend Ware wieder zurück waren, wurden die Lebensmittel unter den beteiligten Familien aufgeteilt.

Ganz problematisch und oft schlimm war das Besorgen von Kartoffeln. Da gingen natürlich hauptsächlich Männer auf die Reise. Zum größten Teil konnten Kartoffeln nur im Tausch mit anderen Naturalien bei Bauern erworben werden. Da musste Abschied vom guten Kaffeegeschirr, einem Hochzeitsgeschenk, genommen werden. Ich habe mehrfach erlebt, wie beim Umsteigen in einen anderen Zug auf dem Bahnhof Oberhausen – ich ging ja dort zur Sprachenschule – Gruppen von immer drei Männern die erbeuteten Kartoffeln auf den anderen Bahnsteig brachten. Auf dem Ankunftsbahnsteig blieb einer bei den Säcken, ein zweiter passte auf dem Abfahrbahnsteig auf die vom dritten Mann herüber gebrachten Säcke auf.

Bekannt ist, dass in der Nazi-Zeit fast alle ausländischen und auch viele deutsche Autoren aus den Buchläden und Leihbüchereien verbannt waren und Bücher sogar öffentlich verbrannt wurden. Es entstand also eine zwölf Jahre lange literarische Lücke, die auszufüllen Wunsch vieler deutscher Leser war. Die Papierknappheit nach dem Krieg verzögerte den Druck anspruchsvoller Literatur. Der Verlag Rowohlt hat sich in den Jahren 1949/50 durch das verlegerische Verfahren „rowohlts-rotations-romane" – kurz rororo genannt – große Verdienste erworben. Eines der ersten Bücher, Graham Greens „Die Kraft und die Herrlichkeit", erschien im Zeitungsformat. Ebenso „Die Straße der Ölsardinen" von John Steinbeck. Ich besaß diese beiden Exemplare, habe sie aber in einem unverzeihlichen Anfall von „Entsorgungswahn" ein paar Jahre später vernichtet. Es gab ja bald die griffigeren Taschenbuch-Ausgaben, von denen ich auch heute noch einige habe. Die ältesten Exemplare, die ich besitze, sind „Am Abgrund des Lebens" und „Orientexpress", beide von Graham Green, „Schloß Gripsholm" von Kurt Tucholsky, „Fiesta" von Ernest Hemingway, alle aus der Erstauflage, veröffentlicht im September 1950. Andere Autoren, die mich damals interessierten und die ich eifrig gelesen habe, waren Hans Fallada, Gábor von Vaszary, Sinclair Lewis, Bruce Marshall, Evelyn Waugh, Ernst von Salomon.

Ein anderer sehr wichtiger Bereich war die Begegnung mit Literatur, die von namhaften Schauspielern vorgetragen wurde. Durch die vielen zerstörten Bühnen und Schauspielhäuser waren die Schauspieler gezwungen, in noch leidlich erhaltenen Räumen – zum Beispiel Schulaulen – Rezitationsabende zu veranstalten. Träger dieser Veranstaltungen waren die langsam entstehenden Volkshochschulen, katholische Erwachsenenbildungseinrichtungen und rührige Kulturdezernenten der Städte. Schauspieler, an die ich mich gut erinnern kann, sind Will Quadflieg, Mathias Wiemann, Paul Henckels, Franziska Kinz, Werner Hinz, Günter Lüders, Gert Fröbe (unter anderem mit seiner Interpretation des Gedichts von Christian Morgenstern „Das Huhn", das er als seriöser Rezitator und als Otto Normalverbraucher vortrug).

Ende der vierziger, Anfang der fünfziger Jahre konnten einige Bühnen wieder ihre Tätigkeit aufnehmen. Im Bereich des Ruhrgebietes genoss die „Bochumer Bühne" große Reputation. Namen wie Saladin Schmitt, Hans Schalla bürgten für künstlerisch hochrangige Aufführungen. Auch junge Schauspieler, die später zu bundesweitem Ansehen gelangten, haben dort ihre ersten Rollen gehabt. Mir in Erinnerung sind Hannes Messemer, Klaus Schwarzkopf. Auch Jürgen von Manger, der spätere „Adolf Tegtmeier", ist dort aufgetreten. Ich habe lange Zeit noch die Programmzettel meiner Theaterbesuche aufbewahrt. Und als Jürgen von Manger in seiner Rolle des Schwiegermuttermörders und anderer Figuren bekannt wurde, habe ich diese Zettel durchforstet und einige Aufführungen gefunden, bei denen er mitgewirkt hatte. Ich glaube, er spielte den Juden Shylock in Shakespeares „Der Kaufmann von Venedig". Ganz sicher bin ich mir nicht.

Andere Ensembles gaben Gastspiele in den schon erwähnten Schulaulen oder in nicht zerstörten Filmtheatern. In einem Kino in Duisburg-Hamborn habe ich René Deltgen als General Harras (Udet) in „Des Teufels General" erlebt. Es war schon ein kulturelles Ereignis der besonderen Art. Da war einmal das ausgezeichnete Stück von Zuckmayer, dann René Deltgen und andere gute Schauspieler, das Erlebnis eines Stückes Zeitge-

Alltag in Trümmern

Die Kleidung zeigt's: Die größte Not ist vorbei, Herne

Mit selbst genähtem Bikini, Duisburg, 1946

Ausflug an der Rhein, 1947

Kindergruppe der FALKEN, Bochum, 1948

Wanderung mit Gitarre, 1946

Volksturntag des TuS 59 Essen, Burgplatz, 1949

Fußball als Freizeitsport Nummer eins, Essen, 1948

schichte, die ich unter anderem als kleiner Steuermannsgefreiter miterlebt hatte, der Hunger nach Theater. Der eigentlich dem literarischen Rang des Stückes unangemessene Aufführungsort störte damals überhaupt nicht. Auch andere Bühnen haben in dieser Zeit von sich reden gemacht, zum Beispiel das Theater in Oberhausen.

Nach dem Zusammenbruch des „Großdeutschen Reiches" zerbrach auch der großdeutsche Rundfunk. In den damaligen vier Besatzungszonen wurden, inspiriert von den Modellen der jeweiligen Besatzungsmacht, neue Sendeanstalten gegründet. In der britischen Zone, in der ich lebte, war es der Nordwestdeutsche Rundfunk (NWDR). Neben der organisatorischen Neuordnung gab es eine weitere technische Entwicklung, die man fast als Quantensprung bezeichnen könnte. Es gab bis 1949 nur die Kurz-, Mittel- und Langwelle. Das meiste wurde auf der Mittelwelle gesendet. Das war qualitativ nicht schlecht, jedoch unerhört störanfällig. Vor unserem Haus in Walsum fuhr zwanzigminütig eine Straßenbahn vorbei, die durch den unsäglich schlechten Unterbau heftig auf den Gleisen hin und her schwankte und dadurch an der Oberleitung zahllose Funken erzeugte, die sich unerträglich auf die Mittelwelle auswirkten. Dann kam 1949/50 die Erlösung durch die Einführung der Ultrakurzwelle (UKW). Jetzt gab es keine Störungen mehr.

Mitte des Jahres 1946 schloss ich die Sprachenschule mit einer Prüfung bei der Schule selbst und bei der Industrie- und Handelskammer in Düsseldorf ab. Zu der Zeit kam ich wieder mit einem Mitlehrling in Kontakt. Er hatte nach dem Tod seines Vaters einen Schleppkahn und ein Hafenbugsierboot, die „Triton", geerbt. Mit diesem Betriebsvermögen arbeitete er. Als Niederländer hatte er dafür gute Chancen. Er bat mich, für ihn die Buchführung und andere Büroarbeiten zu erledigen, was ich natürlich dankend annahm. Sein Büro war die Privatwohnung. Für mich hatte diese Anstellung einen sehr wichtigen zusätzlichen Effekt. Neben der regulären Entlohnung, für die man sich wie bereits gesagt, nicht viel kaufen konnte, hatte ich an fünf Tagen in der Woche einen Mittagstisch. Und da die Niederländer bei der „Nederlandsen Missie" einkaufen konnten, war die Substanz der Mahlzeiten nicht zu vergleichen mit den mageren Zuteilungen auf unseren Lebensmittelkarten. Die „Nederlandse Missie", untergebracht im Tausendfenster-Haus, war die Stelle, wo die niederländischen Schiffer ihre Lebensmittel einkauften.

Es lag nahe, dass Ruhrort als Handelsplatz mehrerer europäischer Länder – Niederlande, Belgien, Luxemburg, Frankreich, die Schweiz – auch Umschlagplatz von Gütern war, die es im besiegten Deutschland nicht oder nur sehr eingeschränkt gab: Lebensmittel aller Art, Zigaretten, Kaffee, Butter, Kleidung etc. Mit einem Wort: ein idealer Umschlagplatz für den illegalen Absatz von begehrten Waren auf dem Schwarzmarkt. Und der florierte sehr in Duisburg-Ruhrort. Natürlich gab es Razzien. Dann wurden einige Straßen abgesperrt, Polizei mit offenen Lastwagen rollte an, die erwischten Schwarzmarkthändler wurden darauf verladen – und ab ging's, ich weiß nicht genau, wohin.

Währungsreform im Juni 1948. Neben der allen zustehenden Startsumme von 40 DM bekam ich jetzt monatlich mein Gehalt von 300 DM in einer Währung, für die man sich etwas kaufen konnte. Schritt für Schritt wurde auch die Bewirtschaftung mit Lebensmittelkarten und Bezugsscheinen abgebaut. Es gab immer mehr Angebote, für die man solche Dokumente nicht benötigte. Mein erster diesbezüglicher Konsumakt war der Kauf von zwei Satin-Taschentüchern. Warum mir daran so viel lag, weiß ich heute nicht mehr. Es war nicht etwas, den bis dato noch vorhandenen Hunger nach Lebensmitteln zu stillen, auch nichts, den löcherigen Bestand an Sporthemden oder Unterwäsche aufzufüllen. Nein, es war im Grunde ein Luxusartikel. Einfache Taschentücher hätten es doch auch getan. Es war wohl der unterschwellige Wunsch, einmal aus dem Erleben der gut dreijährigen Entsagungen auszubrechen. Mir fällt dazu eine Passage aus dem „Cornet" von Rilke ein: „Einmal die Locken offen tragen und den weiten offenen Kragen und in seidenen Sesseln sitzen und bis in die Fingerspitzen so: nach dem Bad sein."

Hans Fahle

Ich habe am 15. April 1939 als Verwaltungslehrling bei der Stadtverwaltung Essen angefangen. Da ich in einer streng katholischen Familie aufgewachsen bin, war ich von Kindheit an ein Gegner der NSDAP, zumal durch den Umschwung die katholischen Jugendverbände 1935 aufgelöst worden sind. Ich habe, wie so viele andere, in der katholischen Jugend im Untergrund gearbeitet.

Meine erste Dienststelle bei der Stadtverwaltung Essen war im Steueramt, Grundsteuer, in einem Zimmer, in dem außer mir und einigen anderen Angestellten und Beamten auch ein alter Nazi saß, der mit dem ersten Gauleiter von Essen in der so genannten Kampfzeit schon so manches Glas geleert hatte. Ich musste dann eines Tages in der im gleichen Haus untergebrachten Stadtkasse mit einem anderen Lehrling Arbeiten verrichten. Ich kam mit diesem Mitstift ins Gespräch und sagte im Laufe der Unterhaltung, Hitler sei ein Wortbrecher. Diese Äußerung hatte ein Angestellter der Stadtkasse mitgehört und nichts Eiligeres zu tun, als dem alten Kämpfer, der Name ist mir noch bekannt, mit dem ich zusammen im Zimmer saß, die Äußerung mitzuteilen. Der alte Kämpfer gab ihm dann den Rat, das dem Personalamt zu melden. Der Grund für meine Äußerung, Hitler sei ein Wortbrecher, war die Tatsache, dass im April 1939 die im Konkordat festgeschriebenen Konfessionsschulen abgeschafft worden sind und die deutschen Bischöfe in einem Hirtenbrief diese Maßnahme als Wortbruch Hitlers dargestellt haben. Das Personalamt hatte nichts Eiligeres zu tun, als mich fristlos zu entlassen, da ich mich ja noch in der Probezeit befand. Ich wurde dann anschließend zum HJ-Standort ins Glückaufhaus befohlen und dort befragt, wieso ich zu einer solchen Äußerung kommen würde. Gleichzeitig wurde ich aufgefordert HJ-Führer zu werden, weil man solche Idealisten gebrauchen könnte. Das habe ich abgelehnt.

Nach dem Krieg und meiner Entlassung aus der Kriegsgefangenschaft im April 1946 hat mich meine Mutter dazu gebracht, mich bei der Stadtverwaltung Essen zu bewerben. Da wir in der englischen Besatzungszone lebten, mussten alle Bewerbungen in englischer und in deutscher Sprache abgefasst werden.

Ich hatte noch einige Zeugen im Steueramt, die meinen Rausschmiss 1939 miterlebt hatten und mir diese Tatsache bestätigen konnten. Ich wurde dann im November 1946 als städtischer Angestellter eingestellt. Das war dann die ganze Wiedergutmachung. Ironie des Schicksals, der alte Kämpfer wohnte seit 1963 im Haus gegenüber in meiner Straße.

Ernst Günter Deuter

An einem Sonntag, unter dem Sternzeichen Wassermann, wurde ich im Februar 1940 geboren. Mein Vater war zu der Zeit schon Soldat und im Krieg. Er bekam ein paar Tage Sonderurlaub, wie man mir später erzählte, um mich kennen zu lernen. Ich lernte ihn erst bewusst kennen, als ich acht Jahre alt war und mein Vater aus der Kriegsgefangenschaft kam.

Im September/Oktober schellte es an der Tür, ich öffnete – und es stand ein dreckiger, zerlumpter Mann vor mir. „Was wollen Sie?" war meine Frage. Und da sagte meine Mutter, die plötzlich hinter mir stand: „Das ist dein Vater!"

Die allgemeine Freude war groß, doch nach ein paar Stunden war ich gar nicht mehr so freudig erregt, denn es änderte sich einiges für mich. Ich musste das gerettete Ehebett verlassen, das ich doch mit meiner Mutter teilte. Der Schrank wurde in die Mitte des Zimmers geschoben und ein provisorisches Bett für mich dahinter aufgebaut. Ich war beleidigt! Im November 1949 wurde meine Schwester geboren. Lange habe ich sie nicht akzeptiert und verleugnet. Mein Ego war zerstört, ich war nicht mehr der Mittelpunkt.

Vor dem Krieg war mein Vater Druckermeister und hatte seine eigene Druckerei. Der Krieg hat sie zerstört, die Maschinen standen noch, aber keine funktionierte mehr. Was nun?

Meine Mutter und ich wohnten nach Ende des Krieges 1945 bei meinen Großtanten, zwei pensionierten Lehrerinnen (von den Nazis vom Schuldienst ausgeschlossen; Grund: ein Gebet vor dem Schulunterricht und kein Gruß „Heil Hitler"). Vor dem Krieg war es ein großes Haus, mein Urgroßvater hatte es bauen lassen, denn acht Kinder

Alltag in Trümmern

Betr. Währung.

Die Militärregierung macht darauf aufmerksam, daß Alliierte Militär-Marknoten gemäß dem Gesetz Nr. 51 gesetzliche Zahlungsmittel für die Bezahlung von Markschulden sind. Niemand darf sich weigern, diese Noten in Zahlung zu nehmen. Jeder Verstoß gegen das Gesetz wird bestraft.

Buer, den 5. Mai 1945.

In Wahrnehmung der Geschäfte
des Bürgermeisters:
gez. **Hammann,**
Stadtoberverwaltungsrat.

Zwischenwährung: Die Alliierte Militärmark galt von 1945 bis zur Währungsreform 1948.

Währungsreform: Ausgabestelle Sparkasse Königstraße, Duisburg, 1948

Anstehen für die Startsumme von 40 DM: Ausgabestelle Friedrich-Ebert-Straße, Duisburg, 1948

Alltag in Trümmern

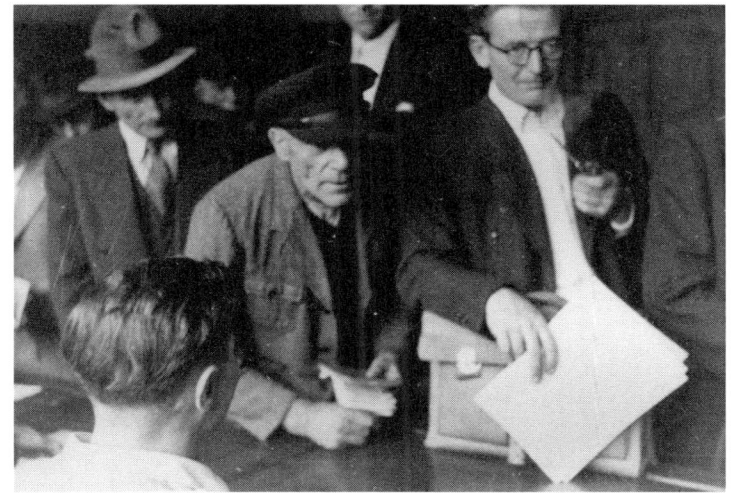

Warten auf die neue Währung, Ausgabestelle in Duisburg, 1948

Andrang auf die Deutsche Mark vor der in einer Gaststätte untergebrachten Stadtsparkasse, Ringstraße, Gelsenkirchen, 1948

Mehr als ein bloßer Währungswechsel: War das Warenangebot auf dem Markt am Essener Kopstadtplatz 1947 (Bild l.) noch spärlich, so lockten die Geschäfte nach der Währungsreform mit reichhaltigen Auslagen (Bild r.)

brauchten Platz. Der hintere Teil war abgebombt, keine Wand stand mehr da: „Haus der offenen Tür". Im Garten zwei Bombenlöcher, alles in Schutt und Asche. Der Vater meiner Mutter zog Mauern, damit wir einigermaßen geschützt waren. Mütterlicherseits gab es Verwandte, die einen Bauernhof hatten. Ich bekam also eine Milchkanne und konnte jeden Tag bei ihnen einen Liter Milch holen. Hört sich gut an, aber das hieß für mich Fünfjährige: eine halbe Stunde laufen, die Milch holen, eine halbe Stunde zurück und das bei Wind und Wetter – mit oder ohne Schuhe. Oft hatte ich nur noch eine Pfütze Milch in der Kanne, wenn ich zurück war. Schließlich war ich ein Kind, sprang über alle Steine, nahm Pfützen mit, musste in die Trümmerlöcher gucken, sah die Ratten spielen – was interessierte mich da noch die Milch! Die Strafe folgte stets auf dem Fuß, damals für mich unverständlich.

Meine Mutter ging in der Woche auf Hamstertour, und die Freude war groß, wenn sie zurückkam mit gelben Rüben, Mais, etc. Dann wurde Rübenkraut gemacht und Maisbrot gebacken. Das war ein Freudenfest. Kartoffeln, wenn wir welche bekamen, wurden nur mit Schale gekocht und gegessen. Für die Erwachsenen gab es eine Kartoffel, für mich als Kind eine halbe. Köstlich!

Im April 1946 wurde ich eingeschult. Von wegen Schulranzen, Schultüte, Fotograf etc.: Ich hatte einen Pappkarton als Ranzen, einen Bleistift und etwas Papier und zog alleine stolz wie Oskar zur Schule. Jetzt war ich ja groß, schon ein Schulkind. Mein Opa, Vater meiner Mutter, fand Arbeit auf der Zeche. Er brachte uns Kohlen in einer alten Aktentasche und wir waren dankbar, konnten wir doch den alten Kohleofen gebrauchen. Etwas Wärme braucht der Mensch, und nichts geht über die Gemütlichkeit mit einem alten Kohleofen – auch wenn er viel Arbeit bzw. Ruß machte.

So ging die Zeit dahin, es gab viel zu tun, wir packten es an und waren stolz und zufrieden, was wir täglich schafften.

Die Maschinen in der Druckerei mussten wieder fertig gemacht werden. Aber wie? Die Dichtungen fehlten, Ersatzteile gab es nicht. Geld hatten wir nicht. „Was tun, sprach Zeus."

Auf Bierflaschen waren doch früher Gummiringe. Also machten wir uns auf die Suche nach diesen Dichtungsringen. In Trümmern, im Park, im Wald, überall haben wir gesucht – und auch gefunden. Ob Nagel, Schrauben, Muttern, Gummi – alles wurde gesammelt. Und siehe da, was lange währt, wird gut: Mein Vater bekam seine heißgeliebte „Heidelberger" wieder zum Laufen und dann auch die anderen Maschinen. Jetzt hieß es natürlich: Aufträge bekommen.

Ich kann mich erinnern an Aufträge von der Ruhrchemie und der Stadt Oberhausen. Rechnungen, Bestellungen und Angebote in dreifacher Ausfertigung wurden gedruckt. Doch damit nicht genug. Die Blätter mussten jetzt noch zusammengetragen werden. Eine Maschine dafür hatten wir nicht. Also hieß das, wir saßen abends – meine beiden Großtanten, meine Mutter, mein Vater und ich – am Tisch und trugen die einzelnen Bögen zusammen, so dass sie einen Satz ergaben. Mühselige Arbeit, aber der Auftrag musste pünktlich ausgeliefert werden, sonst gab es keinen mehr, und wovon sollten wir dann leben? Jeder Tag verlangte alle Energie, um weiterzukommen. Und langsam, mit kleinen Schritten, mit viel Mühe und Sorgen ging es bergauf. Wir hatten etwas zu essen, hatten Arbeit und fielen abends todmüde ins Bett – dankbar, weil wir wieder einen Millimeter weiter waren.

Der allgemeine Aufstieg ging weiter, das hieß: Arbeit, Arbeit, Arbeit! Aber alles hat auch seine Schattenseiten. Man vergaß uns Kriegskinder. Ich spreche von mir. Es blieb keine Zeit mehr, um zu sehen, ob ich wohl meine Schulaufgaben gemacht hatte. Wie war das Kind denn in der Schule? Natürlich waren meine Großtanten da, wie gesagt Lehrerinnen. Sie haben viel getan. Unser Nachbar – ein Möbelschreiner – hatte zwei Töchter, der andere – Gemüsehändler – eine Tochter, der andere – Wirt – eine Tochter. Alle diese Töchter wurden bei den Schulaufgaben von meinen Tanten beaufsichtigt, bekamen auch Nachhilfe. Als Entgelt gab es für die Hilfe vom Schreiner Stühle, vom Gemüsehändler Gemüse, vom Wirt Sprudel. Eine Hand wäscht die andere. Doch meine schulischen Leistungen gingen bergab, denn von mir wurde einfach erwartet, dass ich gut in der Schule war. War ich nicht! Wer hatte für mich denn noch Zeit. Meine Eltern waren im Aufbau begriffen, arbeiteten von morgens bis abends und fielen dann total erschöpft ins Bett. Also genoss ich meine „Freiheit". Als dann der blaue Brief „Versetzung gefährdet" eintraf, beschloss der Familienrat: Das Kind kommt ins Internat, dort wird es jedenfalls beaufsichtigt. Ich sträubte mich – zwecklos, jetzt hatte ich weder Vater noch Mutter, kam nur in den Ferien nach Hause. Ich war elf Jahre und wurde mit achtzehn Jahren aus dem Internat entlassen. Alles war mir fremd geworden. Ja, das war die Kehrseite vom Wiederaufbau/Wirtschaftswunder. Wir Kriegskinder waren nun einmal da, wurden auch bestimmt von unseren Eltern geliebt. Doch zu wenig, es blieb zu wenig Zeit für uns – auch Kinder haben Probleme, die Eltern waren aber viel zu müde, um sich etwas Zeit zum Zuhören zu nehmen. Auch dadurch ist viel Leid entstanden. So hat jedes Ding sein Für und Wider.

Rita Westhoff

Das Ende des Zweiten Weltkrieges bedeutete für meine Familie das Ende eines zwölfjährigen Albtraumes. Mein Bruder, der sechzehnjährig in den Kriegswirren kurz vor der Kapitulation noch eingezogen wurde, desertierte und hielt sich verborgen. Er konnte sich jetzt wieder ohne Angst vor Verfolgung in der Öffentlichkeit zeigen. Voller Bangen warteten wir auf die Rückkunft unseres Vaters, der in Griechenland im Strafbataillon 999 eingezogen war. Von ihm gab es keine Nachricht; wir wussten auch nicht, ob er überhaupt noch lebte. So musste unsere Mutter ihre drei Kinder allein durchbringen. Sie hatte in den Grünanlagen der Siedlung, in der wir wohnten, wie alle anderen Mieter einen Gemüsegarten angelegt. Wegen der Zerstörung des Kamins unseres Hauses durch die Flak musste Mutter die Wäsche im Nachbarhaus waschen. Aber Gott sei Dank waren wir nicht ausgebombt.

Im Laufe des Sommers kam unser Vater aus der amerikanischen Kriegsgefangenschaft nach Hause. Nun waren wir froh und glücklich, wieder zusammen zu sein. Mein Vater setzte große Hoffnungen in den politischen Wandel und den Aufbau einer Demokratie. Daran wollte er mitarbeiten und wurde in einem Entnazifizierungsausschuss tätig. Das führte dazu, dass Bittsteller zu uns nach Hause kamen, um unseren Vater zu positiven Beurteilungen zu bewegen. Ein Metzger schickte sogar ein Wurstpaket, welches unser Vater umgehend zurückschickte, obwohl auch wir Hunger litten. Die Lehrerin meines Bruders, die ihn wegen der politischen Verfolgung des Vaters als Sozialdemokrat – Zuchthaus und später KZ Esterwegen – drangsaliert hatte, bat um eine günstige Beurteilung.

Im April 1947 wurde ich eingeschult. Es herrschte immer noch große Not. So bestand meine Kleidung aus „Erbstücken" meiner älteren Schwester, die für mich zurechtgemacht waren. Auch ihren alten braunen Ranzen und die Tafel benutzte ich. Weil ich unterernährt war, bekam ich Schwedenspeise. Dabei gab es vor dem Essen einen Löffel Lebertran. Immer noch war zu Hause Schmalhans Küchenmeister, und Hunger war uns gut bekannt. Ab und an ließ uns ein Lebensmittelhändler, mit dem unser Vater gut bekannt war, etwas zukommen. Auch die Schwester unserer Mutter zweigte aus ihrem Garten etwas Obst ab.

Ich bekam auch keine neue Kleidung. War ein Pullover zu klein, wurde er aufgetrennt, die Wolle wurde mit anderen Wollresten erneut verarbeitet zu einem größeren. Mit Strümpfen verfuhr Mutter auch so. Schadhaftes wurde immer und immer wieder gestopft. Am schlimmsten war es mit Schuhen. Im Sommer trugen wir die so genannten Kläpperchen-Sandalen mit Holzsohlen, deren Riemen aus Treibriemen geschnitten worden waren. Einmal bekam ich von Maria Berns, der Geschäftsführerin der Arbeiterwohlfahrt Essen, ein Paar Halbschuhe geschenkt. Da war ich sehr froh und dankbar.

Mit der Währungsreform änderte sich alles. Ich wunderte mich über die reichhaltigen Auslagen der Geschäfte, so etwas hatte ich noch nie gesehen. Meine Mutter hatte mein Erspartes in das neue Geld umgetauscht, und ich besaß jetzt fünfzig Pfennige. Dafür kaufte ich mir nach langem Überlegen bei einem

Konditor eine kleine Katze aus Zucker. Sie war meine erste selbst gekaufte Süßigkeit, die ich dann lange gehütet habe, bis ich sie aß.

Der Wiederaufbau brachte allmählich eine Normalisierung der Lebensverhältnisse. Die Wirtschaft kam in Schwung, und die Zeit des Hungerns war vorbei. In kleinen Schritten ging es aufwärts. Im August 1949 war die erste Bundestagswahl, Konrad Adenauer wurde Bundeskanzler.

Nach seiner Tätigkeit im Entnazifizierungsausschuss und daran anschließend im Verfassungsschutz hatte unser Vater große Schwierigkeiten, im normalen Berufsleben wieder Fuß zu fassen. Der Richter, der ihn im „Dritten Reich" verurteilt hatte, wurde später befördert.

Erika Eichmann

1947 – die Trümmer des Krieges waren noch nicht geräumt, die Straßen aber schon frei. In Wolfsburg versuchten die Engländer, das VW-Werk wieder in Gang zu setzen. Von den ersten Wagen konnte ich mir durch Kompensation mit VW direkt einen Wagen sichern. Das kam so: In der Zeitung las ich eine Chiffre-Anzeige, gesucht wurde ein transportabler Tonfilm-Projektor. Da ich einen besaß, meldete ich mich auf die Anzeige, die – wie sich herausstellte – vom VW-Werk aufgegeben worden war. Es wurde verhandelt, und schließlich bekam ich für den Tonfilm-Projektor einen neuen Wagen.

Der Wagen erregte überall Aufmerksamkeit, besonders bei den Kindern. Sie drückten sich ihre Nasen an den Scheiben platt, und ich hörte oft: „Guck mal, da steht ein Flitzer!" Privatleute konnten sich den Wagen noch nicht kaufen, es gab noch keinen Vertrieb, nur Behörden bekamen bei Dringlichkeit ab und zu einen Bezugschein.

Franz Nickel

Da ich von 1943 bis 1944 in der Landwirtschaft und Hauswirtschaft ausgebildet worden war – und dann die Befreiung Deutschlands durch die Alliierten erfolgte –, musste ich mich beruflich neu orientieren, um Geld zu verdienen. Am 12. August 1947 – also noch vor der Währungsreform – erhielt ich eine Anstellung beim britischen Arbeitsamt als „clerk", also Büroangestellte. Ich hatte in der Zwischenzeit die kaufmännische Handelsschule in Abendkursen besucht und den Abschluss gemacht. Privat habe ich einen Schreibmaschinenkursus besucht und Stenografie wiederholt.

Das britische Arbeitsamt war der britischen Armee unterstellt und nannte sich Pioneer & Civil Labour Unit – kurz P.C.L.U. Unser Büro befand sich im Stadthaus am Friedrich-Albert-Lange-Platz und wurde von einem Sergeant-Major Marshall geleitet. Wir vermittelten deutsche Arbeitnehmer an alle hiesigen ausländischen Firmen und Familien. Ich war für die Ausrechnung der Löhne und Gehälter zuständig. Ausgezahlt wurde vom deutschen Arbeitsamt. Mein Monatslohn betrug im Oktober 1948 249,27 DM.

Die Briten ermöglichten uns ein Mittagessen in Räumen eines Hotels an der Friedrich-Wilhelm-Straße. Unser Sergeant-Major war sehr gut zu uns und schenkte uns schon mal sein Butterbrot, Apfelsinen und eine Tasse von seinem köstlichen schwarzen Tee mit Sahne und Zucker aus seiner Thermoskanne.

Als die Karnevalszeit anbrach, entschlossen wir deutschen Angestellten uns, eine Karnevalsfeier in den Räumen der „Brücke" – die sich im Hotel Duisburger Hof befanden – zu arrangieren und die Offiziere der verschiedenen ausländischen Einheiten (zum Beispiel auch der in Duisburg stationierten Rheinschifffahrts-Missionen), die mit uns Kontakt hatten, dazu einzuladen. Als Eintrittspreis erbaten wir, pro Person eine Flasche Alkohol mitzubringen. Bier hatten wir selbst eingekauft. Die Flaschen wurden an der Theke abgeliefert. Ich hatte die erste Schicht als „Bardame". Kostümiert war ich als Cowgirl mit einer karierten Bluse und meiner Breecheshose. Für Schnäpse verlangte ich circa 0,30 RM. Ähnlich niedrig waren die Preise für Wein und Sekt. Ich erinnere mich an einen Herrn G., der die Organisation und Abwicklung des Festes übernommen hatte. Die Einnahmen wurden für die Kosten verwandt. Es waren viele deutsche Freunde von uns gekommen, die ob der ungewohnten Alkoholitäten später nach Hause wankten. Die Offiziere genossen das Fest als herrliche Abwechslung ihres Dienstes und wurden, nachdem auch viel getanzt worden war, von ihren Fahrern im Auto in ihre Wohnung oder ihr Quartier gefahren.

Die „Brücke" war damals übrigens ein Treffpunkt für Deutsche und Nicht-Deutsche. Es gab Lesematerial für alle.

An eine private Karnevalsfeier im Jahre 1946 denke ich gern zurück. Verschiedene befreundete Pärchen waren nach Neudorf zu einem Freund eingeladen, der die Wohnung der Zeit entsprechend geschmückt hatte. Es war das einzige Karnevalsfest, auf dem überhaupt kein Alkohol getrunken wurde, weil wir keinen hatten. Aber wir haben viel Spaß bekommen, haben getanzt und gesungen und waren eigentlich recht lustig. Als es Zeit geworden war, um nach Hause zu gehen – Autos gab es überhaupt nur ganz wenige und öffentliche Verkehrsmittel fuhren dort auch nicht –, mussten wir zu Fuß in die Stadtmitte gehen. Einer unserer Freunde und ich tanzten im Walzer auf der Fahrbahn unter der Brücke der Koloniestraße zum Bahnhof hin. Kein einziges Auto befuhr damals die Strecke.

1948 feierten mein Freund und ich Karneval in den Räumen des „Prinzenhofes" an der Kuhstraße. Es war gestattet, dass jeder eine Flasche Alkohol mitbringen konnte, jedoch musste ein Korkengeld von 5,00 RM gezahlt werden. Das Fest wurde von unserem Schwimmverein arrangiert. Es ging hoch her. Ich wurde oft an verschiedene Tische gebeten und „musste" immer „einen mittrinken". Immer, wenn mein Freund von seinem Platz aufstand, um mich zu suchen, tauchte ich unter den Tisch. Die meisten Clubmitglieder hatten – wie es damals üblich war – nur Selbstgebrannten mitgebracht, und man kann sich vorstellen, dass ich schnell nicht mehr gut auf den Beinen war. Mein Freund musste mich alsbald nach Hause bringen und bei meiner entsetzten Mutter abliefern.

Die damals gesungenen Karnevalsschlager kann ich heute noch: „Ach jott, ach jott, mer jon kapott/ die Kalorien sin all fott/ ich weß nich' mehr, wo nehm' wers her/ die Lebensmittelkaate und der Buk is leer." Und: „Wir sind die Eingeborenen von Trizonesien/ hei die schimmela, schimmela, schimmela-bum/ wir haben Mägdelein von feurig-wildem Wesien/ hei die schimmela, schimmela, schimmela-bum/ wir sind zwar keine Menschenfresser, doch wir küssen umso besser/ wir sind die Eingeborenen von Trizonesien/ hei die schimmela, schimmela, schimmela-bum."

Weihnachten 1948 in den „Glamorgan Barracks": In der ehemaligen Kaserne in Wanheimerort war zu der Zeit das Regiment „The Black Watch" stationiert. Mit den Offizieren hatten wir durch die Arbeitsvermittlung im P.C.L.U. viel zu tun. Diese hatten sich eine Weihnachtsfeier für alle in der Armee beschäftigten deutschen Angestellten ausgedacht. Die Organisation wurde von der Armee übernommen. Viele Straßenbahnzüge wurden in allen Stadtteilen eingesetzt, um die Beschäftigten zur Kaserne zu fahren, wo sie so lange dort stehen mussten, bis die Feier zu Ende sein sollte. Wir Angestellten vom P.C.L.U. bekamen einen Ehrenplatz am Offizierstisch. Soldaten des Regimentes bedienten uns mit Essen und Getränken. Es waren lange Tischreihen aufgestellt und voll besetzt. Laut wurde es für uns, als die Dudelsackspieler in ihren prachtvollen karierten Kilts und Umhängen durch den Saal aufmarschierten. So etwas hatte ich noch nie gesehen und gehört. Aber ich behielt die Contenance, da ich sah, dass die Offiziere sehr stolz auf die Musiker waren.

Beeindruckend war der Lieutnant, der mit seinem Stöckchen stramm da stand und den Ablauf des Abends ansagte. Er wurde von einem Dolmetscher jeweils übersetzt. Er kündigte uns an, dass nun Soldaten kämen und jedem Deutschen ein Teil schenken würden. Die Soldaten kamen mit großen Wäschekörben herein und wollten die khakifarbenen Armee-Wollsachen – wie Handschuhe und Pulswärmer – verteilen. Da brach ein Chaos aus: Die Deutschen sprangen von ihren Sitzen auf und stürzten sich auf die Wäschekörbe. Meine Kollegen und ich, wie auch die anderen Offiziere, erstarrten. Der Lieutnant war auch außer sich und schrie in Englisch, und der Dolmetscher schrie die Übersetzung. Er schwang sein Stöckchen durch die Luft und jagte die undisziplinierten Menschen von den Körben weg.

Alle Deutschen mussten sofort die Räume verlassen und stiegen in die wartenden Straßenbahnen, deren Fahrer erstaunt über den frühen Feierabend waren. Ich habe mich entsetzlich geschämt und bin nie wieder auf so einem Fest gewesen.

Als unser P.C.L.U.-Büro aufgelöst wurde, bekam ich die Gelegenheit, in das Büro in Düsseldorf übernommen zu werden. Aber ich wollte dann doch lieber in eine deutsche Firma wechseln und bewarb mich bei der Deutschen Bank, wo ich dann im Juli 1949 angestellt wurde.

Helga Moos

Am 20. Juni 1948 war die Währungsreform. Es war ein Sonntag. Wir bekamen neues Geld. Jedes Familienmitglied erhielt 40 DM. So hieß das neue Geld jetzt. Die alte Reichsmark, für die man ja nichts hatte kaufen können, wurde entwertet. Am Montagmorgen wollte ich mich wie immer vor unserem Laden anstellen, denn irgendwas würde es schon geben. Ich traute meinen Augen nicht. Unser Laden war voll mit Lebensmitteln. Es gab alles zu kaufen. Es war über Nacht ein Wunder geschehen. Anders kann ich es mir bis heute auch noch nicht vorstellen. Wir haben ganz sparsam eingekauft. Nur das Nötigste. Wir hatten ja für fünf Personen 200 DM bekommen. Wir waren ängstlich, weil wir nicht wussten, wie lange das reichen musste. Nach zwei Wochen etwa bekamen wir noch einmal 20 DM pro Person. Von nun an ging es bergauf. Es war in den Geschäften alles zu kaufen. Mit diesem neuen Geld, der DM, begann das Wirtschaftswunder.

Gertrud Zurek

Im Juni 1948 war die Währungsreform. Wie sich dann alles änderte: In den Schaufenstern sah man Dinge, die man jahrelang nicht gesehen hatte! Die Schuttberge waren hingegen größtenteils verschwunden. Wo kamen aber nur all die Waren her? Die Geschäftsleute hatten diese gehortet und konnten nun für ihre Schätze die kostbare DM verlangen. Unser gesamtes erspartes Vermögen in Reichsmark wurde abgewertet: Ich (Jahrgang 1921) konnte mir dafür lediglich eine Ledertasche leisten.

Dass es nun tatsächlich aufwärts ging, habe ich zum ersten Male wirklich verspürt, als ich mit meinem Mann im Jahre 1948 zur ersten Cranger Nachkriegskirmes ging. Der Geruch brutzelnder Würste stieg uns aus großen Pfannen in die Nase. Gewinnlose gab es auch wieder. Ich zog sogar einen Hauptgewinn. Und was gab es? Eine Papplage, wie man sie zum Transport von Eiern verwendet, gefüllt mit zehn Eiern, einem halben Pfund Butter und einen Stück Speck. War das ein Reichtum! Beflügelt fuhren wir mit einem Bus nach Hause. Dieses Hochgefühl werde ich wohl nie vergessen.

Bis 1950 gab es noch Lebensmittelmarken für gewisse Dinge. Wie schon gesagt, traten die Trümmer nicht mehr so auffällig in Erscheinung. Damals hörte ich auch, dass ehemalige Besatzungssoldaten erstaunt oder sogar enttäuscht gewesen sind, ihren Familienmitgliedern bei einem neuerlichen Besuch im Nachkriegsdeutschland nicht mehr die Trümmerlandschaft zeigen zu können, die sie in Erinnerung behalten hatten.

Bei allem Fortschritt hatte ich aber noch einen Kummer: Wir mussten immer noch bei meinen Eltern wohnen. Wohnungen wurden zwar gebaut, aber vor allem für Bergleute. Im Jahre 1956 wurde ich wieder schwanger, und immer noch hatten wir keine eigene Wohnung. Wir stellten einen Antrag beim Wohnungsamt, der aber abgelehnt wurde. „Hier können sie noch zehn Kinder bekommen", sagte der Prüfer abweisend. Dann aber stellte sich heraus, dass ich Zwillinge erwartete. Mein Mann war überglücklich: Nun konnte man uns die Wohnung nicht mehr abschlagen. Und siehe da, am nächsten Tag zeigte er mir die Bescheinigung über eine Wohnungszuteilung mit dem Vermerk: „Familie Kolmetz, vier Personen".

Die beiden Kinder wurden im April 1957 tatsächlich gesund geboren, ein Junge und ein Mädchen: Das Mädchen, das ich am Karfreitag 1945 in den Trümmern verloren hatte, bekam ich nun in gewisser Weise wieder zurück, denn, wie es der Zufall so wollte, hielt ich die Kleine am Karfreitag 1957 zum ersten Male auf dem Arm. Das hat mich natürlich sehr berührt und glücklich gemacht.

Anneliese Kolmetz

Hungern und Hamstern

Duisburg, Anfang Mai 1945, amerikanische Besatzung.

Wie alle mussten wir, um zu überleben, bei den Bauern in unserer Umgebung um Gemüse betteln. So auch an einem sonnigen Samstag. Ich machte mich mit zwei anderen Frauen von Duisburg-Hochfeld zu Fuß auf nach Mündelheim. Am Ortseingang von Mündelheim hatten Amerikaner Posten bezogen. Wir durften ohne Schwierigkeiten hinein. Die Bauern gaben uns, was wir brauchten.

Auf dem Rückweg wurden wir von den Amerikanern angehalten. Wir hatten Angst um unser Gemüse, aber zwei von den GI's wollten uns nur mit ihrem Jeep heimfahren – wir willigten ein. Und so kam es, dass ich das erste Mal mit einem Auto fuhr.

Die US-Boys fuhren uns bis nach Hochfeld. Das war das erste Erlebnis mit der Besatzungsmacht.

Johanna Kücken

Als der Krieg zu Ende war, kam meine älteste Schwester (geboren 1923) mit einem Fahrrad von der Oder – sie war zur Wehrmacht eingezogen worden – nach Duisburg zurück. Die zweite Schwester (geboren 1925) kam aus Freiburg im Breisgau und die Jüngste (geboren 1928) aus Württemberg zurück. Zuerst bekamen wir Unterkunft in einer Wohnung unserer Großtante. Die Wohnung war circa 48 Quadratmeter groß. Zeitweilig waren wir mit acht Personen dort. Wir schliefen zum Teil zwischen zwei Sesseln – auf Stühlen, auf dem Boden, und zu essen gab es kaum etwas. Es war kein fließendes Wasser da, und ich (geboren 1927) musste am Hydranten in einem Eimer von dort Wasser holen. Vor dem Hydranten stand – wie damals auch vor jedem Geschäft, das irgendetwas verkaufen konnte – eine lange Menschenschlange, und der Winter 1945/46 war sehr kalt. Tagsüber schwärmten wir aus, um uns in eine Menschenschlange einzureihen, die vor einem Geschäft stand.

Als die Situation ganz bedrückend wurde, wurde ich zum Hamstern zu Verwandten, die auf der anderen Rheinseite einen Bauernhof besaßen, abkommandiert. Vor der Kupferhütte mussten wir alle halten, und die Männer wurden von den Frauen getrennt. Zuerst machte sich der wachhabende GI lustig, indem wir mit dem Gesicht zu ihm antreten mussten, und nach seinem scherzhaften strammen Gruß „Heil Hitler" mit ausgestrecktem Arm, mussten wir ebenso zurückgrüßen. Dann mussten wir Frauen nach rechts in einen Raum und die Männer nach links in einen anderen Raum gehen. Dort wurden wir entlaust. Mit einer großen „Flitspritze" – so nannten wir das – bekamen wir ein Pulver auf den Kopf, in die Achselhöhlen und in beide Schlüpferbeine gespritzt – ob wir Läuse hatten oder nicht war ganz egal. Duisburg galt als Infektionsherd und das sollte nicht auf die andere Rheinseite, die ja schon länger befreit war, übertragen werden. Dann bekamen wir einen Stempel auf den Arm gedrückt und durften über die Pontonbrücke nach Rheinhausen.

Ich musste lange Fußmärsche hinter mich bringen, bis ich schließlich bei den Verwandten ankam. Ich bekam erst einmal satt zu essen und durfte schlafen. Ich durfte auch ein paar Tage dort bleiben – jedoch wusste ich, dass ich von der Familie sehnsüchtig erwartet wurde. Bald machte ich mich auf den Rückweg, von der Tante versorgt mit zwei Litern Vollmilch in Literflaschen, die ich in meinen Koffer packte, dazu eine größere Scheibe durchwachsenen Speck und einen kleinen runden Holländerkäse. Ich war glücklich. Als ich in Rheinhausen ankam, warnten mich schon Passanten, dass an der Rheinbrücke alle Lebensmittel abgegeben werden müssten. Da entschloss ich mich, eine Tante um Hilfe zu bitten, die in der Nähe der Rheinbrücke eine Wohnung hatte. Sie half mir auch, indem wir meinen Schlafanzug zu Hilfe nahmen, um den Käse vor meinen Bauch zu binden und die Speckscheibe vor meinen Busen. Die Flaschen blieben im Koffer. Natürlich konnte ich meinen Faltenrock in der Taille nicht mehr schließen, und mein Mantel stand vorne weit offen. Mit dem damals üblichen Turban aus einem Wollschal um den Kopf herumgewickelt sah ich unmöglich aber hochschwanger aus. Der Gang bis zur Rheinbrücke war fürchterlich. Ich merkte, dass Käse und Speck bedenklich rutschten. In meiner

Verzweiflung schellte ich bei fremden Menschen mit der Bitte, ob sie mich mal auf ihre Toilette ließen, ich müsste noch über den Rhein. Sie hatten ein Herz für mich, und ich konnte im WC-Raum die Ärmel und Beine des Schlafanzuges auf dem Rücken fester zurren. Ich bedankte mich artig, und die Leute waren sicherlich froh, als sie sahen, dass ich nichts gestohlen hatte. Ich nahm allen meinen Mut zusammen und marschierte so gut es ging auf die Pontonbrücke zu. Dort sah ich schon von weitem einen hohen Berg voll abgenommener Lebensmittel, die – es war wirklich eine Sünde – kunterbunt aufeinander geschüttet waren und somit für uns Hungernde unverzehrbar gemacht wurden. Der wachhabend GI stoppte mich mit vorgehaltener MP und fragte: „Was in die Koffer?" Ich antwortete – gottergeben – „Milk for my baby" und klopfte auf meinen gewölbten Leib. „Go", sagte er und zeigte auf die Brücke.

Mein Leiden war noch nicht zu Ende, denn die Pontonbrücke schwankte so entsetzlich unter der Strömung des Flusses, dass ich mit der Rechten den Koffer trug und mit der Linken meinen „Bauch" hochhielt. Auf der Duisburger Rheinseite angekommen, stand vor der Kupferhütte die Linie 3. Ich stieg beschwerlich die hohen Stufen der offenen Straßenbahn hoch und hatte das Glück, dass mir ein Herr einen Platz anbot. Ich fuhr bis zur Haltestelle Königstraße und ging auf unser Haus zu. Wir hatten noch einen Kellerraum behalten, als Herr H. unser Haus mietete. Dort wollte ich mich umziehen. Meine Mutter war dort, um dort aufbewahrte Sachen zu sichten. Als sie mich sah, reagierte sie hysterisch und sagte: „Geh mir aus den Augen, schämst du dich nicht?" Ich erklärte ihr, was vorgefallen war, aber sie ließ sich nicht beruhigen. Ich zog mich dann um, um die kostbaren Lebensmittel zu meiner Großtante zu bringen. Dort wurde ich begeistert und erleichtert empfangen. Wir waren sehr sparsam mit den Lebensmitteln und konnten sehr lange davon zehren. Manche Gemüsewassersuppe wurde mit dem Speck kräftiger.

Mit einer Schwester meiner Mutter musste ich einmal in der Woche zu Fuß in den Duisburger Süden gehen, um in Serm zu hamstern. Serm war Bauerngebiet – wir nannten es „Kappes-Serm". Wir hatten auch hin und wieder Sachen zum Tausch mit, aber bekamen auch ohne Gegengabe Kartoffeln und Kohlköpfe. Für mich war das Hamstern Schwerstarbeit, denn ich war mit meiner Größe von 1,53 Metern klein und schwach. Ich musste die Arme beim Tragen der schweren Last anwinkeln und das viele Kilometer Weges. Aber ich bin nie ohne Lebensmittel zurückgekommen und hatte immer das Glück, nicht erwischt zu werden. Denn Hamstern war verboten, und man wurde bestraft, nachdem man alles hatte abliefern müssen.

Helga Moos

Der Hunger quälte uns. Das einzige Sinnen und Trachten war darauf ausgerichtet, an Lebensmittel zu gelangen. Hatte man beispielsweise bei Landwirten keine Sachwerte als Tauschobjekte gegen Naturalien anzubieten, sah es schlecht aus: Damals hieß es wenig scherzhaft, aber bitter, die Bauern hätten Teppiche im Kuhstall, weil ja dort alles, was nicht niet- und nagelfest war, gegen Nahrung eingetauscht wurde. So bin ich (Jahrgang 1921) dann auch auf Kohlenzügen über Land gefahren; ich war jung und kräftig und versuchte immer wieder, etwas Essbares zu ergattern. Übernachtet wurde in Scheunen. Und wenn ich sonst nichts bekam, eine Schnitte Brot fiel meistens ab. Ich habe tatsächlich um Brot gebettelt. Hemmungen hatte ich keine mehr.

Eines Tages hörte ich, dass man in Marienthal – das liegt hinter Erle bei Dorsten – Kartoffeln bekommen konnte: Man müsse diese selbst ausgraben und könne so viel mitnehmen, wie man tragen kann. Das war doch ein unglaubliches Angebot! Meine Nachbarin fand diese Möglichkeit auch überaus attraktiv. Mit einer ziemlich klapprigen Handkarre machten wir uns voller Elan auf den Weg. Es ging munter voran. Am Straßenrand machten wir ab und zu im Graben Rast. Wir sahen dann schon Leute mit gefüllten Kartoffelsäcken vorbeifahren: Die Hoffnung wuchs.

Endlich hatten wir das ersehnte Kartoffelfeld erreicht! Wir machten uns sofort an die Arbeit und füllten unsere Säcke so prall es ging. Inzwischen war es Abend geworden. Eine Rückkehr war nicht möglich, da es eine Sperrstunde gab: Ab 20 Uhr durfte niemand mehr auf der Straße sein. Wir haben einen Bauernhof gefunden, in dessen Scheune wir übernachten durften. Wunderbare Butterbrote gab es auch noch, und so sind wir selig eingeschlafen.

Morgens in aller Frühe machten wir uns angeregt auf den Heimweg. Hatten wir doch so viel erreicht; unsere Lieben würden staunen! Bis zur Lippebrücke in Dorsten ging alles gut. An der Brücke wurden wir allerdings von amerikanischen Soldaten aufgehalten. Sie wollten wissen, bei welchem Bauern wir die Kartoffeln bekommen hätten. Zwei Soldaten nahmen mich in einem Panzerspähwagen mit. Meine Nachbarin musste in Ungewissheit und Sorge zurückbleiben. Man wollte wissen, wo das besagte Kartoffelfeld nun lag. Ich konnte und wollte auch keine Auskunft dazu geben. Wir fuhren kreuz und quer durch die Gegend. Einer der Soldaten konnte ein wenig deutsch sprechen. Er verstand nicht, dass wir diesen weiten Weg von Gelsenkirchen zu Fuß gemacht hatten. Wieder bei der Brücke angekommen, nahm man uns die kostbare Ladung tatsächlich ab. Wir sollten aber warten. Es vergingen Stunden. Dann lud man zwei völlig andere Säcke auf unseren Wagen. Was das nun zu bedeuten hatte, blieb ein Rätsel. Vielleicht hatten die Soldaten doch Mitleid mit uns gehabt.

So, nun kann uns nichts mehr passieren, dachten wir. In immer kürzeren Zeitabständen löste sich aber nun als weitere Schikane ein Rad von unserem Wagen. Mit einem Stein schaffte ich es immer wieder, den Schaden – allerdings nur kurzzeitig – zu beheben. Unmittelbar vor Beginn der Sperrstunde erreichten wir gerade eben noch unser Zuhause. War das eine Freude! Wir hätten ja schließlich auch leer ausgehen können.

In unserer Umgebung ist es vorgekommen, dass beispielsweise bei einem Transport von einem Sack Bohnen mit dem Fahrrad beides abgenommen wurde: Täter waren dann oft die ehemaligen Zwangsarbeiter; sie hatten verständlicherweise Rachegefühle. Nachts wurde ich des Öfteren von unheimlichem Stimmengewirr wach: Auf dem Platz vor unserem Hause trafen sich diese ehemals Zwangsverpflichteten und planten womöglich den nächsten Überfall auf einen Bauernhof. Auch nach Ende der „offiziellen" Kampfhandlungen sind aufgrund der recht schwer zu kontrollierenden Kriminalität noch etliche weitere Menschen ermordet worden. Damals hörte ich auch mit Entsetzen, dass im Freibad Grimberg die Frau und die Tochter des Bademeisters von einer solchen Horde ermordet worden waren. Wenn ich so etwas erfuhr, fühlte ich mich nicht eben befreit, nein: Ich kam mir vogelfrei vor. Die Luftangriffe waren schon grauenhaft gewesen, aber möglicherweise auf diese Art umzukommen, fand ich noch schlimmer.

Anneliese Kolmetz

Mein Schulfreund Werner schlug mir vor, mit dem Fahrrad ins Münsterland zu fahren und bei den Bauern milde Gaben zu erbitten. Für mich, der ich kein Fahrrad besaß, lieh er sich eines aus mit dem Versprechen, von unseren Schätzen etwas abzugeben. Am nächsten Morgen starteten wir früh los, quer durch die Trümmerwüste von Dortmund immer Richtung Münster über Selm, Lüdinghausen bis zum Dortmund-Ems-Kanal. Die Brücke über den Kanal konnten wir schon von weitem sehen. Aber als wir näher kamen, hieß es Stopp. Die Fahrbahn lag im Wasser, und am Ufer räkelte sich eine Gruppe Russen, die uns die Fahrräder entrissen und verschwanden. Bei dem Handgemenge hatten wir uns blutige Nasen geholt, und mein Hemd war zerrissen. Alles tat uns weh, am meisten der Hintern – von der ungewohnten Fahrerei auf dem fremden Rad.

Die Russen hatten ein klappriges Fahrrad zurückgelassen, von dem wir die Bereifung abmontierten. Wir hängten uns Schlauch und Decke um den Hals und balancierten – einer rechts, der andere links – über den Brückenbogen zum anderen Ufer. Dort lag ein holländischer Frachtkahn, der wegen der Trümmer im Wasser auch nicht weiter kam. Die Schiffsleute hatten den ganzen Vorgang beobachtet und sprachen uns an, ob wir ihnen die Bereifung geben würden gegen Zigaretten und Essen. Die Frau nähte mir mein Hemd zu-

Hungern und Hamstern

Rückkehr vom Lande: Das Hamstern war eine ungewisse und beschwerliche Art der zusätzlichen Selbstversorgung.

Abtransport der gehamsterten Lebensmittel auf dem Gelsenkirchener Hauptbahnhof

sammen, und wir konnten uns auch noch mit warmem Wasser säubern.

Nach einem freundlichen Abschied von den Schiffern machten wir uns nun zwangsweise zu Fuß auf die Suche nach mildtätigen münsterländischen Bauern. Leider waren die meisten Tore verschlossen oder wurden von Furcht einflößenden Hunden bewacht, so dass wir ohne die erhofften „Fressalien" die Heimreise antraten. Züge fuhren nicht, Autos gab es nicht außer Militärfahrzeugen – und zu Fuß nach Dortmund, das war wohl nicht zu schaffen. Also taten wir das, was die Russen mit uns gemacht hatten – und fuhren mit erbeuteten Rädern Richtung Heimat.

Paul Voss

Meine Tante Maria, in Duisburg-Meiderich im Krieg ausgebombt, wurde mit ihren wenigen geretteten Habseligkeiten nach Dreierwalde bei Rheine evakuiert. Dort arbeitete sie als Hilfskraft auf diversen Bauernhöfen. Sie, mein Onkel und ihre zwei Kinder – eine Tochter war bei einem Bombenangriff in Duisburg-Meiderich zu Tode gekommen – wohnten in einer Holzbaracke. Alle, die irgendeinen Kontakt zu Tante Maria hatten, kreuzten hin und wieder in Dreierwalde auf, um a) sich bei der Familie wieder einmal satt zu essen und b) vielleicht mit einem Säckchen Kartoffeln und einem Stückchen Speck nach Hause fahren zu können. Oft stöhnte Tante Maria unter ihrer „Beliebtheit". Da ich (Jahrgang 1926) aber ihr Lieblingsneffe war, hatte ich nie ein schlechtes Gewissen, dort ab und zu hinzufahren. Es war in der Hungerzeit etwa vier oder fünf Mal.

An eine solche Fahrt von Walsum nach Dreierwalde im Sommer 1946 erinnere ich mich noch sehr lebhaft. Von Walsum nach Oberhausen fuhr ziemlich regelmäßig ein Personenzug. Von Oberhausen ging es weiter in Richtung Rheine, eine vormals durchgängige Strecke. Aber schon in Dorsten gab es die erste Schwierigkeit. Die Eisenbahnbrücke über die Lippe – oder war es der Lippe-Seitenkanal (Wesel-Datteln-Kanal)? – war zerstört. Alle Fahrgäste mussten zu Fuß bis zum weiterführenden Anschluss auf der anderen Fluss- bzw. Kanalseite gehen, wo die Fortsetzung der Reise vonstatten gehen konnte. Die durchgehende Verbindung von Dorsten bis Rheine verkehrte aber nur alle zwei Tage. Und an meinem Reisetag fuhr der Zug nur bis Coesfeld. Was nun? Es gab zu der Zeit in solchen abgelegenen Orten eine so genannte Fahrbereitschaft. Alle Autos oder Lieferwagen – damals gab es davon nicht sehr viele – meldeten ihre Fahrten dort an und waren bereit, Fahrgäste mit dem gleichen Ziel mitzunehmen. Auf dem Büro dieser Fahrbereitschaft in Coesfeld erfuhr ich aber, dass keine Fahrt nach Rheine angemeldet war. Es war die Mittagszeit. Was tun? „Da half auch kein langes Besinnen", wie es bei Goethe im „Türmer" heißt. Ich machte mich zu Fuß auf den Weg von Coesfeld nach Rheine, das sind 50 Kilometer! Außerhalb der Stadt Coesfeld nahm mich ein Bauer etwa drei oder vier Kilometer auf seinem Bollerwagen mit. Dann bog er rechts ab zu seinem Gehöft. Nach einer weiteren Stunde Fußweg kamen mir die derzeit eingeschränkten technischen Mittel zu Hilfe. Es gab damals mittelgroße Lieferautos, die nicht mit Benzin oder Diesel, sondern mit Holzgas betrieben wurden. Sie hatten auf der Ladefläche einen ziemlich großen Holzofen stehen, der beim Verbrennen von Holzscheiten ein Gas erzeugte, das den Motor antrieb. Wenn der Motor anfing zu stottern, musste der Fahrer einen neuen Sack Holz in den Ofen tun. Und dieser Vorgang ereignete sich just in meiner Nähe. Auf dem Lieferwagen befand sich schon ein knappes Dutzend Fahrgäste. Auf einen mehr kam es nicht an, und der Fahrer erlaubte mir, auch mitzufahren. Kurz vor Rheine war der Menschenfreund am Ziel. Wir mussten noch zwei oder drei Kilometer bis zur Stadtgrenze laufen.

Nun liegt Dreierwalde noch etwa zehn Kilometer nördlich von Rheine. Die musste ich wieder ganz zu Fuß zurücklegen. Dabei hatte ich noch ein Erlebnis, das ich nie vergessen habe. Es überholte mich auf der Landstraße ein englisches Militärfahrzeug, auf dem acht bis zehn Soldaten waren. Einer hatte sich gerade eine Zigarette angezündet. Als er mich sah, warf er die noch fast vollständige Zigarette vor meine Füße. Ich habe zu der Zeit geraucht und die Zigarette nicht verschmäht. Die Frage, hat der Soldat mir eine Zigarette schenken wollen oder hat er mich dadurch erniedrigen wollen, kann ich heute wie damals nicht beantworten.

Hans Fahle

Mein Großvater fuhr mit kleinen Kruzifixen zu mehreren Bauern ins Emsland. Er begrüßte dort die Hofeigentümer mit den Worten: „Gelobt sei Jesus Christus." Damit hatte er die Sympathien gewonnen. Er kam dann mit Speck und Eiern zurück, was immer ein kleines Fest war.

Bärbel Bolsmann

Es war ein trüber Sonntagmorgen im Herbst 1946. Vater, der bei Krupp arbeitete, hatte an diesem Sonntag frei. Er war schon um fünf Uhr morgens aufgestanden, um an diesem regnerischen Tag mit einem Zug irgendwohin zu fahren, um für uns irgendetwas Essbares zu hamstern. Man musste schon etwas Gutes zum Tauschen mitbringen, wenn man bei den Bauern etwas ergattern wollte. Mutter packte ihm zwei gute Brokat-Damast-Bezüge und zwei passende Kopfkissen in eine Tasche. Ich, gerade mal zehn Jahre alt, durfte Vater zum Bahnhof nach Essen begleiten. Etwas frierend standen wir an der Straßenbahn-Haltestelle Eichbaum der Linie 18.

Am Bahnhof, gegenüber dem Hotel Handelshof, das noch in Trümmern lag, standen viele Menschen mit Kisten, Körben und abgeschabten Koffern, die teilweise nur mit einer Kordel zusammenhielten, in der Unterführung und auf den Treppen bis zum Bahnsteig oben. Die Gesichter waren herb, ausgemergelt und verschlossen. Den meisten sah man den Hunger an. Dünne Arme hingen müde aus abgeschlissenen Anzugärmeln oder gefärbten Militärmänteln. Die Frauen hatten Schals oder Kopftücher um den Kopf geschlungen und oberhalb der Stirn im Haar geknotet. Wer kein Kopftuch trug, hatte die Haare über der Stirn zur breiten Rolle gedreht und mit Haarklammern festgesteckt. „Bunker" nannte man die Frisur.

Endlich rollte der Zug ein: „Altenbeken" stand darauf. Alle, die auf dem Bahnsteig standen, stürmten den Zug. Sie quetschten sich in die mehr als vollen Waggons. Wer nicht hineinpasste, stellte sich auf die Trittbretter oder auch auf die Puffer zwischen zwei Wagen. Auch obendrauf saßen schon junge Männer. Vater hatte Glück! Aus einer Tür, die genau vor uns geöffnet wurde, drehte und zerrte sich ein Mann aus dem Abteil, da ja die anderen, die noch viel zu dicht auf dem Bahnsteig standen, um hineinzukommen, nicht zurückweichen und sich abdrängen lassen wollten. Ich hatte Mühe, mich in die andere Richtung zu drängeln. Als sich die Lücke, die der Ausgestiegene verursacht hatte, wieder schloss, wurde Vater in den Zug gedrückt. Durch den krächzenden Lautsprecher sagte jemand: „Vorsicht an der Bahnsteigkante!" Und der Zug fuhr ab. Nun stand ich da, allein und ohne Abschiedswort von Vater. Überhaupt sprachen die Leute kaum miteinander.

Den ganzen Tag warteten wir auf ihn, aber vergebens. „Lieber Gott, bring unseren Vater wieder nach Hause!", beteten wir vier Kinder und gingen schlafen. Mutter hatte die ganze Nacht in der Küche gesessen und in die Nacht gelauscht, aber umsonst. Gegen Morgen kam er endlich. Ach wie glücklich waren wir alle; Vater war wieder da! „Erzähl, wie war's?" Vater ließ sich ruhig und erschöpft in einen Sessel fallen. Sein Gesicht sah müde aus, und tiefe Rillen zogen sich um seinen Mund.

Dann fing er langsam an zu erzählen. Er war eine lange Zeit gefahren, da blieb der Zug mitten auf der Strecke stehen. Es muss wohl kurz vor Altenbeken gewesen sein. Vater stieg aus und lief die Böschung hinunter. Die Landstraße neben der Bahnlinie führte zu einem Dorf. Er lief auf einen Bauernhof zu. Die Leute waren wohl an solche Besucher gewöhnt und fragten gleich, was Vater zum Tauschen mitgebracht hätte. Er packte die Bettwäsche aus, und die Bäuerin fühlte prüfend den Stoff. Dann zeigte sie Richtung Scheune und hier auf einen Sack mit Kartoffeln. Vater nahm den Sack auf die Schulter und schleppte ihn Richtung Bahnhof. Da sah er weit hinten auf der Landstraße drei Männer stehen. „Razzia", dachte er gleich. Wohin mit dem Sack? Er sah sich um und entdeckte eine kleine Kapelle mit Bäumen und einer

Hecke drum herum. Der Friedhof! Er lief dorthin und sah ein ausgehobenes Grab. Er warf den Sack hinein und sprang hinterher. Hier war er auch ein bisschen vor dem nasskalten Wind geschützt und schlief auf dem Sack ein. Als er wach wurde, kam schon die Morgendämmerung auf, und er warf zuerst den Sack hoch und stieg dann selbst aus dem Grab, nahm die Kartoffeln wieder auf die Schultern und lief über die Felder in Richtung Bahnhof. Er wartete etwa eine Stunde, dann kam ein Zug. Der war gar nicht so voll, man konnte noch ganz gut stehen. Gegen Mittag klang es aus dem Lautsprecher: „Essen Hauptbahnhof, Bahnsteig 3!" Endlich – bald zu Hause! Vater war ausgestiegen und schleppte den Sack Richtung Sperre; aber da standen Männer, die „amtliche Mienen" machten. Energisch und mit eiskaltem Blick nahmen sie allen Leuten die gehamsterten Lebensmittel ab. „Hamstern ist verboten!", schrien sie, beschlagnahmten auch unsere Kartoffeln und warfen sie mit allen anderen Sachen auf einen großen Lkw.

Wo fuhr der wohl hin? Wer bekam die vielen Lebensmittel? Diese Fragen blieben für immer unbeantwortet!

Da habe ich meinen Vater das erste Mal weinen sehen!

Silvia Beutgen

Die Maientage, als der Krieg erstickte, waren still und warm und leuchtend hell. Ich war sechzehneinhalb, der Lebensfaden ohne Spannung, sein Ende hing schlaff herab. Woher die Wolle nehmen, ihn weiterzuspinnen? Ohne Schulbetrieb tröpfelte ein seltsames Jahr durch Wochen und Monate hinab in die bodenlose Schlucht der Zeit.

Im westfälischen Münsterland, nur 60 Kilometer nördlich meiner heimatlichen Industrieregion Ruhrgebiet, in der jetzt ausgedehnte Produktionsflächen verödet wie wüste Friedhöfe lagen, wurden doch alsbald in mein Lebensgeflecht neue starke Fäden eingewebt. Eine Woche nach dem Kapitulationstag – die Schulen blieben geschlossen – begann ich eine Arbeit als Kleinknecht auf dem Ueing-Hof in Darfeld. 40 Kilometer westlich davon kommt man an die Grenze nach Holland.

Mutter hatte mich in die Pflicht genommen. Auf Fahrrädern fuhren wir ins Münsterland, wohin sie schon in der letzten Kriegszeit „Hamsterfahrten" unternommen hatte, um ihre Kinder vor Hunger zu bewahren. Nun empfahl mich ihr guter Bekannter, der Kötter Thöne Albring, einem alten Bauern als willigen Arbeiter. Caspar Ueing war in Nöten. Seine beiden Söhne waren im Krieg geblieben, der eine in Russland vermisst, der andere in den Ardennen gefallen. Die beiden polnischen Zwangsarbeiter hatten den Hof verlassen, als die Kriegsfront vorüberzog. In der Nachbarschaft waren Höfe von jetzt herumstreunenden „Ost-Arbeitern" überfallen worden. Ueings Hof nicht; der Bauer hatte die Polen wohl nicht übel behandelt. Aber er war 73 Jahre alt, er konnte die Arbeit nicht allein mit Tochter und Mägden bewältigen. So wollte er es denn mit mir versuchen, wenn auch sein skeptischer Blick verriet, dass ich ihm etwas zu schmächtig war. Und keinerlei Ahnung von der Landwirtschaft!

„Also, dann kommt er nächsten Montag", drängte meine Mutter auf Vertragsabschluss. – „Nee, nee, Moandag wert nich wiäkenoald", entgegnete der Bauer. Das leuchtete mir sofort ein. Wochenalt wird ein Montag nicht, montags stellt man keine neuen Arbeitskräfte ein, da könnte Unbeständigkeit drohen. Ich meinte, im ersten Augenblick zu spüren, dass ich mich dem münsterländischen Gemüt assimilieren könnte. Auch der plattdeutschen Sprache, sie hatte einen kernigen Geschmack. Caspar Ueing hatte fast verlernt, sich auf Hochdeutsch auszudrücken.

In den Frühlings- und Sommerwochen im ersten Jahr nach dem Krieg war ich in eine paradiesische Welt versetzt. Breit gelagert zwischen seinen Äckern, Weiden und Waldstücken lag der Hof, umgeben von einem westfälischen Eichenhain. Bei Feierabend saßen wir vor der Tennentür. Die Schwalben segelten über unsere Köpfe hinweg zu ihren Nestern, die oben an der Stallwand klebten; zwitschernde Schnäbel der jungen Brut streckten sich ihnen entgegen. Hinter ihren Raufen mahlten die Mäuler der schweren Ackerpferde das Heu. Leises Grunzen von den Koben des Schweinestalls her. Das Sirenengeheul und Bombenkrachen verklungen.

Hungern und Hamstern

Ausdruck einer existenziellen Notlage: Bürger plündern einen Kchlenzug, 1947

Hungern und Hamstern

Die Trümmerhaufen und Ruinengerippe dem Blick entschwunden, die grauen Hungergesichter der dem Krieg Entkommenen in den Städten. Lang stand das Wiesengras und wuchs der Heuernte entgegen. Das junge Korn auf den Feldstücken um den Hof war schon hochgewachsen, die Halme streckten ihre Ähren heraus.

In Holzschuhen klapperte ich über Tenne und Hof; passte scharf auf die Anweisungen des alten Bauern auf, der sich nicht um hochdeutsche Sätze bemühte. Bald wagte ich es, mit plattdeutschen Brocken zu antworten. Kein Befremden, ich schien intuitiv den Ton zu treffen. Eine starke Sprache, duftend wie Schwarzbrot mit Räucherschinken. Innen wuchs das Gefühl, nicht nur ein Ruhrgebietskind, vielmehr ein Westfale zu sein.

Oft standen in diesen Monaten bittende Leute, die aus den Städten kamen, wo Hunger herrschte, vor der Tür oder drangen auf den Hof. Sie boten brauchbare Dinge an zum Tausch gegen Eier oder ein Stück Speck. Nähgarn, Knöpfe, Nägel; Bergleute konnten Zigaretten und Schnapsflaschen anbieten, die ihnen auf den Ruhrgebietszechen zugeteilt wurden, damit die Kohlenförderung besser in Gang kam. Selten wurden die Bittenden barsch abgewiesen; aber zum Mitleid reichten die Gefühle nicht, eher wurden diese ständig herandringenden Hungerleider als irgendwie bedrohlich empfunden. Die Interessen von Stadt und Land waren auseinander geraten, Beschwörungen von schicksalhafter „Volksgemeinschaft" gehörten in eine fern gerückte Vergangenheit als ausgehöhlte Parolen. Zwiespältig waren meine eigenen Empfindungen; nur halbbewusst fand ich mich solidarisch auf der Seite der Münsterländer Dorfbevölkerung, und diese Bittenden kamen mir beinahe schon als „die anderen" vor.

Herbert Sokolowski

Inzwischen öffneten auch wieder die Schulen. Ich ging zum Gymnasium in die Bochumer Schiller-Schule. Das Gebäude war zu Beginn des Krieges an den Gau abgetreten, und die Bismarck-Schule wurde total zerstört. So gingen wir in zwei Schichten an das Gymnasium in Dahlhausen. Für mich war es kein Vergnügen, da ich durch den Krieg vier verschiedene Schulen besucht hatte. Es wusste auch keiner so recht, was unterrichtet werden durfte. Während des Krieges erhielt man die „Mittlere Reife" nach der fünften Oberschulklasse – Obersekunda. So beschlossen meine Eltern, mich nach dieser Klasse von der Schule zu nehmen. Sie hatten für mich einen Bauernhof bei Osnabrück gefunden, wo ich arbeiten durfte. Der Grund: Wissen kann man nachholen, aber Gesundheit durch schlechte Ernährung für ein 16-jähriges Mädchen nicht.

Für mich hat somit im April 1946 das Hungern aufgehört. Meine Mutter nähte mir zwei Kleider und Schürzen aus karierten Bettbezügen, damit ich etwas anzuziehen hatte. An den Füßen trug ich, wie meine Brüder, Holzkläppchen und auf dem Bauernhof dann richtige Holzschuhe. Aus Zuckersäcken wurden Unterhemden gestrickt, was sich heute keiner mehr vorstellen kann.

Ich hatte auf dem Hof eine liebe Landfrau angetroffen, so dass ich mich dort sehr wohl fühlte. Mir wurde sehr geholfen, und ich konnte bei Heimfahrten mit Güter- und Personenzügen auch meiner Familie helfen. Kartoffeln im Koffer, Rübenkraut im großen Eimer, Küken im Karton waren nur einige Lebensmittel, die ich mitbringen konnte. Ich habe zu Hause fast nur geschlafen, da ich jedes Mal hundemüde ankam. Die Arbeit auf dem Hof war schwer und lang.

Auf Vaters Anregung wurde der Hof ein Lehrhof, so dass von den viereinhalb Jahren, die ich dort war, drei Jahre Lehrzeit und ein halbes Jahr hauswirtschaftliche Schule in Osnabrück wurden. Aber mein Schulabschlusszeugnis wurde nicht als „Mittlere Reife" anerkannt. So konnte ich meinen Berufswunsch „Hauswirtschaftliche Lehrerin" nicht erfüllen.

Johanna Dickmann

Zeittafel

1945

24. März 1945:
Englische Truppen überqueren bei Wesel den Rhein; der Kampf um den so genannten Ruhrkessel beginnt. Darin eingeschlossen sind etwa 325.000 deutsche Soldaten und 24 Generäle. Der englische Premierminister Winston Churchill besucht die Truppen auf der östlichen Rheinseite.

25. März 1945:
Der stellvertretende Gauleiter und Reichsverteidigungskommissar Fritz Schleßmann erlässt einen Aufruf „an die Bevölkerung von Groß-Essen", das gesamte Stadtgebiet zu räumen. Allerdings findet der Aufruf kein Gehör. Schleßmann verspricht auch, „der Feind wird mit brutaler Härte wieder herausgehauen werden". Sechs Tage später erreichen die Amerikaner Karnap.

30. März 1945:
Die Gestapo erschießt im Dortmunder Rombergpark mindestens 42 Menschen. Bei insgesamt sechs Exekutionen (7. März bis 9. April) im Rombergpark und in der Bittermark werden insgesamt 230 Männer und Frauen erschossen. Es handelt sich um Mitglieder des Dortmunder Widerstandskreises. Die meisten Opfer sind russische Zwangsarbeiter und Kriegsgefangene.

1. April 1945:
Die 2. Britische und die 9. US-Armee treffen sich bei Lippstadt und schließen den Ring um das Ruhrgebiet. Nun beginnt zügig die Besetzung der Ruhrgebietsstädte: Essen am 7. April, Duisburg am 12. April, Dortmund am 13. April. Erst am 17. April kapituliert Düsseldorf. Am selben Tag erschießt sich Generalfeldmarschall Walter Model im Duisburger Wald.

11. April 1945:
Festnahme von Alfried Krupp von Bohlen und Halbach in der Villa Hügel durch amerikanische Soldaten.

14. April 1945:
Tagung des Alliierten Militärrates in Duisburg, der einen Katalog zur Behebung der Kriegsschäden aufstellt.

15. April 1945:
Eine der ersten Betriebsrätekonferenzen in Gelsenkirchen-Buer. Bergleute beschließen die Gründung einer Einheitsgewerkschaft.

30. April 1945: Sowjetische Soldaten hissen die Rote Fahne auf dem Reichstag in Berlin. Adolf Hitler begeht Selbstmord im Bunker unter der Reichskanzlei in Berlin. Am selben Tag kehrt die „Gruppe Ulbricht" aus Moskau zurück. Der spätere DDR-Staatsrats- und SED-Vorsitzende Walter Ulbricht wird mit der politischen Tätigkeit im Raum Berlin betraut.

6. Mai 1945: In Hannover gründen Sozialdemokraten einen Ortsverein, Vorsitzender wird der frühere Reichstagsabgeordnete Kurt Schumacher, der zehn Jahre in einem Konzentrationslager gefangen war. Im selben Monat übernimmt Schumacher den Vorsitz der SPD in den Westzonen.

7./8./9. Mai 1945: Bedingungslose Kapitulation der deutschen Wehrmacht – zuerst im Hauptquartier der West-Alliierten in Reims, danach im sowjetischen Quartier in Berlin-Karlshorst.

12. Mai 1945:
Die 12. amerikanische Heeresgruppe gibt in Dortmund die „Ruhr-Zeitung" heraus (Auflage ca. 440.000 Exemplare).

12. Mai 1945: Der englische Premierminister Winston Churchill warnt US-Präsident Truman davor, die Sowjetunion würde ihren Machtbereich durch einen „Eisernen Vorhang" abschotten.

Juni 1945:
Als erste Stadt im Ruhrgebiet nimmt Bottrop den Fernsprechverkehr im Stadtgebiet auf. Privatgespräche sind verboten.

5. Juni 1945: Die „Berliner Deklaration": Die Siegermächte USA, Großbritannien, Sowjet-

union und Frankreich übernehmen die oberste Regierungsgewalt. Das besetzte Deutschland ist laut Londoner Protokoll von 1944 in vier Zonen aufgeteilt und dem Alliierten Kontrollrat (mit den Oberbefehlshabern Dwight D. Eisenhower, Georgij K. Schukow, Bernard L. Montgomery und Jean de Lattre de Tassigny) unterstellt.

10. Juni 1945: Die Sowjetmacht lässt in der Ostzone politische Parteien zu. Die Amerikaner ziehen nach am 27. August, die Franzosen am 13. Dezember und die Briten am 15. Dezember.

17. Juni 1945: Gründung der CDU Deutschlands in Berlin unter Vorsitz von Jakob Kaiser.

2. Juli 1945:
Erster öffentlicher Auftritt des Städtischen Orchesters in Bochum nach Kriegsende.

24. Juli 1945:
In Oberhausen wird eine Geldsammelaktion für ehemalige KZ-Häftlinge durchgeführt.

27. Juli 1945:
In Bottrop erhalten Straßen und Plätze, die in der Nazizeit umbenannt worden waren, ihre alten Namen zurück.

Herbst 1945:
Nach langer, kriegsbedingter Unterbrechung beginnt an den Schulen des Ruhrgebiets der Unterricht. Ein großes Problem ist die Raumnot. Allein in Bochum sind 39 der 122 Schulgebäude völlig zerstört, 32 sind schwer beschädigt.

August 1945:
Neugründung der Jüdischen Gemeinde in Dortmund.

2. August 1945: Potsdamer Konferenz der „Großen Drei": Harry S. Truman, Josef Stalin und Clement Attlee einigen sich auf vier Grundsätze: Demilitarisierung, Denazifizierung, Dezentralisierung und Demokratisierung.
Die Anti-Hitler-Koalition der vier Siegermächte ist allerdings nicht von langer Dauer.

Die Welt zerfällt im „Kalten Krieg" in den Ost- und Westblock. Die Demarkationslinie verläuft mitten durch das geteilte Deutschland. Bis zur Potsdamer Konferenz haben schon vier Millionen Deutsche die Ostgebiete verlassen. Weitere 12,5 Millionen verlassen nun die polnisch und sowjetisch besetzten Gebiete in Richtung Westen. 2,1 Millionen verlieren bei Flucht und Vertreibung ihr Leben.

6. August 1945:
Auf Anweisung der Militärregierung nehmen die Gerichte ihre Tätigkeit wieder auf.

6./9. August 1945: Die USA werfen Atombomben über die japanischen Städte Hiroshima und Nagasaki ab. Am 2. September unterzeichnet Japan die Kapitulation.

9. August 1945:
In Essen werden alle Erwachsenen für zehn Arbeitsstunden zum Schutträumen und zur Beseitigung der Bombentrichter verpflichtet.

11. August 1945:
Offizielle Zulassung demokratischer Parteien in den Westzonen.

3. bis 10. September 1945: Bodenreform in der Sowjetzone. Grundbesitz über 100 Hektar wird enteignet.

7. September 1945:
Britische Soldaten verhaften 44 Mitglieder des Rheinisch-Westfälischen Kohlesyndikats wegen Unterstützung des Nazi-Regimes. Später kommen 116 führende Männer des Bergbaus und der Stahlindustrie in Haft. Die im Juli 1945 gegründete „North German Coal Control" übernimmt am 22. Dezember die Schachtanlagen des Ruhrgebiets.

September 1945:
Alle Betriebe der Firma Fried. Krupp – mit Ausnahme der Lokomotivenwerkstatt und Widia – werden stillgelegt. Am 16. November übernimmt die britische Militärregierung die Kontrolle über Krupp und

das Eigentum der Familie. Oberst Douglas Dowles sagt vor den Abteilungsleitern: „Da draußen, meine Herren, wird nie wieder ein Schornstein rauchen. Wo einmal das Gussstahlwerk stand, werden Gras und Kraut wachsen."

25. Oktober 1945:
Aufgrund der Wohnungsnot erlässt der Oberbürgermeister von Essen ein Zuzugsverbot. Von März bis Dezember stieg die Einwohnerzahl von 289.778 auf 483.107.

10. November 1945:
Das Arbeitsamt Oberhausen sucht 9.000 männliche Arbeitskräfte.

31. Dezember 1945:
Anblasen des ersten Hochofens bei Hoesch in Dortmund.

1946

14. Januar 1946:
An den Bottroper Volksschulen beginnt die Schulspeisung für Kinder von 6 bis 10 Jahren. Im Mai nehmen alle 12.000 Bottroper Schüler an der Schulspeisung teil.

17. Januar 1946:
Die britische Besatzungsmacht verordnet die Gründung deutscher Entnazifizierungsausschüsse.

22. Januar 1946: Der 70 Jahre alte Konrad Adenauer wird zum Vorsitzenden der Zonen-CDU gewählt.

8. Februar 1946:
Hochwasserkatastrophe nach dem Bruch eines Emscherdeichs in Essen-Karnap. Im Gelsenkirchener Stadtteil Horst werden 700 Menschen von den Wassermassen eingeschlossen.

20. Februar 1946:
Grubenunglück auf Zeche Grimberg/Bergkamen. Durch die Schlagwetterexplosion sterben 400 Bergleute.

10. März 1946:
Das Krupp-Hüttenwerk in Borbeck wird demontiert und in der Sowjetunion aufgebaut. Die 15.000-Tonnen-Schmiedepresse geht nach Jugoslawien.

20. März 1946:
In Dortmund erscheint die Westfälische Rundschau, am 26. April die Westfalenpost in Hagen und am 13. Juli die Neue Ruhr-Zeitung in Essen.

27. März 1946:
Die Stadtvertretung Essen streicht Adolf Hitler, Hermann Göring, Bertha und Gustav Krupp von Bohlen und Halbach aus der Ehrenbürgerliste.

3. April 1946:
Der Bochumer Entnazifizierungshauptausschuss nimmt seine Arbeit auf. Bis März 1948 werden 10.399 Entnazifizierungsverfahren eingeleitet. 7.329 Personen werden in die Kategorie V („Entlastet") eingestuft. 203 Beamte, 159 Angestellte und 39 Arbeiter werden aus dem städtischen Dienst entlassen. 133 werden später wieder eingestellt. Fazit: Die Entnazifizierung wurde halbherzig betrieben.

14. April 1946:
In Gelsenkirchen kommt der erste Güterzug der so genannten „Schweizer Spende" an. Schweizer Hilfsorganisationen stellen in einem neu eingerichteten Barackendorf Nahrungsmittel und Kleidung zur Verfügung.

17. April 1946:
Die britische Militärregierung beschließt die Gründung des Landes Nordrhein-Westfalen. Der Zentrumspolitiker Rudolf Amelunxen wird erster Ministerpräsident.

21./22. April 1946: In der Sowjetischen Besatzungszone schließen sich die Kommunistische Partei Deutschlands und die Sozialdemokratische Partei auf Druck der russischen Machthaber zur Sozialistischen Einheitspartei Deutschlands (SED) zusammen.

20. Juli 1946:
Auf einer Großkundgebung in Essen werben Otto Grotewohl (SPD) und Wilhelm Pieck (KPD) für den Zusammenschluss der Arbeiterparteien.

6. September 1946: Der amerikanische Außenminister James Byrnes will Deutschland einen „ehrenvollen Platz unter den freien und friedliebenden Nationen der Welt" zugestehen. Gleichzeitig macht er deutlich, die Deutschen vor dem sowjetischen Machtanspruch zu schützen.

30. September / 1. Oktober 1946: Urteile im Internationalen Militärtribunal von Nürnberg. Reichsmarschall Hermann Göring, Außenminister Joachim von Ribbentrop, Generalfeldmarschall Wilhelm Keitel und weitere neun „Hauptkriegsverbrecher" werden zum Tode verurteilt. Hitlers Stellvertreter Rudolf Heß wird zu lebenslanger Haft verurteilt, Rüstungsminister Albert Speer zu 20 Jahren Haft.

13. Oktober 1946:
Erste freie Kommunalwahlen im Ruhrgebiet. SPD und die neu gegründete CDU stellen die meisten Oberbürgermeister, darunter Gustav Heinemann (CDU) in Essen oder Fritz Henßler (SPD) in Dortmund. Die KPD erreicht in vielen Städten zweistellige Ergebnisse.

27. Oktober 1946:
Erstes Raffelberg-Rennen in Mülheim nach dem Krieg.

1. November 1946:
Das Westfälische Landestheater zieht von Paderborn nach Castrop-Rauxel.

8./9. Dezember 1946:
Auf der Gründungsversammlung des Industrieverbands Bergbau wird August Schmidt (SPD) zum Gewerkschaftsvorsitzenden gewählt. Sein Stellvertreter ist Willi Agatz (KPD).

14. Dezember 1946:
Der Ernährungsausschuss in Bochum beschließt eine Lockerung des Kuchenbackverbots in der Weihnachtszeit.

1947

1. Januar 1947: Briten und Amerikaner schließen ihre Besatzungszonen zum Vereinigten Wirtschaftsgebiet (Bizone) zusammen, dem Vorläufer der späteren Bundesrepublik.

4. Januar 1947:
Wegen Kohlenmangels muss in Oberhausen zweimal wöchentlich der Strom für sechs Stunden gesperrt werden.

17. Januar 1947:
Um die großen Stahlunternehmen des Ruhrgebiets entflechten zu können, genehmigt die britische Regierung die „Operation Severance" (Operation Trennung).

28./29. Januar 1947:
Auf der ersten Zonenkonferenz des Industrieverbands Bergbau fordern die Gewerkschafter die Sozialisierung des Bergbaus.

3. Februar 1947:
Vor dem Essener Rathaus demonstrieren Arbeiter vieler Betriebe und Zechen gegen die Missstände bei der Lebensmittelzuteilung.

4. Februar 1947:
102 Oberhausener Kinder werden auf Einladung des Schweizer Roten Kreuzes einige Monate zur Erholung in die Schweiz gefahren. Die meisten Kinder sind hochgradig unterernährt.

22. Februar 1947:
Hungerdemonstration in Datteln.

12. März 1947: US-Präsident Truman warnt in seiner Rede im Kongress („Truman-Doktrin") vor der totalitären Bedrohung durch die Sowjetunion und andere kommunistische Staaten. In seinem außenpolitischen Programm sagt Truman anderen „freien" Staaten materielle und wirtschaftliche Hilfe gegen Bedrohungen von innen und außen zu.

3. April 1947:
Hungerdemonstrationen im ganzen Ruhrgebiet. Auf dem Höhepunkt der Demonst-

rationswelle legen 300.000 Arbeiter die Arbeit nieder. Der Protest richtet sich gegen die katastrophale Versorgungslage, die sich im so genannten Hungerwinter 1946/1947 weiter zuspitzt. Überall breiten sich Mangelerscheinungen und Krankheiten aus. Anfang 1948 werden in Bochum 4.266 Fälle von Tuberkulose registriert. Am Bewirtschaftungssystem hat sich seit 1939 nichts geändert: Lebensmittel und Kleidung gibt es nur gegen Bezugsmarken. Im Mai erreicht die Versorgungslage in Essen ihren absoluten Tiefstand, zugeteilt werden 893 Tageskalorien.

30. Mai 1947: Verstaatlichung des Bergbaus in der Sowjetzone.

5. Juni 1947: US-Außenminister Marshall verkündet den „European Recovery Act" (Marshall-Plan). Seine Annahme: Die wirtschaftliche Gesundung des zerstörten Europas funktioniert nur mit der deutschen Wirtschaft. Bis 1952 fließen 1,5 Milliarden Dollar nach Westdeutschland.

14. bis 21. Juni 1947:
In Oberhausen führen Polizeibeamte täglich Razzien durch, um den Schwarzmarkt zu bekämpfen. 250 Personen werden vorläufig festgenommen.

28. Juni 1947:
150 Schauspieler der Hamburger Bühnen, darunter Anneliese Rothenberger, bedanken sich in einem Dankgastspiel bei Bergleuten in Recklinghausen für die Lieferung von Steinkohle der Zeche König Ludwig 4/5. 1946 war eine Vertretung der Hamburger Bühnen ins Ruhrgebiet gefahren, um Kohlen zu organisieren. Sonst hätten die Theater schließen müssen. Der Hamburger Bürgermeister Max Brauer schlägt den Bergleuten vor, in Recklinghausen dauerhaft Festspiele zu veranstalten, die Ruhrfestspiele.

25. Juli 1947:
Auf den Zechen des Ruhrgebiets werden zum ersten Mal Care-Pakete verteilt.

3. August 1947:
Der RSV Mülheim wird Deutscher Handballmeister.

16. Oktober 1947:
Die Demontageliste für Duisburg liegt vor. Unter anderem sollen die August-Thyssen-Hütte (ATH) und die Niederrheinische Hütte demontiert werden.

1948

9. Januar 1948:
Der Protest gegen den Hunger hält an. In Essen ruft der DGB zu einer fünftägigen Arbeitsruhe auf, an der sich 16.500 Arbeiter beteiligen. 12.000 Streikende versammeln sich auf dem Burgplatz.

22. Januar 1948:
Gründung des Filmclubs Witten, am 27. Januar gründet sich die Wittener Kulturgemeinde.

1. März 1948: Die „Bank Deutscher Länder" wird in Frankfurt am Main gegründet (ab 1957 Deutsche Bundesbank).

31. März 1948:
Im Stadtgebiet von Bochum leben 10.409 anerkannte Flüchtlinge und Vertriebene.

3. April 1948:
Die erste Nummer der Westdeutschen Allgemeinen Zeitung (WAZ) erscheint. Die Herausgeber sind Erich Brost und Jakob Funke. Erich Brost ist auch der erste Chefredakteur. Die im ganzen Ruhrgebiet erscheinende Zeitung kommt bei der Leserschaft gut an. Bereits im Dezember 1948 hat die Zeitung eine Auflage von 312.000 Exemplaren. 1953 zieht die Redaktion von Bochum nach Essen. Der Aufmacher der Titelseite hat die Überschrift: „Krise konzentriert sich auf Berlin".

16. April 1948:
Die englische Stadt Southgate übernimmt eine Art Patenschaft über die Stadt Bottrop. Die Hilfsbereitschaft in Southgate ist

enorm. Im ersten Halbjahr werden in Bottrop Sachspenden (146 Kisten) und Lebensmittel verteilt.

1. Juni 1948:
In Recklinghausen gründet sich die Künstlervereinigung „junger westen". Zum Kern gehören Emil Schumacher, Gustav Deppe, Thomas Grochowiak, Heinrich Siepmann, Hans Werdehausen. Rat und Verwaltung stiften den Kunstpreis „junger westen".

5. Juni 1948:
Ruhrfestspiele in Recklinghausen. Damit ist der „Tausch von Kunst gegen Kohle", wie Bundespräsident Theodor Heuss später sagen wird, besiegelt. Die neugegründete Ruhrfestspielgesellschaft gehört zu gleichen Teilen der Stadt Recklinghausen und dem Deutschen Gewerkschaftsbund (DGB). Motor und Künstlerischer Leiter wird Otto Burrmeister, Kulturreferent beim DGB und zuvor Verwaltungsdirektor des Deutschen Schauspielhauses in Hamburg.

20. Juni 1948: Währungsreform in den drei Westzonen. Die D-Mark ersetzt die Reichsmark. Jeder Erwachsene in Westdeutschland erhält ein Kopfgeld von 40 D-Mark, Minderjährige die Hälfte.

24. Juni 1948: Währungsreform in Ostdeutschland.

24. Juni 1948: Stalin verhängt die totale Blockade aller Land- und Wasserwege über die Westsektoren Berlins. Die britisch-amerikanische Luftbrücke sichert das Überleben der Berliner Bevölkerung. Die so genannten „Rosinenbomber" landen im Drei-Minuten-Takt. Am 4. Mai 1949 endet die Blockade nach 212.000 Flügen mit 1,74 Millionen Tonnen Fracht.

30. Juni 1948:
Den Chemischen Werken in Marl wird die Produktion von Buna untersagt. Die Buna-Anlage wird teilweise demontiert.

31. Juli 1948:
Urteil des Internationalen Militärgerichtshofes in Nürnberg im „Krupp-Prozess": Alfried Krupp von Bohlen und Halbach wird unter anderem wegen Ausraubung anderer Länder sowie Ausmerzung und Misshandlung fremder Zwangsarbeiter zu zwölf Jahren Gefängnis verurteilt und sein gesamtes Vermögen eingezogen. Die Strafe wird später auf drei Jahre herabgesetzt, Krupp erhält seinen Besitz zurück.

19. August 1948:
Eröffnung des amtlichen „Wittener Reisebüros".

1. September 1948: Der Parlamentarische Rat unter Vorsitz von Konrad Adenauer tritt zusammen und erarbeitet das Grundgesetz für den künftigen Weststaat.

9. September 1948: Vor 300.000 Menschen am Reichstag fordert Oberbürgermeister Ernst Reuter (SPD) Unterstützung für Berlin („Ihr Völker der Welt, schaut auf diese Stadt.")

10. November 1948:
Einrichtung von Winterküchen für 12.000 ältere Menschen und alleinstehende Berufstätige in Mülheim.

11. November 1948:
Das Annener Gussstahlwerk in Witten wird demontiert.

12. November 1948:
Aus Protest gegen die hohen Preise herrscht in Bottrop völlige Arbeitsruhe. Geschäfte und Behörden hatten ebenfalls geschlossen. Auch die Straßenbahnen fuhren nicht. Eine stabile Größe auf dem Schwarzmarkt waren die Zigarettenpreise. Deutsche Zigaretten kosteten drei bis vier, amerikanische sechs bis sieben Reichsmark. Ein Stück Seife kostete 15 RM, eine Flasche Schnaps 180 RM, eine Flasche Wein 60 RM, ein Pfund Bohnenkaffee 450 RM, ein Paar Schuhe 600 RM, ein Herrenanzug 2500 RM. Bei Brotknappheit stieg der Preis eines Brotes von 25 auf 40 RM.

12. Dezember 1948: Die FDP wird gegründet.

28. Dezember 1948:
Frankreich, Großbritannien, die Benelux-Staaten und die USA geben den Entwurf eines Ruhrstatuts bekannt. Eine internationale Ruhrbehörde soll die Kohle-, Koks- und Stahlproduktion im Ruhrgebiet kontrollieren. Sie nimmt im Juli 1949 ihre Arbeit auf. Deutschland lehnt das Ruhrstatut ab.

1949

10. Januar 1949:
Beginn der Demontagearbeiten beim Bochumer Verein. Zum Teil haben die Proteste u.a. der Gewerkschaften Erfolg: So wird der Abbau der ehemaligen Maschinenhalle beim Bochumer Verein und die Versendung nach Jugoslawien verhindert.

14. April 1949:
In Gelsenkirchen wird der Ruhr-Zoo eröffnet.

9. Mai 1949:
Recklinghausen wird mit der Geburt der 100.000. Einwohnerin Großstadt.

23. Mai 1949: Verkündung des Grundgesetzes.

2. Juni 1949:
In der Rheinisch-Westfälischen Bank in Bochum wird das britische Kulturzentrum „Die Brücke" eröffnet.

1. Juli 1949:
Intendantenwechsel beim Bochumer Schauspiel: Hans Schalla, zuletzt Oberspielleiter bei Gustaf Gründgens an den Städtischen Bühnen in Düsseldorf, tritt die Nachfolge von Saladin Schmitt an. Seine erste Inszenierung: „Maß für Maß" von Shakespeare.

10. Juli 1949:
Borussia Dortmund verliert das Endspiel um die deutsche Fußballmeisterschaft in Köln gegen den VfR Mannheim mit 2:3.

14. August 1949: Zum ersten Mal wird der Deutsche Bundestag gewählt. Auf die CDU/CSU entfallen 31 Prozent, auf die SPD 29,2. Die FDP erhält 11,9 Prozent, die Bayernpartei 4,2, die KPD 5,7 Prozent und die Deutsche Partei (DP) 4 Prozent. Das Zentrum erreicht 3,1 Prozent und Parteilose erhalten 4,8 Prozent. Von 402 Sitzen entfallen 139 auf die CDU/CSU, 131 auf die SPD und 52 auf die FDP. Die restlichen Sitze entfallen auf kleinere Parteien.

1. bis 4. September 1949:
73. Deutscher Katholikentag in Bochum. Zur Abschlusskundgebung kommen 500.000 Menschen. Bei einer Sammlung kommen 100.000 DM zusammen, der Grundstock für die Errichtung einer Siedlung in Stiepel: das so genannte „Kirchentagsdorf".

12. September 1949: Wahl des FDP-Politikers Theodor Heuss zum ersten Bundespräsidenten.

15. September 1949: Konrad Adenauer (CDU) wird zum Bundeskanzler gewählt.

20. September 1949:
Gustav Heinemann, zuvor Oberbürgermeister von Essen und Justizminister von Nordrhein-Westfalen, wird Bundesinnenminister im ersten Kabinett Adenauer.

7. Oktober 1949: Konstituierende Sitzung des neuen Volksrates als provisorische Volkskammer der Deutschen Demokratischen Republik (DDR).

12. Oktober 1949: Wahl des früheren KPD-Chefs Wilhelm Pieck zum Staatspräsidenten der DDR, Ministerpräsident wird der frühere Sozialdemokrat Otto Grotewohl.

13. November 1949:
Im Dortmunder Hot-Club, dessen Ehrenpräsident der amerikanische Jazzmusiker Duke Ellington ist, findet das erste Jazzkonzert statt.

10. Dezember 1949:
In Bottrop wird der 1000. Russlandheimkehrer mit einer Torte empfangen.

20. Dezember 1949:
Feier des Demontagestopps in Duisburg in Anwesenheit von Bundeskanzler Konrad Adenauer.

Glossar und Abkürzungen

Ari-Beschuss: Artillerie-Beschuss

Care-Paket: Abkürzung für „Cooperative for American Remittances to Europe"; Hilfspakete aus den Vereinigten Staaten. Der Inhalt: 8,8 Pfund Fleisch, 5,8 Pfund Nährmittel und Kekse, 3,5 Pfund Zucker und Schokolade; 3,2 Pfund Marmelade, 2 Pfund Gemüse, 1 Pfund Kakao, Kaffee und Getränkepulver, 350 Gramm Milch und 200 Gramm Käse.

CIC: „Counter Intelligence Corps", militärischer Nachrichtendienst der USA

D-Day: Abkürzung für „Decision-Day", deutsch: Tag der Entscheidung. Am 6. Juni 1944 landeten die Westalliierten in der Normandie.

Drahtfunk: Verfahren zur Übertragung von Rundfunkprogrammen zum Teilnehmer über ein Leitungsnetz (meist über Telefonleitungen); eine besondere Bedeutung erlangte der Drahtfunk während der letzten Kriegsjahre. Im Gegensatz zu den Rundfunksendern, die bei Luftangriffen abgeschaltet wurden, blieben die Drahtsender in Betrieb und konnten der Bevölkerung weiterhin Luftlagemeldungen übermitteln.

D.P.: „Displaced Persons" – Vertriebene, Flüchtlinge

Flak: Fliegerabwehrkanone

Fringsen: In der Silvesterpredigt 1946 rechtfertigte der Kölner Kardinal Josef Frings den Diebstahl von Kohle in einer existenziellen Notlage. Schnell prägte der Volksmund den Begriff „Fringsen", der sich auch auf andere zum Überleben notwendige Güter bezog.

G.I.: Abkürzung für „Government Issue" (deutsch: Regierungsausgabe); ursprünglich ein Begriff für die Ausrüstung der Truppe, umgangssprachlich für amerikanischer Soldat.

Gestapo: Abkürzung für Geheime Staatspolizei

HJ: Hitlerjugend

Hindenburglichter: Flache runde Wachslichter, die zuerst in den Schützengräben des 1. Weltkriegs benutzt wurden, da sie nur schwaches Licht abgaben. Benannt nach dem Generalfeldmarschall und Reichspräsidenten Paul von Hindenburg.

Jabos: Jagdbomber

KLV: Kinderlandverschickung

NKWD: sowjetischer Geheimdienst „Narodnyj komissariat wnutrennych del" (deutsch: Volkskommissariat für Inneres)

NS: Nationalsozialismus

POW: Abkürzung für engl. „Prisoner of War", deutsch: Kriegsgefangener

SS: Schutzstaffel

UK-gestellt: unabkömmlich, vom Wehrdienst zurückgestellt oder befreit

Volksempfänger: Sämtliche Rundfunkfirmen im Deutschen Reich waren verpflichtet, den auf Veranlassung des Propagandaministeriums entwickelten Radioapparat baugleich zu produzieren. Durch Standardisierung und kostengünstige Serienfertigung sollte der technisch einfache und schlicht gestaltete Volksempfänger für jeden Haushalt finanziell erschwinglich sein. Der Volksempfänger, im Volksmund auch „Goebbels-Schnauze" genannt, war eines der wirksamsten Instrumente zur Beeinflussung der Massen.

Volkssturm: Auf Hitlers Befehl vom 26. September 1944 wurde der Volkssturm gebildet, das „letzte Aufgebot". Eingezogen wurden alle waffenfähigen Männer im Alter zwischen 16 und 20 Jahren und ältere Männer.

Werwolf: Mit der Taktik des Untergrundkampfes auf deutschem Boden und durch gezielte Sabotageakte hinter den gegnerischen Linien sollten die eigenen Kampfverbände entlastet werden. Die Organisation der Werwolf-Gruppen blieb allerdings in den Anfängen stecken und war zahlenmäßig unbedeutend. Nur einige hundert Mitglieder der Hitler-Jugend und Kriegsveteranen wurden 1945 in Kursen von 10-14 Tagen ausgebildet. Die Einheiten sollten in Zelten oder Unterständen im Wald leben. Die Männer trugen bis auf einige Wenige, die sich etwa als Förster verkleideten, Wehrmachtsuniformen.
Quelle: Informationsdienst gegen Rechtsextremismus (www.idgr.de)

Quellen

Literatur:
Wolfgang Benz, „Deutschland seit 1945" (München 1999);
Jürgen Weber, „Kleine Geschichte Deutschlands seit 1945" (München 2002);
Karl-Heinz Zuber/Joachim Cornelissen (Hg.), bsv Geschichte 4 (München 1997);
Christian Zentner/Friedemann Bedürftig (Hg.), „Das große Lexikon des Zweiten Weltkriegs" (München 1988);
Westdeutsche Allgemeine Zeitung (WAZ), Verlagssonderveröffentlichung, „50 Jahre WAZ – 1948 bis 1998" (Essen 1998);
Manfred Overesch, „Deutschland 1945-1949", Athenäum-Verlag, Königstein/Ts. 1979;
Daniel Kosthorst/Ulrich Lappenküper, „50 Jahre im Bild, Bundesrepublik Deutschland", Könemann-Verlagsgesellschaft, Köln 1999;
Chronik des Ruhrgebiets, hg. von Bodo Harenberg, Dortmund 1987.

Periodika:
Bundeszentrale für politische Bildung (Hg.), Informationen zur politischen Bildung, Heft 256, 3. Quartal 1997, „Deutschland in den fünfziger Jahren".

Hinweis zur Zeittafel:

Die Zeittafel ist in unterschiedlich gesetzte Absätze gegliedert.
Die nicht-eingezogenen, in Normalschrift erscheinenden Absätze dokumentieren wichtige Ereignisse in der Welt-, der europäischen bzw. in der gesamtdeutschen Geschichte von 1945 bis 1949.
Die eingezogenen, kursiv gesetzten Absätze kennzeichnen Begebenheiten der regionalen Historie, also Geschehnisse, die mittelbar oder unmittelbar für die Nachkriegsgeschichte des Ruhrgebiets bedeutsam sind.

Autoren

Bendorf, Karl-Heinz; Oberhausen	41
Beutgen, Silvia; Mülheim a. d. Ruhr	42, 80, 129
Boelsen, Thea; Marl	70
Bolsmann, Bärbel; Herne	129
Bonner, Gerda; Essen	100
Brandenburg, Paul; Witten	17
Clüter, Karl-Heinz; Herne	55, 75
Deuter, Ernst Günter; Essen	115
Dickmann, Johanna; Bochum	132
Dieckmann, Christine; Datteln	52
Duhme, Herbert; Witten	89
Dunkel, Karin; Bochum	62, 96
Eichmann, Erika; Essen	119
Esken, Heinrich; Bochum	39, 96
Fahle, Hans; Essen	110, 128
Förster, Rosemarie; Gelsenkirchen	23, 83
Gaflig, Bernhard; Duisburg	88
Gätgens, Rosa; Essen	70
Harzheim, Karlheinz; Essen	57
Hempelmann, Werner; Hattingen	42, 94
Henke, Werner; Witten	32
Herold, Robert; Hattingen	44
Hertzog, Hans Erich; Köln	33, 85
Hess, Achim; Gelsenkirchen	71
Hickmann, Ursula; Essen	58
Höhnen, Josef; Duisburg	71
Holfort, Karin; Moers	44
Hülsmann, Margrit; Essen	52, 85
Jaekel, Dieter; Dorsten	99
Kaiser, Norbert; Dortmund	104
Katzner, Ruth; Bochum	55, 94
Kemink, Erna; Velbert	49
Klaholt-Husemann, Waltraud J.; Essen	60, 85
Kochem, Herbert; Recklinghausen	29
Kocks, Ingrid; Mülheim a. d. Ruhr	32
Kolmetz, Anneliese; Gelsenkirchen	122, 125
König, Gisela; Mülheim a. d. Ruhr	31
Kücken, Johanna; Duisburg	124
Kutsch, Christel; Gelsenkirchen	36
Lenze, Helmuth M.; Heiligenhaus	48
Meckel, Anneliese; Essen	18
Micheel, Elsbeth; Bochum	16
Montué, Karl-Heinz; Essen	62
Moos, Helga; Duisburg	120, 124
Nickel, Franz; Recklinghausen	120
Rissel, Lore; Essen	51
Roguski, Sophie; Oberhausen	36
Roth, Bernhard; Gelsenkirchen	58, 93
Schlagkamp, Hubert; Bottrop	97
Sieger, Edith; Duisburg	74
Sienert, Hedwig; Gladbeck	24
Simon, Wolfgang; Essen	101
Sokolowski, Herbert; Gladbeck	130
Steden, Erwin; Bochum	110
Tobias, Ilse; Gladbeck	64
Völkel, Erich; Herne	45
Voss, Paul; Essen	41, 126
Weber, Hans-Günther; Herten	24
Weidner, Friedhelm; Recklinghausen	62
Westhoff, Rita; Oberhausen	115
Wielant, Ingrid; Essen	54, 104
Zaus, Helga; Velbert	38
Zurek, Gertrud; Essen	57, 122

Uwe Knüpfer
WAZ-Chefredakteur, Essen
Nina Grontzki
WAZ-Redakteurin, Velbert

Gerd Niewerth
WAZ-Redakteur, Essen
Rolf Potthoff
WAZ-Redakteur, Essen

Bildnachweis

Bruch, Wolfgang
S. 66 m., 73 u., 76, 77, 113 o.l., 116 o.l.

Förster, Rosemarie
S. 87 u.r.

Goudschmidt, Walburga
S. 26, 50 o.

Harzheim, Karlheinz
S. 50 m., 50 u.

Hegemann, Ursula
S. 25, 34 u., 37, 40 o.l., 40 o.r., 47, 59 u., 69, 72, 73 o., 73 m., 77 o., 95 m., 95 u.l., 95 u.r., 98 o.l., 107 o., 107 m., 108 o.r., 117 u.l., 117 u.r.

Kamping, Heinz
S. 61, 63 u.

Lierhaus, Marianne
S. 65 o., 77, 78

Montué, Karl-Heinz
S. 27 o., 66 u.

Moos, Helga
S. 22 o., 65 u., 66 o., 113 m.o., 113 m.r.

Nöllenheidt, Hans
S. 113 u.r.

Priamus, Heinz-Jürgen (aus dem Buch „Die Ruinenkinder", Klartext Verlag, Essen 2005)
S. 90 o.l., 90 o.r., 127 o.

Rissel, Lore
S. 113 o.r.

Rix, Carin
S. 30 o.

Schlagkamp, Hubert
S. 63 o.

Stadtarchiv Dortmund
S. 22 u., 56 u., 59 o.r., 81 m.l., 81 m.r., 82, 103 o., 108 u.

Stadtarchiv Duisburg
S. 21 u., 22 m., 91 o., 107 u.l., 116, u.l., 116 u.r., 117 o.

Stadtarchiv Gelsenkirchen
Titelbild, S. 34 o., 40 u., 45, 59 o.l., 81 o., 81 u., 90 m.l., 90 m.r., 90 u., 91 m.l., 91 m.r., 91 u., 95 o., 103 m.l., 103 m.r., 103 u., 107 u.r., 108 o.l., 116 o.r., 117 m., 127 u.

Stadtarchiv Herne
S. 43, 56 o.l., 56 o.r.

Steden, Erwin
S. 30 u., 113 m.u.

US-Archiv
S. 15, 19, 21 o., 21 m.

Veith, Friedrich Ch.
S. 53 o., 65 m., 76

Venhues, Hilde
S. 78, 116 m.

Voss, Paul
S. 27 u., 53 u.

Westdeutsche Allgemeine Zeitung
S. 87 o., 87 u.l., 98 o.r., 98 u.l., 98 u.r., 123, 131, 133

Wingender, Alfried
S. 78